JN410098

시인과 해장국

김수하(낙영)칼럼집

서문

이 책에 收錄된 칼럼들은 2001년부터 2015년까지 미국 워싱턴 수도권에 있는 언론 매체들, 코리아모니터, 한국일보, 중앙일보, 주간워싱턴, 코러스, 플로리다 주에서 발행되는 한겨레 저널 국내 브레이크 뉴스 등에 실렸던 칼럼들이다. 또한 워싱턴과 한국에서 취재한 기사들과 인터뷰한 것들도 포함되어 있다.
정치, 사회, 문화 등 다방면에서 인터뷰한 인물들이나 사건들은 그 시대상의 기록으로 남아 그 당시를 되짚어보는 소소한 역사가 될 수 있을 것이다.

특파원이라고 하면 한국에서 미국이나 외국으로 파견된 경우를 말하겠지만 필자의 경우에는 미국 동포들에게 고국의 소식이나 인물의 動靜(동정)을 전하기 위해 한국으로 파견된 특파원 역할도 하였고 미국 내 다른 주 동포신문에 워싱턴 소식을 알리는 일을 했으니 좀 특이한 역할을 했다고 할 수 있을 것이다.
또한 한 때 여행사의 고문 직함으로 신문에 기행문을 싣기도 했다.

필자는 평소에 세계 다른 나라들은 다 간다하더라도 미국이나 유럽 같은 문명지대는 가지 않겠다는 생각을 가지고 있었다. 그 이유는 젊은 나이에 월남전에 참전하여 미국의 막강한 군사력이 가난하고 힘없는 나라에서 행해지는 그 현장을 보고 너무도 실망했기 때문이었다.

미국의 패전으로 끝났지만 군사 강국인 미국의 군사력은 가히 상상력을 초월하는 것이었다. 국가의 부를 이렇게 밖에 운영 못한단 말인가? 가난하고 힘없는 나라에다 살상 무기를 이렇게 대량으로 쏟아 부어도 되는 것인가? 이런 의문이 미국에 대한 우호감을 잃게 했고 문명에 대한 회의감도 갖게 했다.

미국에 가지 않겠다고 하던 생각이 바뀐 것은 50대 초반이 다 되어서였다. 신생국이나 다름없이 역사가 짧은 나라가 어떻게 세계를 지배하는 패권국가가 되었을까? 미국에 가서 그들이 사는 현장을 보고 싶었다. 식당의 접시닦이 일에서부터, 세탁소, 그로서리 등에서 일을 했다. 그리고 그 현장의 경험을 토대로 미국에 관한 이야기 "워싱턴 햄버거"를 썼다.

문명이란 무엇인가? 전쟁이란 무엇인가?
월남의 정글에서 생각했던 의문들이 제대한 후에도 불가에서 말하는 화두처럼 내면의 세계를 지배했다. 안케페스 전투는 월남에서 한국군이 벌인 전투 중 가장 큰 전투로 기록되어 있다. 그 전투에서 철수하는 날 피가 흥건히 흐르는 시체를 시체 백에 담아 함께 하산했다. 그 장면은 오랫동안 뇌리 속에 남아 쉽게 지워지지 않았다.

평화!
인생의 이정표처럼 평화라는 단어가 쉽게 지워지지 않았다.
미국에서 20여회 평화사진전을 했고 평화 엽서를 만들어 많은 사람들에게 나누어 주었다.
한 때 몽골에 평화마을을 만들겠다고 울란바토르 주변을 답사하고 설계를 했지만 비용이 마련되지 않아 중단한 것이 지금까지 아쉬움으로 남아있다.

기회가 된다면 몽골에 평화마을을 만들겠다는 그 꿈을 꼭 실현하고 싶다.

어떤 인물이나 사안이 취재를 할 당시하고 다른 평을 받기도 하고 변한 부분도 있지만 그 당시의 상항 그대로 실었다. 그것이 바로 현장의 역사 기록이기 때문이다.

그동안 몇 번의 이사로 인해 자료들이 분실되어 언론사에 실었던 날자나 그 언론사를 확인 할 수 없는 글들은 그 매체와 날짜를 밝히지 못하고 그대로 실었음을 밝힌다. 칼럼의 양은 세 권 정도이지만 우선 한 권만 내기로 했다.

이 책을 발행하는데 수고를 아끼지 않은 평화재단 석미화 사무처장과 전미화님께 고마움을 표한다.

김수하

차례

천상병 소고(小考)
-16주기를 맞으며-

신봉승 선생 댁에 식객으로 있을 때 TV에서 나오는 퀴즈 문제를 맞추는데 1등을 세 번 하고도 남을 만큼 博識(박식) 聰明(총명)을 보였지만 평소 그는 지식인 티를 내지 않았을 뿐만 아니라 이름 없는 일반 대중들 속에 자신을 숨기고 살았다.

지게꾼이나 막일꾼들 틈에 끼어 천씨로 불리며 그들과 함께 격의 없이 막걸리를 마셨다. 산속으로 숨어들어 은둔을 한 것이 아니라 대중들 속에 은둔한 것이나 다름없었다. 막걸리 한 잔, 한 개비의 담배로 만족하며 살았던 인생.

어느 날 행려병자가 되어 시립병원으로 실려가 자신이 한국에서 유명한 시인 천상병이라고 아무리 말해도 사람들은 그의 말을 귀담아 들으려 하지 않았다.

행려병자들의 횡설수설로 취급되어 누구도 신경 쓰지 않았던 것이다.

우여곡절 끝에 지인들에게 그의 소재가 알려졌을 때는 그가 죽었다 하여 그의 첫 시집. “새” 라는 유고 시집이 나온 후 였다.

망가질 대로 망가진 그의 몸엔 기저귀가 채워져 있었고 기지와 재치로 번득이던 정신도 쇠퇴하여 빛을 잃고 있었다. 그때까지 결혼을 하지 않고 혼자 있던 그에게 지극정성으로 병간호를 하는 여성이 있었으니 바로 친구 여동생 목순옥이었다. 오빠와 함께 명동에서 자주 만났던 당대의 문필가요 유명 시인이었던 그가 병원에 그렇게 망가져 있는 것을 보는 것은 충격이었고 슬픔이었다. 어느 날 병원 원장은 목순옥에게 충격적인 제의를 했다.

천상병은 더 이상 정상적인 생활을 할 수 없어 평생동안 누군가의 도움이 필요한데 그 도움을 줄 사람은 목순옥 당신뿐인 것 같다고… 그래서 두 사람은 결혼을 하게 되었고 천상병은 나이 40이 넘어 총각 신세를 면하였다.

목순옥은 그때부터 생활전선에 뛰어들어 온갖 험한 일을 다 하며 천상병을 보호하는 수호신이 되었고 그의 사후에는 천상병 기념관 건립과 천상병 문학상을 제정해 천상병을 기리고 있으니 한 지아비로서보다도 한 지성에 대한 흠모와 숭상의 표를 다하고 있는 것이라 할 수 있다.

변절과 비굴로 생존을 구걸하는 세태에 대한 염증과 거대한 군사 권력에 저항하지 못하는 자신의 무능에 대하여 스스로 벌을 내린 것이 곧 자학과 생존의 방치였을 것이다.

그 흔하고 흔한 문학상이나 신인상 하나 타 본적 없고 그 따위 것들은 거들떠보지도 않았다. 세속에 있으면서도 저만치 떨어져 그의 방식대로 살았지만 세상을 주시하는 시선은 거두지 않아 해학과 풍자로 사람들의 폐부를 찌르기도 했다.

객기와 파행, 자유로운 영혼의 소요.

막걸리 한 되로 만족하며 그날그날을 살던 그에게 어느 날부터 배가 불러오기 시작하더니 간경화란 진단이 떨어졌고 임신한 여성의 배처럼 되어서야 그를 고쳐줄 의사를 만나게 되었다.

"야 이놈아 이 배가 뭐냐! 임신했냐!"

"그래 요놈아 임신했다. 마누라가 애를 안 낳아서 내가 대신 임신을 했다. 요놈아 요놈아 요놈아 깔깔깔"

"허허허 그놈 이런 몸을 해 가지고도 사람을 웃길 힘이 있는 모양이구나."

춘천의 도립병원 원장실에 들어서는 천상병 시인의 얼굴빛은 검은 빛이요 배는 임신 9개월 된 것 같았지만 그의 어린애 같은 천진성은 그대로 살아서 친구인 원장을 웃기고 있었다.

간경화로 언제 죽을지 모르는 형편이 되었지만 수중에 돈이 없어 병원에도 못 가다가 춘천 도립병원에 원장으로 있는 친구가 병을 고쳐줄 테니 돈 걱정하지 말고 오라고 해 병원에 들어서며 친구간의 인사가 이렇게 시작되었고 천상병 시인은 평생에 처음으로 호사 아닌 호사를 누리게 되었다.

형식이나 규범을 뛰어 넘는 언행으로 병실은 항상 웃음으로 넘쳐 누가 환자고 의사인지 모를 지경이었다.

술을 먹고 싶다고 간호사나 의사에게 떼를 쓰거나 담배를 몰래 피우다가 의료진에게 걸리면 애들처럼 잘못했다고 비는 것이 웃음을 자아내게 했나.

그의 반복되는 언어 습관도 특이해서 처음 대하는 사람들은 관심거리였다.

그거 참 좋네! 그거 참 좋네! 그거 참 좋네!

무슨 말이고 한 마디 하면 몇 번이고 반복되는 언어습관이 있었지만 의사 표시를 하는 데는 장애가 없었다.

그의 팔목에는 빛바랜 스테인리스 줄이 달린 시계가 채워져 있었는데 시간 가는 것이 아까워 확인하려는 사람처럼 시계를 자주 들여다보았다.

그가 병원에 입원했다는 것이 세상에 알려졌을 때는 전국 방방곡곡에서 사람들이 몰려들었다. 병문안을 오는 대부분의 사람들이 이름 없는 민초들이었으니 그의 시가 얼마나 많은 사람들로부터 사랑을 받고 있는가 확인되는 것이나 다름없었다.

그가 병원에 입원하기 전에도 간간히 매스컴의 스포트라이트를 받았지만 병원에 입원하게 되자 그것 자체가 뉴스가 되어 사람들의 관심을 더욱 끌게 되었고 그의 시들 또한 더 많은 사람들에게 사랑을 받게 되었다.

사회로부터 소외되어 살다가 독일에서 온 친구와 막걸리 한 잔 한 것이 동 백림 간첩사건 혐의를 받게 되어 6개월이나 정보부에서 풀려나지 못하고 전기고문을 당하기도 했다.

그로 인해 그는 걸음을 똑바로 걷지 못하게 되었고 아이도 낳을 수 없게 되어 자식도 하나 생산하지 못했다.

살벌하고 혹독했던 그 당시 그 사회가 한 시인에 대한 대접이 그 정도였던 것은 맑고 깨끗한 지성, 순수한 영혼이 말살 당하는 비극의 시기였던 것이다.

고문으로 병들고 생존의 방치로 병든 몸을 의탁할 곳을 못 찾다가 친구 중에 의사가 있어 치료를 받아 몸이 완쾌되어 몇 년의 수(壽)를 늘렸으니 참으로 은혜로운 일이 아닐 수 없다.

그가 마지막 세상을 떠나는 날 조문객이 몰려들어 적지 않은 부좇돈이 들어와 이 가난뱅이 시인의 집은 그 돈이 주체 곤란이었다.

궁리해낸 것이 아궁이에 넣어두면 제일 안전할 것이라고 생각하고 돈을 신문지에 싸 아궁이에 넣어두었는데 누군가 방이 차다고 그 아궁이에 불을 때 그 부좇돈은 재가 되고 말았다.

저 세상으로 가는 날도 그는 시인답게, 천상병답게 갔다 하여 장안에 화제 거리였다.

귀천

천상병

나 하늘로 돌아가리라
새벽빛 와 닿으면 스러지는
이슬 더불어 손에 손잡고

나 하늘로 돌아가리라
산기슭 노을 빛 함께 단 둘이서
기슭에서 놀다가 구름 손짓 하며는

나 하늘로 돌아가리라
아름다운 이 세상 소풍 끝내는 날,
가서, 말하리라 아름다웠더라고…

Korea Monitor 2006년 3월 24일
한국일보 2009년 4월 30일

시인과 해장국

신문지상을 통해 구상 시인의 귀천(歸天)소식을 접했다. 항상 소탈하고 격의 없는 대인관계로 그의 주변에는 다양한 사람들이 모여들었고 어려움을 겪는 사람이 있으면 도움을 청하기 전에 도움의 손길을 먼저 내미는 참으로 따뜻한 가슴을 지닌 시인이었다.

그가 평소 존경하고 따랐다는 공초 오상순 선생의 추모회를 주관해온 일을 세상 사람들은 아마도 잘 모르고 있지 않을까 생각된다. 생전에 가족도 없이, 바람 따라 구름 따라 떠돌다 세상을 떠나신 공초 선생의 산소는 수유리에 자리 잡고 있다.

공초 선생의 추모회가 있는 날은 참으로 각양각색의 사람들이 참여 해 구상 시인의 교류의 폭이 얼마나 넓은가를 알 수 있었다.

한 시인으로서보다도 보스적 성향이 강하다는 것을 느끼게 하곤 했다. 추모 사업회를 조직하지도 않았는데 사람들이 많이 참여하고 기금이 충분히 모금되어 기쁘다고 하던 모습이 이젠 한 폭의 수채화로 남아 있어야 할 시간이 되었다.

공초 선생의 친척 되는 분들은 자신들이 생각지도 못했던 사회 저명인사들이 찾아오니 황송해서 손님접대도 제대로 못하고 구상 시인이 모든 사람들을 맞아서 그 일을 해마다 하던 일이 새롭게 생각난다.

내면으로 발효된 인간에 대한 사랑이 사람을 가리지 않게 했고 종교철학을 공부한 시인으로서 세속적 가치를 뛰어 넘게 했는지도 모른다. 그리고 그것은 그의 생애에 한 여백이 되어 많은 사람들이 그 여백을 찾아 자유롭게 드나 들 수 있었을 것이다.

시인이라는 수사적 단어마저도 그에게는 거추장스러운 것이었고 오직 존재에 대한 내면의 물음에 대하여 이것이 그 답이다 하듯이 세상을 향해 무엇인가를 끊임없이 실천해 나가지 않았나 생각된다.

명리의 허상을 일찍이 뛰어 넘어버림으로서 세속적 유혹을 쉽게 떨쳐 버릴 수 있었지 않았을까… 언제부턴가 문학도 하나의 세속적 벼슬로 착각을 하거나 자신을 치장하는 장식물이 되어버린 이때에 진정으로 참 인간의 삶이 어떤 것인가를 실행함으로서 그런 시류에 대해 은유적 전범(典範)을 보이지 않았나 생각된다.

시인이란 틀에 메이지 않고 자신을 항상 검증하고 점검하는 고민을 통해 구도의 길을 가는 한 인간의 모습을 우리의 가슴에 새겨 놓았다.

우리나라에서 시 낭송회로서는 가장 오래되었다는 공간낭송회의 창설 맴버이기도 해 성찬경 시인과 박희진 시인 등과 함께 후진들의 시작 활동에도 많은 관심을 가졌던 일도 이젠 지난 일이 되어버렸다.

풍기는 외모는 사색적이고 외로운 학 같은 분위기지만 의외로 소탈한 성품이어서 많은 사람들을 주위에 모여들게 하지 않았나 생각된다. 마치 시골의 마음씨 좋은 농부가 텁텁한 막걸리를 한 잔 걸친 것처럼 특유의 허스키 목소리에 웃음을 담아 농을 쏟아 놓으면 좌중은 금방 웃음바다가 되곤 했던 일들이 눈앞에 선하게 떠오른다.

공초 선생의 추모회를 마치고 몇 명의 일행들과 청진동 해장국집으로 옮겨간 적이 있었다. 몇 명의 여성도 그 자리에 있었는데 느닷없이 한 여성을 향하여 하는 말이 너무나 도발적이었다. 요즘 유행어로 한다면 엽기적이라고 해도 될 것이다.

허스키한 목소리에 혼자 헛웃음을 치더니 그 여성의 이름을 부르며 "그때 나랑 자놓고도 자꾸 안 잤다고 하는데 이제 나이도 들고 그랬으니 사실대로 고백해도 되지 않아?" 갑자기 이런 황당스러운 말을 하니 모두 감을 못 잡았지만 본인이 웃는 표정이니 그 웃음을 무슨 복선으로 이해라도 하는 듯 모두 웃음을 터뜨리지 않을 수 없었다.

그 자리에는 그의 권위에 눌려 행동거지도 자유롭지 못한 사람들도 있었건만 그런 황당무계하고 뇌락(磊落)스러운 말을 하니 그 조심스럽던 분위기가 일순간에 바뀌어 편안한 자리가 되고 마는 것이었다.

물론 그 당사자가 되는 분은 할머니가 다된 분이지만 많은 사람들 앞에서 그런 말을 듣자 얼굴이 붉어지며 내가 언제 선생님하고 같이 잤느냐고 언성을 높이는 바람에 그날 그 자리는 웃음바다가 되고 말았다. 그 날은 정말 너무 웃어 모두 배가 아플 지경이었다.

그 할머니 설명으로는 한때 여당 대표를 지냈던 윤길중 선생과 김규식 선생의 비서를 지냈던 송남은 선생 등 몇 명이 모여 술을 마시다 밤이 늦어 함께 잠을 잤다는 것이다.

(지금은 그 할머니만 생존해 계시고 그분들 모두 다 하늘나라로 가시고 안 계신다.)

그걸 가지고 자꾸 같이 잤다고 한다며 환장하겠다고 하던 모습… 노망이 들었다고 선생을 몰아세워도 그 특유의 웃음을 웃던 모습이 이제는 색이 바렌 한 컷의 추억으로 남아 있어야 할 때가 되었다. 그 뒤로 더 이상 연결되지 못하는 필름이 되어…

그 날의 그 해장국과 막걸리가 너무도 그립다.

한국일보 2004년 5월 18일
플로리다 주 한겨레 저널 2004년 5월 26일

거리의 철인

(민병산 선생의 20주기를 기리며)

길거리 나무통 속에 살고 있는 디오게네스(Diogenes Sinope BC412-323)에게 어느 날 알렉산더 대왕이 찾아와 물었다. 지금 그대가 원하는 것이 무엇인가?

내게 지금 필요한 것은 왕께서 햇빛을 가리지 않는 일이요.

디오게네스는 알렉산더 대왕이 자기를 찾아오리란 상상도 못하고 있다가 갑자기 왕이 찾아와 그런 질문을 하자 당황하여 햇빛을 가리지 말아달라고 하였는지도 모른다. 하루나 이틀 전에 미리 찾아가겠다는 전갈을 받았다면 무슨 말을 할까 생각하였다가 왕의 힘을 빌려 그 당시 사회적으로 문제가 되는 것을 풀어달라고 하여 그 시대를 살던 사람들에게 참으로 좋은 혜택이 돌아가게 해 많은 사람들에게 극진한 존경을 받지 않았을까.

대왕이 갑자기 찾아와 필요한 것이 무엇인가 물었을 때 햇빛을 가리지 말아달라고 하는 대답으로 세속적인 것에 초연한 철인다운 면모를 보인 디오게네스.

철인은 세속적인 것에 초연한 모습을 보이는 것으로 철인의 역할을 다하는 것인지 의문이 남는다.

요즘의 세태는 철학가는 많은데 철인은 없다고 한다.

철학 공부는 하되 철인으로서의 삶은 살지 않는다는 말일 것이다. 꼭 철학뿐이겠는가! 이번 이명박정부의 고위직 인사에서 드러났듯이 모범을 보여야 할 사람들, 부동산 투기는 망국병이니까 해선 안 된다고 말려야 할 사람들, 배울 만큼 배웠다는 사람들이 부동산 투기를 하고 있는 것이 우리의 현실이다. 사회에 어떤 악영향을 끼치든 돈만 벌면 그만이라는 행태를 보이고 있는 지식인들… 이들을 배운 사람들이라고 할 수 있을 것인가! 또한 지도자로서의 자격을 가졌다고 할 수 있을 것인가!

언행일치, 지행일치, 배운 자다운 행실을 하는 사람이 우리 사회에 얼마나 있는지 모를 일이다. 오히려 돈을 버는데 올바르게, 정직하게 해서는 돈을 못 버는 것이니 바르지 못한 행동을 하는 것이 당연하다고 한다. 그리고 그들이 질서를 지키자고 큰 소리를 치고 있다.

무엇이 옳고 그른가 하는 기준이 없어져 버린 사회. 막무가네로 우겨대고 큰 소리를 치면 진리가 되는 세상이다.

인사동에 나타나던 철인. 민병산 선생이 생존해 계신다면 오늘날의 세태를 어떻게 진단하실지 궁금해진다. 항상 옷차림은 거지꼴이어서 후배들이나 친지들하고 식당에 가면 거지가 온 줄 알고 출입을 저지당하면서도 무표정이던 인사동의 철인. 그가 인사동에 나타나면 그의 주변으로 사람들이 몰려들고 시간가는 줄 모르며 시국담이나 고담준론, 주변잡담 등을 하며 열을 올려도 하루종일 묵묵히 침묵을 지키며 눈을 감고 있던 철인.

누군가 의문사항이 있어 질문하면 간단 명쾌하게 한마디하고 다시 눈을 감고 침묵하던 선생이 아마도 우리 시대의 한국판 디오게네스가 아니었을까…

완전 무소유로서 물질에 초연하며 세상사에도 무심하시던 선생이야말로 진정한 철인이요 불가에서 말하는 참 보살이라고 할 수 있을 것이다. 꾀죄죄한 옷차림에 허름한 배낭을 메고 다니던 선생에게서 진정한 인간냄새, 사람냄새를 맡을 수 있었으니 서울이라고 하는 메마른 사막의 인간 오아시스와 같았던 분이다.

귀중한 자료나 기이한 서책, 두 트럭 분량을 아는 친지에게

맡겼다가 도난을 당하고 난 후 그 허망함을 달래기 위해 시작했다는 서예는 선생만의 독특한 서체를 이뤄 인사동 웬만한 집에 한 두 점 걸리지 않은 집이 없었다.

선생의 가방에는 온갖 잡동사니가 다 들어 있었는데 그것들을 꺼내 누군가에게 소용이 될 만하다 싶으면 아낌없이 나누어 주곤 하던 철인.

선생의 환갑날은 인사동에 나오는 후배들과 친지들이 주머니를 털어 잔치를 열기로 했는데 극구 사양하시고, 말을 안 듣고 잔치를 벌인다면 어디론가 사라질 거라고 하더니 정말 그는 그날 하늘나라로 가버리고 말았다.

잔치를 벌이기로 했던 음식점(누님국수) 안내문에는 선생이 고려병원 영안실에 계시니 하객들은 그리로 가라는 것이었다. 환갑잔치가 장례식이 되어버리고 말았다.

각종 언론매체에 기고를 하여 간신히 생계유지를 하면서도 친지들과 어울리면 가장 밥값을 많이 냈고 물질에 대하여 초연한 삶으로 일관했던 거리의 철인….

어린 시절 선생과 초등학교를 같이 다녔다는 친구분의 말씀으로는 그의 어린 시절은 귀족과 같은 삶이었다고 한다. 그 시절 충청도의 제일부자로 자가용을 타고 등교를 하였고 점심시간이면 집안의 하인이 호화로운 점심상을 날라오곤 했다니 말이다.

그러나 그는 철이 들어 그 많은 재산들이 그 시대에 친일을 하지 않고는 불가능한 것이라고 판단하여 재산에 무심했고 그 근처에도 가지 않았다니 보통사람으로서는 흉내도 못 낼 일이다.

지금의 세태를 보면 무슨 아귀귀신에 들 씌어진 사람들처럼 긁어모으려 하지 않는가. 많이 가진 사람들, 사회적으로 모범을 보여야 할 사람들이 재산을 더 늘리려 아귀다툼을 벌이고 있으니 선생 같은 분의 향기로운 인품이 더욱 그리워진다.

날이 새면 무슨 개발 조합이니 뉴타운이니 해가며 멀쩡한 집을 때려부수고 새로 집을 지어 평화롭고 안락했던 삶의 터전을 투기장으로 만들어 버리는 세태. 지금 대한민국은 어디를 향해가고 있는 것일까. 있는 자는 더 갖기 위해 온갖 수단을 다 동원하고 없는 자는 삶의 터전을 잃고 변두리로 맴돌아야 하는 세태.

과연 이런 사회를 지켜야 할 가치가 있는 것일까. 없는 자들의 자식들에게 국가를 지켜야 할 가치가 무엇이라고 할 수 있을 것인가. 너무나 공허한 사회로 가고 있는 현실을 생각할 때 선생의 20주기를 기린다니 참으로 뜻깊은 일이 아닐 수 없다.

없는 자들의 자식들이 자기 땅이나 집이 없어도 참으로 지킬만한 좋은 제도나 사회 정의가 있는 국가가 되었으면 좋겠다.

주간 워싱턴 2008년 9월 12일

워싱톤에 온 고은시인

워싱턴 근교의 앙상한 나무들이 강철로 만들어 놓은 것처럼 느껴지는 을씨년스러운 겨울.

마치 다시는 봄이 찾아오지 않을 것 같은 쌀쌀한 날씨가 계속되더니 눈마저 폭설로 쏟아져 사람들을 더 움츠러들게 하는데 한국에서 고은 시인이 왔다는 소식이 전해졌다.

2월 2일 Folger Shakespeare library에서 그의 시 낭송회가 있다고…

오랫동안 흑백논리, 이거 아니면 저거, 단순 논리에 사회를 꿰맞추고 자기하고 뜻이 안 맞으면 적으로 몰아붙이던 사회에서 자신의 색깔을 지켜오며 인간들이 사는 세상은 다양한 사회여야 한다고 자신의 신념의 불길을 지켜온 고독했던 시인.

대다수의 많은 지식인들이 현실을 외면하거나 아니면 현실과 타협할 때도 그는 고독하고 엄혹한 세월을 신념대로 살아온 한 시대의 증언자이기도 하다.

지식인의 궁극적 가치는 옳고 바른 것을 분별하고 그른 것을 바로잡는데 있을 것이다.

지식인이 옳고 그른 분별없이 오직 잘 먹고 잘 사는 데만 몰두한다면 이미 지식인이 아니라 생존을 위한 도구를 하나 가진 범부와 뭐가 다르랴.

대한민국의 지식은 이미 그 가치가 잘 먹고 잘 살기 위한 도구로 전락한지 오래지만…

동방의 작은 나라, 서양의 표현법으로 말하자면 극동의 분단국, 언제 전쟁이 터질지 모르는 불안한 변방의 작은 나라.

그 불안하고 작은 나라의 한 지식인이 가진 사색의 세계가 무엇인가? 들어보자고 불러 본 것이 아닐까…

그는 시를 통해 세상살이가 아무리 힘들더라도 바다의 파도처럼 끈질기게 의지를 불태워야한다고 외쳤다.

또한 아무리 보잘 것 없는 민중이라도 역사의 주인공에서 벗어날 수 없다고 온갖 인물을 만인보의 주인공으로 다루기도 했다.

아무도 관심을 가져주지 않고 거들떠보지도 않는 사회의 밑바닥에서 버러지처럼 살아가는 인생들이 뱉어내는 온갖 상스러운 욕들은 그들의 감정이고 스트레스 해소의 숨통이나 다름없을 것이다.

그들이 어떻게 그 고통스러운 삶을 살아 내는가를 사실적으로 옮겨놓은 그 험한 욕설들이 시어가 되어 극장 안을 채웠다.

물개똥이가 물똥을 싸고 같이 놀아 줄 친구가 없어 지렁이하고 놀다 지쳐 땅바닥에서 잠을 자는 아이, 마치 짐승같이 살아가는 어린 인생의 일상이 그려지고 밖에 나가 맞고 들어왔다고 벼락맞아 죽을 놈이라고 욕을 해대는 무지렁이 인생들 이야기가 적나라하게 펼쳐졌다.

Shakespeare library가 가지고 있는 극장은 현대식 극장이 아니라 아주 고풍스럽고 우아해 전성기 시절 귀족들이 드나들던 명소였을 것이다.

세계의 방향을 결정하는 미국의 중심.

조용히 힘이 작용하는 세계의 중심에 있는 고풍스러운 무대에서 한반도의 한 시인의 몸짓과 언어, 때로는 잔잔한 물결이 흐르듯 하고 때로는 광풍이 몰아치듯 기를 뿜어내는 시인.

그는 분명 한 시대를 온 몸으로 절규하며 외쳤던 한 국가의 지성이었고 신념의 화신이었음을 일깨웠다.

감옥으로 가야 할 때 주저 없이 감옥으로 갈 수 있었던 기백의 정신, 지성의 혼을 가진 존재.

세계의 중심, 힘이 작용하는 중심의 고풍스러운 무대에 그가 설 수 있는 것은 굽힐 줄 모르는 정의에 대한 신념과 용기의 결과이리라.

변방의 작은 나라의 시인으로서 이만하면 영광스럽지 않

을 수가 없을 것이다.

미국을 열다섯 번째 왔다는 고은 시인.

그는 무슨 생각을 할까?

평범한 사람이라면 오기 힘든 미국을 한번만 왔다가도 자랑거리일터인데. 열다섯 번이나 와서 미국의 수도 워싱턴에서 시를 낭송하는 기분은 어떤 것일까…

하버드 대학의 대빗 교수의 통역을 통해 미국인들에게 소개되는 한국의 시인으로서…

우리는 입만 벌리면 반만년 역사를 자랑하는 입장에서 이제 신생국이나 다름없는 국가가 세계의 강대국이 된 미국.

그 중심에 선 분단국의 한 시인은 어떤 기분일까?

반만년이나 되었다는 우리는 어떻게 해야만 통일을 하고 어떻게 해야만 자랑스러운 국가가 되는 것일까…

플로리다 한겨레 저널

한 마리 새가 되어

볼티모어에 있는 세계적인 음악대학 피바디에서 은퇴를 한 후 "한 마리 새가 되어"란 제목으로 자서전을 내 동포 사회에 반향을 불러 일으켰던 안용구 교수의 근황을 알아보았다.

자서전에서 선생은 자신의 신체적 장애는 물론 가족사도 숨김없이 밝히므로 진솔한 인생역정이 드러나, 읽는 이들로 하여금 여느 소설 못지않은 흥미를 유발 시켜준다는 평을 받고 있다.

자신의 자랑거리만 죽 나열하는 자서전이 아니라 살면서 겪었던 일들을 숨김없이 기록해 전기문학의 문학성을 높여주었다고 할 수 있을 것이다. 뿐만 아니라 자서전에 나타나는 그 시대상을 이 시대를 살고 있는 사람들도 거울을 들여다보듯 알 수 있게 해줘 역사적인 기록 효과도 크리라 생각된다.

남부럽지 않은 의사 집안에 태어났으면서도 부모의 사랑을 받지 못하고 천덕꾸러기로 성장하며 음악을 접하게 되어 음악에서 인생의 위로를 받고 인생의 길을 발견한 선생은 어려운 고비 때마다 뜻하지 않은 사람들의 도움을 받으며 명망 높은 음악가로 성장하는 이야기를 책 속에 담고 있다.

어쩌면 하늘이 낸 사람이 아닌가 할 정도로 인생의 고비마다 도움의 손길을 내미는 사람이 나타났으니 운명의 신이 어떤 힘을 작용하고 있었다는 것을 느끼게 한다.

거의 부모로부터 유기되다시피 한 인생에서 세계적인 음악가들을 길러 내는 음대 교수가 되는 과정은 너무도 드라마틱하여 한 편의 영화를 보는 기분이기도 하다.

우리 주변에서 쉽게 접할 수 없는 그의 인생이야기는 책장을 넘기며 참 희한한 인생도 다 있구나 하는 생각을 끊임없이 하게 되고 음악 인생으로 성공하는 대목에 이르면 읽는 사람도 자신의 일처럼 기뻐하게 된다.

이런 이야기를 접하게 되면 우리네 권태로운 일상을 말끔히 씻어줄 뿐 아니라 새로운 활력을 얻을 수 있고, 좌절해 있는 사람들은 새로운 용기를 얻을 수 있어 좋을 듯 싶다.

소아마미로 발을 절게 되자 부모가 남부끄럽다며 손님들 앞에 나타나지 못하게 하는 대목에 이르면 의사인 부모가 어찌 전 근대적인 사고방식을 가질 수 있었을까 하고 의사로서의 직업관 까지 의심을 갖게 하기도 했다.

성장하면서 부모의 도움이 필요할 때마다 도움을 주지 않으려 할 뿐 아니라 6.25사변 중에 간신히 살아서 부모를 찾아갔는데 먹여 살리기 어렵다며 집에서 나가라는 아버지의 비정함을 어떻게 이해해야 할지…

가난한 아버지도 아니고 외국 유학까지 갔다 온 의사인 아버지가….

이런 경우를 보면 교회에서 기도 할 때 하느님 아버지! 하는 것은 완전히 잘 못된 것이란 생각이 든다. 이 세상에 아버지답지 못한 아버지가 얼마나 많은가. 자기가 낳은 자식을 학대하는 아버지. 자식을 내다 버리는 아버지. 아버지이기 전에 한 인간으로서도 너무도 부족한 인간들. 그런 속물들을 하필 전지전능하고, 고결한 하느님 뒤에다 아버지! 하고 갖다 붙이는지 모를 일이다. 그로 인해 하느님의 격이 한결 떨어지게…

한국에서 활동하는 이름난 음악가들은 거의 선생의 제자들일 정도로 음악인으로서 성공했지만 한국에 있지 못하고 미국으로 온 이유 세 가지가 있다는 것도 자서전에 밝히고 있다.

어두운 시대상황이 한 개인의 인생행로를 바꿔 놓았고 그로 하여금 고국에 대하여 등을 돌리게 하였으니 국가적으로 큰 손실이 아닐 수 없다.

그러나 선생의 조국애는 남달라 한국의 평화와 통일에 관심을 갖고 북한을 네 번이나 방문해 음악으로 민족의 가슴을 하나로 묶는 일을 하였으니 이 시대의 선각자라 할 수 있을 것이다.

통일이란 말만 하여도 빨갱이로 몰리던 어두운 시절에 북한을 방문한다는 것은 보통 용기로는 안 되는 일이었을 것이다. 누가 뭐라 해도 자신의 신념이 뚜렷할 때만이 그런 행동을 할 수 있을 것이다. 진정한 애국이 뭔지도 모르면서 입으로 떠들기만 한다고 애국이 되는 것은 아닐 것이다.

남북이 만나고 통일하는데 어찌 시행착오가 없을 것인가…

수많은 시행착오와 의견 차이를 확인하고 인내를 거듭하면서 내일의 좋은 결실을 향해 가는 길이 우리의 평화의 길이요 통일의 길일 것이다. 그리고 이것은 누가 정권을 잡아도 이 과정을 밟지 않고는 갈 수 없는 길이다.

음악을 하는 음악가가 민족 문제에 관심을 갖고 행동으로 옮긴다는 것이 어찌 쉬운 일이겠는가. 특히 한국 사회가 가지는 편협 된 환경에서는 더욱 어려운 일이 아닐 수 없다.

똑 같은 일인데도 자기네 편이 하면 애국이요 상대편이 하면 역적이라고 매도하는 한국의 집단 이기주의 병폐가 우리 민족의 갈 길을 막고 있는 것이 이 시대의 비극 중에 가장 큰 비극일 것이다.

1972년 박정희 시절 7.4 남북 공동 발표문에 천명한 것은 더 이상 남북이 적이 아니고 같은 민족으로서 공동의 이익을 추구 해나가야 할 공동체라고 명시하고 있다.

그 당시는 독재자가 무서워 누구도 박정희를 친북이요 반미라고 비판 하지 못했다. 너무도 자주국방을 외치며 신무기 개발에 집념을 갖게 되어 미군의 일부가 철수 하는 상황이 되었지만 반미네 친북이네 한 마디 말도 못하던 자들이 지금은 그 때 그런 상황이 아닌데도 비판하기 위한 비판을 하느라 떠들어 대고 있다.

지금은 미군이 철수도 하지 않았고 미국의 말을 안 듣고 독자적으로 무기를 개발하는 상황도 아니다. 단지 미국과 한국의 정책적인 면에서 견해차가 있을 뿐이다. 그런데도 이를 두고 반미네 친북이네 하는 것은 냉전시대의 유물로 애국을 가장하는 자들이 옛날로 돌아가 독선과 부정부패, 정경유착을 다시 하고 싶어 억지 주장을 하는 것에 다름 아니다.

북한을 방문한다고 해서 돈이 될 일도 없고 명예가 올라

갈 일도 없다. 그리고 공산주의가 쇠락해가는 것을 모르는 바도 아니다. 그런데도 북한을 방문하고 관심을 갖는 것은 오로지 애국심 한가지 일 뿐일 것이다. 그리고 그 길만이 민족이 살아남을 길이기에 가는 것이지 이 영리한 세상에 그렇게 척박하고 굶주리는 땅을 무엇 때문에 가겠는가?

자기가 하면 사랑이요 남이 하면 불륜이라는 이중 잣대를 가지고 민족문제를 재단하려 해서는 안 될 것이다.

선생의 음악에는 조국에 대한 사랑이 흐르고 있기에 그의 음악 인생이 더욱 돋보인다고 할 수 있을 것이다. 그가 단지 음악인으로 재주나 부리고 산다면 개인의 영달을 위해서 살아가는 보편적 범주에 드는 인물이 되어버리고 말았을 것이다. 하지만 민족과 국가라는 큰 명제를 인생에 담았기에 그의 음악이 더 한층 빛을 발하고 있는 것이다.

콜럼비아의 조용한 마을에 위치한 선생의 집은 수많은 음악인들이 찾는 명소일 뿐만 아니라 실내악을 연주하며 인생의 여백을 채우는 즐거움을 갖는 곳이기도 하다.

숲으로 둘러싸인 집 안의 거실에서 음악이 흘러나오면 숲의 정령들도 함께 즐거워 할 것 같은 집은 노후의 쉼터요 인생을 정리하는 공간이기도 하다.

따뜻하고 섬세한 품성이 풍겨나는 선생에게서 자상한 형님 같은 정을 느낄 수 있으니 넘치는 인간애의 발로라 해야 할 것이다.

선생의 자서전 "한 마리 새가 되어"는 일어와 영어로 번역이 완료되어 출판될 날을 기다리고 있다고 한다.

선생은 원래 캐도릭 집안에서 태어났지만 살면서 불교 쪽으로 관심이 커졌다고 신앙의 변화를 고백하기도 했다. 정치가는 아니지만 민족에 대한 의식이 자신만큼은 한국인들이 가져야 하지 않느냐고 현 세태를 아쉬워하는 노(老) 교수에게서 진정한 애국심을 느낄 수 있었다.

나이 먹어가며 욕심이 많아지면 노탐이라 하고 잘못하면 망령이라 하는 것을 경계해서인지 선생은 불교에서 말하는 탐욕과 집착을 버려야 한다고 강조 한다.

산책과 화초 가꾸기, 연습하는 것으로 소일하는 선생에게서 음악의 향기가 시들지 않고 있음을 확인 할 수 있었다.

섬세한 선율이 녹아 흐르는 아름다운 음악, 아름다운 음악으로 빚은 인생을 살아오신 선생의 가슴은 누구보다 따뜻하고 살가운 정으로 충만 되어 있다.

그래서 선생은 그 가슴으로 우리 민족의 아픈 상처를 보듬어 안아 녹이고 싶었을 것이다.

하루 빨리 평화가 정착되고 통일이 되어 주변 강대국들에게 시달리지 않기를 바라며…

선생의 집을 나설 때 땅거미가 지기 시작했고 노안의 선생은 다시 또 만나기 바란다며 손을 흔들어 주었다.

식지 않는 조국애와 따뜻한 인간애로 충만 된 선생의 건강을 동포들과 함께 빌어 마지않는 바이다.

Korea Monitor 2008년 4월 11일

"죄와 벌" 독후감

7월 2일 이조 식당에서 열린 미주 한인 독서클럽(회장 임경전) 정기 모임에서는 7월의 독서로 정했던 "죄와 벌"의 독후감을 발표했다.

죄와 벌을 쓴 도스토예프스키는 사회개혁운동에 가담했다가 감옥에 가게 되어 사형언도까지 받았지만 사형집행 직전에 왕의 사면으로 사형을 면하게 되었던 인물이다. 사형 집행 5분전, 이 5분 동안에 무었을 생각할까… 부모와 형제, 친구, 그 동안 자신이 서 있을 수 있도록 떠 받혀준 땅에 고마웠다고 눈물 흘릴 때 왕의 사면장이 도착해 살아남은 도스토예프스키.

최후의 5분을 어떻게 쓸까 고민했던 그 순간을 잊지 못해 생존해 있는 동안 언제나 최후의 순간처럼 진지하게 살았다는 도스토예프스키.

사형집행은 정지되었지만 자유의 몸은 되지 못했고 유형(流刑) 생활을 더 해야만 했다. 그 유형생활을 하면서 죄와 벌을 구상했고 감옥을 경험한 것들이 소설을 쓰는데 많은 도움이 되었다.

죄와 벌의 주인공 라스콜리니코프가 죽인 전당포 주인들은 오늘도 세계 도처에 있을 것이고 그러한 인물은 지상에서 사라져야 한다고 순수한 젊은이들이 오늘도 분노하고 있을 것이다.

모임에 참석한 양민교 박사는 현대인들 모두가 조금씩은 정신병적 면이 있다고 지적하며 죄와 벌의 주인공을 병리학적 시각으로 보기도 했다.

독후감을 발표하지 않은 회원은 자기 작품을 발표하여 독서클럽 모임의 질적 수준을 한층 높여 주었다. 처음 참석한 참석자들은 독서 클럽의 운영 내용이 너무 좋다고 계속 참석하겠다는 뜻을 밝히기도 했다.

이날 게스트로 참석한 강영우 박사는 이민 문학의 진로는 우주적 관점, 즉 범인류적 시각이어야 한다고 했다. 미국에 살면서 한국을 바라보지 말고 미국을 포함한 각종 인종을 객관적으로 바라보는 통찰력과 미국을 꿰뚫어보는 안목을 강조했다.

본인도 "아버지와 아들의 꿈" "백악관으로 간 맹인 소년 강영우" "도전과 기회 3c혁명" "우리가 오르지 못할 산은 없다" 등을 저술한 저술가이기도 하다.

장님이라는 신체적 장애를 극복하고 백악관 차관보까지 오른 인물인 강영우 박사는 미국에서뿐만 아니라 한국에서도 신화적인 인물이 되었다.

오늘의 강영우 박사가 되기까지는 어떤 노력이 있었을까?

그의 대답은 끝까지 좌절하지 않고 노력하는 것이라고 했다. 포기하고 절망했다면 오늘의 강영우 박사는 없었을 것이다. 얼마나 포기하고 좌절할 이유가 많았겠는가. 그러나 그는 포기하지 않고 꿋꿋이 앞을 향하여 나아갔기에 오늘의 강영우가 있을 수 있었다.

그리고 무엇보다 그의 눈이 되어주고 발이 되어 주었던 아내가 있었기에 가능했으리라…

같은 한국인으로서 강 박사를 자랑스럽게 생각하지 않는 사람은 아무도 없을 것이다. 장애를 극복하고 인간승리를 이룬 그를 바라보면 좌절하고 있던 사람들도 새로운 힘을 얻어 도전하게 될 것이다.

이날 김행자 손지언 박정애 채수희 최은애 박용찬 허권 이정숙 씨 등이 참석해 성황리에 행사가 진행되었다.

8월 행사는 김남조 시인의 작품을 조명할 예정이라고 한다. 각박한 이민 생활로 정서가 메말라 있는 현실을 비춰볼 때 독서클럽의 활동이 크게 기대되는 바이다.

Korea Monitor 2006년 7월 7일

코러스 인물 탐방
도예가 윤도현

도예가 윤도현씨를 만나본 사람들은 운명이라는 것을 부정하고 믿지 않다가도 고개를 갸우뚱거리지 않을 수 없다. 조선대 약대를 나와 약사로서 생활기반을 잘 잡아 살던 사람이 어느 날 갑자기 도공으로 변신을 했으니 사람의 운명을 부정할 수 없다는 것이다.

명문 해남 윤씨로 지방의 유지를 자처하는 집안에서 도공으로 나선다니 집안의 일가친척들에서부터 아내와 부친의 반대가 심했지만 무엇엔가 홀린 사람처럼 길가에서 주운 청자 쪼가리를 손에서 놓지 못했다.

그가 태어나 자란 강진은 고려 시대부터 청자로 유명한 곳이어서 쉽게 청자조각을 볼 수 있는 곳이었다. 그러나 평소에는 그 조각이 눈에 들어오지 않았는데 어느 날 청자 조각이 눈에 들어와 그의 눈길을 사로잡았고 청자 조각에서 빛나는 그 푸른빛에 빠져들기 시작했다. 그 푸른빛을 바라보며 생각에 잠기면 꿈속에 빠진 사람처럼 넋을 빼앗겼다고 한다.

그의 손에 잡힌 청자의 파편에서 빛나는 푸른빛은 한시도 그의 의식을 놓아주지 않았고 마침내 그 푸른빛을 복원하는

데 인생을 걸기로 결심했다. 그리고 그는 과감히 약사에서 도공으로 변신했다.

역사 속에서 잃어버린 그 푸른 빛, 고려만이 가지고 있었던 그 고유의 빛을 찾는데 자신을 던지기로 한 그의 결심은 그 누구도 꺾을 수 없었고 그 어떤 고통도 그를 좌절 시키지 못했다.

도중에 포기를 해야 할 만큼 고난과 실패가 있었지만 자기가 정한 길을 후회하지 않고 험난한 도공의 길을 걸어 마침내 그만이 빚어내는 빛을 이뤄냈고 작품이 억대에 팔릴 만큼 인정을 받게 되었다.

지난 세월을 돌아보면 짧지 않은 세월이다. 자그마치 27년이란 세월이 흘러 그가 현재에 이르러 도예가 명장이란 칭호를 얻었고 작품이 억대에 팔리는 데 이르렀다. 현대 작품이 억대에 팔리는 것은 도예 계에 처음 있는 일로 각 매스컴을 타기도 했고 도예가 예술로서 명실상부한 대우를 받게 되었음을 세상에 알리는 계기가 되었다.

억대에 팔린 작품은 높이가 100cm 둘레320cm 무게 300kg "청자상감당초문호 青磁象嵌唐草 文壺"로 역사상 가장 큰 청자라고 한다. 이런 대작은 성형 과정에서 흙의 무게를 이겨내지 못해 만들 수가 없었는데 기술을 연마해 이런 대작을 만들어냈다고 한다.

그가 얻은 명장이란 칭호나 억대에 팔려나가는 외형적인 것들에 만족하기보다도 그의 손안에서 빛을 발하던 청자 파편의 푸른빛을 다시 찾겠다는 생각은 아직도 내려놓지 않고 있다. 어느 정도 성과를 이루었다고 할 수 있지만 아직 고려청자와 똑 같은 빛에는 도달하지 못했다고 생각하기 때문이다.

그에게 고려청자 빛을 찾아내라고 한 사람은 아무도 없다. 그가 어느 순간 자신 스스로가 인생을 걸고 그 일을 해보겠다고 나선 일이어서 아직도 자신이 자신에게 채찍질을 하며 그 길을 가고 있는 것이다.

어떻게 하다가 그 푸른 빛, 우리 민족이 다듬고 빚어 만든 우리만의 그 고유한 빛을 잃어버렸을까? 그런 생각에 잠기다가 자신이라도 이 빛을 찾아보자는 생각을 하게 되어 약사 일을 접고 도공의 길로 발을 내딛기 시작한 그의 삶.

예로부터 도공은 천민 중에 천민이 하던 일이어서 마을에도 함부로 들어가지 못하고 사람들 눈에 안 띄는 곳에서 하던 일이었다. 이제 세상이 변하여 그런 인식은 없어졌지만 육체적으로나 정신적으로 쉬운 일이 아니다.

사람의 노력만으로 완성되는 것이 아니고 가마 속에 들어가 불로 구워지는 과정은 또 다른 영역이기 때문에 작품의 완성도를 높이는 일이 사람의 힘으로만 되는 것이 아니다.

역사적으로 청자는 중국에서 시작되었기 때문에 중국에서 그 기술이 들어왔지만 고려에서 더 발전시켰고 특히 고려시대에 생산되는 청자의 80%가 강진에서 나왔다고 한다. 윤도현씨는 27년여 동안을 돈이 되지 않는 일을 하다가 이제 세상의 인정을 받고 있다. 그만큼 끈기 있게 일해 왔으므로 인간 승리를 거둔 것이다.

그는 불심이 대단해 청자 불상을 만들어 정수사에 1,000개 용연사에 3,000개를 시주하기도 했다.

그가 약사의 직업을 버리고 도공의 길을 가자 주변에서는 청자에 미친 미치광이 또는 사회 부적응자라고 손가락질을 했지만 이제는 그런 것들이 지난 일이 되었고 그의 친척들도 그를 따라 도공이 되기도 했다고 한다.

이제 군의 주력 사업으로 청자 마을을 조성하고 청자 박물관까지 설립해 운영하고 있다. 또한 군에서는 도공들을 지원하고 있다고 한다. 고려청자는 빛깔뿐만이 아니라 상감, 진사에서 그 실력을 발휘했고 강진의 흙에는 철 성분이 많아 피뢰침 구실을 하기도 했다고 한다.

그의 인간 승리는 그만의 것이 아니고 아직도 어느 성취점에 도달하지 못한 많은 사람들에게 격려와 희망이 되어 줄 것이다.

성공 신화는 언제 누구의 것이라도 우리 사회를 밝게 해준다. 새해를 맞으며 주변에 이런 성공신화가 많이 있기를 바란다.

극장식당

한국에 소개된 뮤지컬 영화로 센세이션(sensation)을 이르킨 작품은 웨스트 사이드 스토리(로버트 와이즈 감독)와 사운드 오브 뮤직(같은 사람이 감독)일 것이다.

활력 넘치는 안무와 젊음의 열기가 화면 전반에 흐르는 웨스트 사이드 스토리는 침울하고 암담했던 서울 거리를 흥겹게 하였고 일반인들이 뮤지컬 영화에 대해 새롭게 눈을 뜨는 계기가 되기도 했다.

음악과 춤이 어우러지고 여러 사람이 일사불란하게 움직이는 뮤지컬.

춤추며 노래하고 뛰어 노는 것이 마치 한국의 무속인들이 펼치는 굿을 연상시켰지만 스케일이나 예술성에서 압도적이었고 한국인들이 카타르시스를 느꼈을 작품이었다.

우리 전통 굿은 대개가 이름난 무당이 혼자 비나리를 내리고 혼자 춤추며 혼자 소리를 하는 극적 요소가 강하지만 그것을 극(연회 演會) 예술로 이해하기보다 샤머니즘으로만 이해하고 있을 뿐이다.

굿은 극적 요소가 강하여 온 마을 사람들이 모여 함께 즐기는 연회의 성격이 강했다. 어떤 무당이 굿을 하느냐에 따라 관중 동원의 숫자가 달랐던 것이다.

단순히 종교적 성격보다도 놀이의 성격이 강하여 우리 민족 심성에 잠재해 있는 신명을 자극하는 기회였고 모두가 그 신명을 확인하고 나누는 공동의 장이었던 것이다.

마을의 안녕을 비는 도당 굿이나 부군당 굿, 꽃이 피는 봄에 하는 꽃맞이 굿, 단풍이 드는 가을에 하는 단풍 굿, 햇곡맞이 굿, 개인의 복을 비는 재수 굿, 망자의 혼을 좋은 곳으로 인도하는 천도 굿, 병이 낫기를 바라는 병굿, 무당이 되었음을 알리는 신굿, 굿판을 벌일 이유도 많고 그 가짓수도 많아 구경거리가 없던 시대에 심심치 않게 연회 마당을 펼쳐 오락 기능을 해주었던 것이다.

이 연회적 성격에서 갈라져 나간 것이 전국의 명산대천을 돌며 풍류를 즐기는 풍류도요 이 풍류도를 근간으로 해 불가의 불도를 가미한 것이 신라의 화랑도였다. 이 화랑도를 통하여 젊은이들의 호연지기와 인격 도야를 도모했고 화랑들로 하여 나라의 기틀을 잡기도 했던 것이다.

뿐만 아니라 굿을 통하여 마을 공동체 생활에서 알게 모르게 서로 응어리 진 것들을 풀고 다시 시작하는 대동(大同)을 경험하는 계기가 되기도 했던 것이다.

서양 뮤지컬이 여러 사람의 율동과 다양한 성량(聲量)의 사람들이 모여 만드는 굿이라면 우리의 굿은 대부분 혼자 소화해내는 일인(1人) 종합 예술이다.

어떤 굿이냐에 따라 굿의 성격이 달라지기도 하지만 음악과 춤, 비나리, 공수가 잦은머리 장단이나 굿거리 장단에 어우러져 한 판의 굿을 연출해 내는 것이었다.

우리의 굿을 잘 다듬고 발전 계승 시켰다면 서양의 뮤지컬에 지지 않을 종합예술이 될 수 있었으리라… 근자에 세계 곳곳에 한류 바람이 일어나고 있는 것이 어찌 보면 당연한 일인지도 모른다.

굿을 보면서 신명과 끼를 발산 시켰던 민족의 에너지가 이 시대에 발산되고 있다고 생각할 수 있지 않을까.

끼가 있는 민족이요 신명이 넘치는 민족이었다는 것은 위지동이전에 이미 기록되어 있는 일이고 전국을 돌며 노래자랑을 하는 프로를 보면 노래 못하는 고장이 없고 놀 줄 모르는 고장이 없다.

우리 민족이 얼마나 끼가 많고 활달한 민족인가를 알 수 있는 일이다. 이렇게 신명이 많고 끼가 많은 민족의 후예들이 미국으로 이주 해와 노는 것도 잊어버리고 긴장된 하루하루에 살기 바쁘니 안타까운 일이 아닐 수 없다.

새 봄을 맞이하여 우리 가까이 있는 극장식당에서 공연하는 뮤지컬을 한번쯤 감상해 보는 것은 어떨까… 메릴랜드 콜롬비아에 있는 Toby's Dinner theatre에서 Thoroughly Modern Millie라는 뮤지컬을 공연하고 있다.

시골 여성이 뉴욕에 와서 여러 환경에 부딪히는 것을 코믹하게 그려낸 뮤지컬로 안무와 음악, 빠른 장면전환, 완벽한 조명시설 등 손색이 없는 공연물이다.

바쁜 생활에 찌들면 마음에 여유도 없고 세상을 왜 사는가 하는 허무에 빠질 수밖에 없다. 문화생활은 저절로 찾아오는 것이 아니라 바쁜 가운데에서도 스스로 찾을 때 오는 것이 아닐까…

가족 동반으로 문화주류에 참여하는 것도 생활의 재충전의 기회가 되리라 생각된다.

주소 : 5900 Symphony woods Rd, Columbia, MD 21044 (Just south of the Columbia Mall)

기간 : 2006년 2월 23일 - 2006년 6월 18일

시간 : 오후 5시 30분 - 8시 30분

요금 : 식사 포함 어른 46불 50센트 12세까지 26불 요일에 따라 요금차이 있음 토요일엔 어른이나 어린이 요금 46불 50센트 똑 같음

문의전화 301-596-6161 410-730-8311

굿 스푼 선교 음악회

김낙영

작은 꽃잎들 사이로 음악이 흘렀다.
봄 향기와 함께…
겨우네 웅크렸던 가슴들을 적시는 선율이 교회의 뾰죽탑 넘어로 퍼져 나갔다.
우리들의 가슴은 식지 않았다고,
예수님이 남기시고 간 십자가가 아직도 우리의 가슴에 남아 피를 흘리고 있다고…
예수님의 등을 내려치던 로마 병정의 채찍을 나태한 우리의 등에 내려쳐주기를 기도하는
가슴들 위로 음악이 애잔하게 흘렀다.
죽어서 천당에 가 영원히 살기보다도 이 땅에서 예수님의 피 묻은 십자가를 지는 형벌을 내려 달라는 기도.

이 땅의 고통을 짊어지는 자에게 복이 있나니…
가슴과 가슴을 이어주는 선율에 따라 하나 되는 기도가 어둠을 몰아내고 꽃이 되는 봄날.
입으로 나불거리는 사랑은 사랑이 아니라고…
피 묻은 십자가를 지지 않는 사랑은 사랑이 아니라고…
사치스러운 언어의 기도들을 잠재우게 하시고 사랑을 나누는 자 되게 해달라고…
음악이 파도 되어 우리들의 가슴을 세차게 지나갔다.
바람에 나부껴가는 가벼운 맹세,
약아빠진 이기주의 신앙은 이제 그만이라고…

이 세상에 왜 가난이 있는가!
이 세상에 왜 불의가 판을 치는가!
분노로 떨던 가슴에
율법 학자들에 퍼붓던 예수님의 분노와 저주가 함께 위로 받는 밤.
온 세상을 다 구하는 큰 계획보다도
가까이 있는 가난한 형제를 먼저 구하라는 하느님의 음성.
교회가 커지려는 사치,
많은 신도를 자랑하려는 허세를 버리고
가까이 있는 형제의 눈물을 닦으라는 하늘의 음성.
작은 스푼에 담겨 굿 되는 밤.
굿 세상이 되는 밤

요단 강 건너, 천국에 가
맥 빠지게, 할 일없이,
고통의 세상 내려다보면서 영원히 살면

그것이 진정 기쁨일까?
죽기 전에
어리석은 신앙에서 눈을 떠 가난한 형제의 스푼을
하나 더 놓을지니
배고픈 형제들이여 굿 세상으로 올지어다.
그대가 바로 예수님이 보낸 형제…
그대의 비어 있는 손이 복되도다.

바늘구멍으로 낙타를 타고 갈 일이 없는 그대…
그대의 야윈 몸이 복되도다.

멀리 땅 끝까지 가기 전에 허기진 그대 지나칠 수 없어
금 숟가락, 은 숟가락은 아닐지라도
그대를 위한 식탁을 여기 차리나니…

헐벗고 굶주린 그대,
그대는 예수님이 보낸 형제
마음이 가난한 그대가 있어 이 세상이 복되다.

2006년 4월 1일 벚꽃들이 만개한 밤, 워싱턴 한인 교회에서 굿 스픈 선교회(대표 김재억 목사) 창립 2주년 기념 음악회를 가졌다.

후원단체 워싱턴 청소년 오케스트라, 워싱턴 기독합창단, 미주 새찬양 후원회, 워싱턴 한인교회.

워싱턴 청소년 재단에 소속된 청소년 오케스트라는 최영권 신부 지휘 아래 실내를 가득 감동시키고 사랑의 향기를 풍기며 워싱턴 밤하늘로 퍼져나갔다. 가난한 형제들을 위해 더 열

심히 일하게 해달라는 기도와 함께…

굿 스픈 선교회는 2004년 4월 창립해 라티노 노동자들과 도시 빈민 구제 선교를 해왔고 2005년 한 해 동안 11,000 인 분 이상의 무료 급식을 했다. 뿐만 아니라 질병과 부상으로 고통 받는 사람들을 치료 받도록 하므로 한국인의 따듯한 사랑을 주목 받게 하였다.

Korea Monitor 2006년 4월 7일

(2) 코러스 인물 탐방

김승균 남북교류 협의회 이사장

이명박 정부가 들어서고 난 후 가장 극심한 변화를 맞은 민간단체들이 남북교류사업을 하던 단체들일 것이다. 그 중에서도 가장 남북 교류를 왕성히 펼쳐오고 신임도가 높았던 단체, 사단법인 남북교류협의회(이사장 김승균)라고 한다.

김대중 정부나 노무현 정부의 남북교류는 평화통일의 초석을 놓는 일로서 국가와 민족의 미래를 위해서 국가의 재원과 인력이 투자되었다.

이명박 정부는 통일부를 없애겠다고 나섰다가 여론에 밀려 통일부는 그대로 존속되었지만 그 통일부가 통일을 위해서 하는 일은 없고 오히려 전 정부의 노력들을 폄하(貶下)하고 모두 무위로 돌리고 있다는 원성을 사고 있다.

남북대화가 중단되고 냉전시대로 돌아가는 것은 전 정부가 그동안 쏟아 부은 국민의 혈세가 손실되고 통일의 열망을 꺾어버리는 것과 같다.

시국이 이런 때에 남북교류 현장에서 오랫동안 일 해온 김승균 이사장을 만나보았다.

김낙영 : 올해는 북한을 몇 번이나 방문하셨습니까?

김승균 : 지난 정부 같으면 5-6회는 다녔는데 금년에는 평양 한 번, 개성 한 번 두 번 밖에 못 갔습니다. 아주 어려움이 많습니다. 지난 정부에서는 우리가 하는 사업의 70% 를 지원해줬는데 이명박 정부 가 들어서고 50%로 줄였습니다. 올해는 1원도 지원을 받지 못했습니다.

김낙영 : 이명박 정부의 대북 철학은 무엇인가요?

김승균 : 철학이 있으면 이렇게 하지 않겠지요. 철학이 아주 없는 것이지요. 북한을 고사시키겠다는 것인데 그것은 지난 냉전시대에 오래해온 정책으로 서로 적대적으로 하면서 국력을 낭비만 했지 서로에게 아무런 도움이 안 되었던 것입니다. 햇빛정책은 그렇게 간단한 정책이 아닙니다. 지난 시대의 냉전구도에서 민족화해 시대로 전환을 의미하는 것이고 그것은 남북 모두에게 윈윈(win win)이 되는 정책입니다. 세계는 산업화 시대로 전환되었고 누가 더 좋은 상품을 개발해 싼 가격으로 파는가하는 경쟁구조로 바뀌었습니다. 경쟁에서 이기려면 값싼 인력과 풍부한 지하자원이 따라주어야 합니다. 선진국들이 시장을 점유하는 경쟁도 하지만 자원확보 경쟁도 하고 있습니다. 예를들자면 미국은 자기나라에 기름이 많이 매장되어 있지만 외국의 기름을 수입해 쓰면서 자기 나라 자원을 아끼고 있지요. 지하자원이 무한정으로 공급되는 것이 아니기 때문입니다.

언젠가 자원이 고갈되었을 때를 미리 대비 하는 것입니다. 지금 북한의 지하자원은 거의 중국으로 넘어가고 있는 실정입니다. 민족화해는 바로 북한의 지하자원과 값싼 인력을 활용할 수 있는 조건을 갖추는 것입니다. 값싼 토지와 인력, 풍부한 지하자원의 공급 을 받아 남한의 기술과 자금으로 물건을 생산하면 국 제 경쟁력이 강화되는 것입니다. 햇빛 정책은 이런 경 제적인 문제의 비전이 깔려있고 평화통일의 초석을 놓는 일입니다. 이명박 정부가 실용을 내세우고 있으 면서 진정한 실용적인 햇빛정책을 외면하고 있으니 그들이 말하는 실용은 무엇을 말하는지 알 수가 없는 일입니다. 뿐만 아니라 북한에서 물건을 생산해 세계 시장으로 파는 데 철도를 이용하면 물류비용이 4분의 1로 준다고 하지 않습니까. 그리고 이것은 북한을 개방시키는 효과도 있고 북한 경제에도 도움이 되어 남북 신뢰를 쌓아가는 일이 되는 것입니다. 이런 과정을 통해 북한이 남한의 중요성을 인식하게 되어 민족의 화해를 확대해가는 데 도움이 되는 것이지요.

김낙영 : 통일부가 통일을 위해서 일하는 곳이 아니라 통일을 방해하는 곳이다 이런 말들도 많이 하는데 이런 평에 대해서 어떻게 생각하시는지……

김승균 : 통일부 직원들 중에 북한을 제대로 아는 사람이 별로 없습니다. 남한에서 북한을 아는 사람들이 원래 정보부에서 일하는 사람들이나 좀 알았지 아는 사람이 없다보니 정보부 사람들이 통일부에 들어가 일을 하게 되었습니다. 그러니 당연히 통일에 대한 철학이 빈곤 할 수밖에 없는 것이지요. 냉전 시대에 북한을 다뤘던 사람들이기 때문에 북한에 대한 인식이 한 민족이라는 생각보다 적대감이 앞서니까 통일 의지가 약할 수밖에 없습니다. 그로 인해 민

족이 하나 되어 동북아에서 주도적인 역할을 해야 한다는 절실함이 없다고 볼 수 있지요. 당장에 중국의 동북공정에 대한 대응만 생각하더라도 통일 문제를 쉽게 생각하고 넘어갈 일이 아닙니다.

김낙영 : 현재 북한과의 교류는 어느 정도로 진행되고 있습니까?

김승균 : 아예 물자를 갖다 주지 말라고 하니까 아무런 교류를 못하고 있는 실정입니다. 닭 공장의 사료나 돼지 사료를 주지 못하니까 동물들이 그냥 죽어가고 있다고 합니다. 그 닭들이나 돼지들이 곧 북한 어린이들에게 영양 공급원이 되는 것인데 그냥 죽어나가면 그만큼 북한 어린이들이 굶주리게 되는 것이지요. 정부 당국에서는 긴급하지 않은 것이니 보내지 말라고 하는데 북한 의사들은 약품 못지않게 아이늘에게 필요한 영양소라는 것입니다. 이명박 정부에서는 민간들이 뭐 안다고 그러는가 우리가 다 알아서 할 테니 가만있어라 하는 것입니다. 금강산 관광문제도 민간인들 간에 한 것은 소용없다 하는 것 아닙니까. 실제로 통일은 민간인들 간에 신뢰가 쌓이고 친해져야 하는 것 아니겠어요. 현 정부에서 하는 것을 보면 답답하고 정견이 없다는 것을 알 수 있습니다. 남북문제 뿐 아니라 세종시도 얼마나 시끄럽습니까 우격다짐으로 밀어부치니 결과가 어떻게 될지 걱정입니다. 대통령이 국민 간에 소통을 유도하고 화합시키는 자리가 되어야 할 텐데 오히려 분란과 문제를 생산해내고 있습니다.

김낙영 : 통일에 대해 부정적으로 말하는 사람들도 많습니다. 통일에 대한 생각은 어떠신지…

김승균 : 통일이 하루아침에 될 것으로 생각하는 사람은 아무

도 없을 것입니다. 민간이나 정부 당국자들 간에 서로 자주 만나고 교류하다 보면 신뢰가 쌓이고 평화가 유지되면서 서서히 통일을 앞당긴다는 것 아니겠습니까. 그리고 우리가 막 퍼준다고 하는데 그런 말도 예의에 안 맞는 말입니다. 우리가 형편이 좀 나으니까 성의를 보이는 것인데 막 퍼준다고 하면 받는 사람 기분도 안 좋고 민족화해 정신에도 맞지 않는 것이지요. 이 세상에 누가 아무 생각 없이 퍼주겠습니까. 통일 방법에 있어서는 국가연합이다 느슨한 연방제다 이런 말이 있는데 김대중 전 대통령은 국가연합을 선호 했고 문익환 목사님과 김일성 주석은 느슨한 연방제를 선호 했습니다. 국가연합이나 느슨한 연방제나 큰 차이가 없고 비슷한 것입니다. 통일 문제를 말할 때 북한과 남한의 차이가 있는데 북한은 자기네들의 동맹이라고 할 수 있는 중국이나 소련보다 민족을 더 중요하게 생각하고 남한은 민족보다 미국이나 일본을 생각하는 것이지요. 6.15선언과 10.4 선언에 외세를 배제한다는 내용이 들어 있어 남한의 친미파들이 미국의 눈치를 본다는 점입니다. 그러나 정작 미국은 이것을 문제 삼지 않고 있습니다.

김낙영 : 통일을 반대하는 사람들은 주로 어떤 사람들일까요?

김승균 : 그 사람들은 두 말할 것도 없이 친일 전력이 있는 사람들이거나 기득권들이지요. 통일이 되면 기득권자들이 기득권을 잃지 않을까 하는 생각이 앞서는 것이고 친일세력들은 북한이 해방되면서 친일인사들을 숙청했기 때문에 불이익을 당하지 않을까 염려하는 것이겠지요. 역사 앞에, 민족 앞에 반성하고 민족이 자주적으로 역사를 기록해 나가는 길에 동참해야 할 텐데 반성하기는커녕 더 기승을

부리니 걱정입니다. 우리 세대에 통일을 못하면 통일은 점점 어려워지고 후세들에게 안 좋은 것을 유산으로 남기게 되는 것이지요.

김낙영 : 김대중 대통령이 햇볕정책으로 막 퍼주어서 북한이 무너지지 않았다. 막 퍼주지 않았다면 북한정권이 벌써 무너졌을 것이다. 그런 비판이 있습니다. 뿐만 아니라 퍼주었기 때문으로 그 재원으로 원자탄도 만들었다고 합니다.

김승균 : 그건 북한을 너무 모르고 하는 소리입니다. 북한은 해방이 되고 토지개혁을 할 때 무상 몰수를 해서 농민들에게 무상으로 분배를 해주었고 학교나 병원을 무상으로 했기 때문에 북한 인민들에게는 김일성이 하느님과 같은 존재입니다. 우리 남한은 각자도생으로 개인이 능력껏 살아야 했지만 북한은 국가가 국민들을 한 식구처럼 돌봐주었기 때문에 우리가 생각하는 것처럼 쉽게 폭동을 일으킬 구조가 아닙니다. 못 먹고 못 살아도 김일성을 원망하는 것이 아니라 미국이 봉쇄하고 압박을 하는데도 수령님이 우리 인민을 위해서 이만큼이라도 배급을 주시려고 고생하신다 이렇게 생각을 하는 것이지요. 결과적으로 봉쇄정책은 성공할 수 없는 정책이라는 것이지요. 그리고 퍼주어서 원자탄을 만든다고 하는데 남한에서 지원해주지 않아도 원자탄을 만들 수 있는 정도의 수입은 들어오지요. 북한도 한 국가인데 그 정도의 수입이 없다고 생각하는 것은 잘못된 생각이지요.

김낙영 : 민족의 미래를 위해 어려움 속에서도 열심히 일해 오셨는데 좋은 성과가 있기를 바라겠습니다. 바쁜 시간 내주셔서 감사합니다.

김승균 : 감사합니다.

김승균 이사장은 학창시절 운동권의 중심역할을 하다 감옥에 수감되었을 때 고 김대중 전 대통령을 만나 함께 민주화 운동을 하기도 했고 일월서각 출판사를 차려 해직교수나 지식인들의 생계를 돕기도 했다. 그리고 사상계 편집장으로 재직 시에는 김지하 시인의 오적을 발표해 사상계가 폐간 당했다. 깨어 있는 한 지식인으로서 어떤 삶을 살아야 할까 고민을 한다면 현 시대의 당면한 민족문제인 통일을 생각하지 않을 수 없을 것이다. 그를 만나면 깨어있는 대한민국의 지성을 만난다는 자부심과 고결한 선비의 냄새를 맡을 수 있다.

인터뷰하는 중에 북한 고위 인사한테서 전화가 왔다면서 통화를 하기도 했다. 군사독재 공안정치 시절 같으면 상상도 못할 일이 우리 일상에서 이루어지고 있는 것을 보면서 공안정치가 얼마나 허망한 것이었는가 생각해보지 않을 수 없다.

주간 코러스 2009년 12월 19일

꺼지지 않는 촛불

이명박 정부가 들어서면서 국민들은 참여 정부와는 뭔가 다를 것이라는 기대가 컸었다. 그것은 이명박이라는 인물이 오랫동안 국민들에게 높은 지지를 받아오다 대통령에 당선되었기 때문일 것이다. 그에게 표를 던지지 않은 사람들도 경제뿐만 아니라 한나라당을 내부적으로 좀 정화 시켜 정치의 장이 좀 진화 할 것이라는 기대가 있었다. 그래서 한나라당은 국민들의 그 기대에 부응하기 위해 총선 과정을 통해 많은 사람들을 참신한 사람들로 바꾸고자 노력했을 것이다.

기대가 크면 실망이 크다고 했던가…

대통령 인수 위원회가 작동되면서부터 영어 몰입화, 통신요금 인하, 통일부 해체 등의 정책들이 물의를 빚더니 고소영 강부자(고대 소망교회 영남 강남땅부자의 약자) 인사 정책이라는 최고 극점까지 끌어올린 후 광우병 쇠고기 수입이라는 기름을 끼얹었다. 거기다 정부와 여당이 약속이나 한 것처럼 권위적인 자세로 촛불을 끄려고 하다 그 불을 더 번지게 하고 있으니 대통령의 지도력 부재에다 여당의 정치력 부족을 들어내 대한민국의 심각한 문제로 변하고 있다.

온갖 문제들이 뒤얽히다 보면 어디서부터 어떻게 풀어야 할지를 몰라 헛힘을 쓰게 되고 그러다 보면 문제는 더 꼬이게 된다.

정부와 여당은 촛불집회를 처음 시작한 여학생들의 배후에 누가 있다거나 좌파들의 책동이라고 하기 전에 누가 이렇게 빨리 국민의 신뢰를 잃게 했는지 내부에서 찾아봐야 할 것이다. 그런 시나리오는 대통령 인수위원회가 작동되면서부터 시작되었다는 것을 간과해서는 안 될 것이다. 한 나라를 운영하는 문제를 너무 쉽게 생각하고 덤벼든 사람들이 대통령 인수위원에 있었다면 바로 그들이 국민들의 신뢰를 빨리 잃게 한 장본인들이요 오늘의 사태를 불러온 시나리오 작가들이 될 것이다. 대통령도 그들을 지휘한 책임에서 벗어날 수 없다.

오늘날의 젊은이들은 정보의 바다 속에서 사는 세대다. 인터넷의 속도는 광속, 즉 빛의 속도다. 빛의 속도로 정보를 주고받는 시대로서 그 빠르기만큼 서로에게 공감하며 서로가 하나의 빛으로 연결되는 세대다. 그리고 그 빛 속에 하나의 입자로 존재하는 것을 만족스럽게 생각한다. 그래서 자기 하나의 존재만을 고집하지 않는다. 그 빛 속에 모든 것을 공유

하는 가치관이 형성되어 있다. 무엇인가를 하나 주었으니 하나 받는 거래가 아니라 무엇인가 줄 것이 있다면 기꺼이 내놓고 공유하는 정신이 형성되어 있는 것이다.

어떤 대가를 바라지 않고 움직이는 새로운 인간형들이 우리 사회에 나타났다는 것을 유념해야 할 일이다. 우리나라에서 많은 사람을 동원하려면 정당들이 선거철에 일당을 주고 사람들을 모집해야만 했으나 지난 월드컵 때 젊은이들이 자발적으로 붉은 티셔츠를 입고 붉은 악마라며 모여서 대한민국을 목이 터지게 외쳐대는 것을 보았다. 또한 그들은 자비를 들여 비행기를 타고 해외원정 응원도 하였다. 그 붉은 악마들이라는 젊은이들 뒤에 어떤 배후가 있었던 것도 아니고 어떤 당이 조정을 해서 한 일도 아니다.

소녀들이 처음 촛불을 들고 모였을 때 그들 뒤에 배후가 있다, 좌파들의 책동이다, 괴담이다, 하는 말 대신에 대통령이나 책임 있는 누군가가 소녀들과 함께 촛불을 들고 대화를 나누었다면 어떻게 되었을까… 노무현 대통령이 검사들과 맞장 토론을 한 것처럼 말이다.

아마도 그렇게 했다면 무척 신선하고 진일보한 민주적 대통령이 나타났다고 여학생들이나 시민들이 환호하지 않았을까.

국민을 섬기는 대통령을 자처하고 있지만 그 국민이라는 것이 누구인지 애매모호하기 짝이 없다. 선거 때 자기를 도운 사람들이나, 평소에 잘 알고 지내던 사람들에게 낙하산을 태워 자리를 나누어주거나, 부자들을 더 부자로 만드는 것을 가지고 국민을 섬긴다고 하는 것인지… 노골적으로 지지를 보냈던 사람들이나 침묵으로 지지했던 사람들까지 걱정이다. 이러다 나라가 어떻게 될지 모르겠다는 것이다. 잘 풀 수 있는 일인데도 실기를 하거나 꼬이게만 하니 초강력 아마추어들이라고 할 수밖에 없다.

박정희나 전두환은 권력의 정당성이 취약하므로 절대적인 미국의 지지가 필요했지만 국민들의 높은 지지를 받으며 당선된 이명박 대통령은 정당성이 확보된 대통령이다 미국의 부시 대통령을 만나는데 조급하거나 위축될 이유가 하나도 없다. 한 국가의 대통령으로서 품위를 지키며 정정당당하게 줄 것이 있으면 주고, 받을 것이 있으면 받는 외교적 절차를 밟으면 되는 것이다.

미국의 대통령은 미국 국민의 이익을 위해서 일하고, 한국의 대통령은 한국 국민의 이익을 위해서 일 한다고 해서 한, 미간의 우호동맹에 이상이 생기는 시대는 아니다. 오히려 지나치게 미국의 이익을 배려 한다는 것이 미국 사회에 조롱거리가 되고 있다. 미국의 일간지 워싱턴 포스트에 부시의 푸들로 영국 수상 토니 블레어와 경쟁하는 강력한 경쟁자가 나타났다고 한다니 말이다

외교와 내정, 남북문제 어느 것 하나 제대로 되어가는 것은 없고 밀어부칠 힘만 키우고 있으니 앞날이 걱정이다. 그 힘을 키우기 위해 명분도 체면도 없이 내쳤던 사람들을 다시 받아들이는 것에서 더 불길한 징후가 감지된다.

무거운 짐을 지고 길을 나서면 처음엔 힘이 남아돌아 진자리 마른자리 골라가며 쉬는 여유가 있지만 길이 멀어 힘이 달리면 자리를 가리지 않고 쉰다고 했다, 힘에 겨우면 체면이 없어진다는 애기다.

정권 초기부터 명분이나 체면을 생각지 않는다는 것은 그만큼 빨리 정책수행, 국가운영에 힘이 달리고 있다는 것이 아닐까.

촛불이 그저 단순한 촛불이 아니다.

나눔의 집

8.15 해방 61회 기념식을 경기도 광주군 퇴촌면 원당리에 있는 나눔의 집에서도 조촐하게 가졌다.

이날 행사장에는 지역 유지들과 각 사회 단체장들이 참석해 할머니들을 위로하였다. 특히 눈에 띄는 장면은 일본 대학생들이나 일반인들이 참석해 일본 정부를 대신해 진심으로 사과한다고 머리를 숙이는 장면이었다.

일본인들이 이렇게 나눔의 집에 참석하게 된 동기는 한국의 시민 단체들이 일본을 방문해 양심적인 일본의 지식인들과 교류를 함으로서 그 성과가 높게 나타나고 있다고 할 수 있을 것이다. 한 일본인은 고이즈미 총리가 야스쿠니 신사에 참배하러 갈 것이 아니라 여기 나눔의 집 할머니들을 방문해 백배 사죄해야 한다고 발언을 해 뜨거운 박수를 받기도 했다.

이번 취재과정에서 알게 된 놀라운 사실은 이들 할머니들에게 일본 정부가 비공식적으로 보상을 하려 한다는 것이었다.

일본 정부의 공식적인 사과와 보상을 원하는 것은 재발 방지 차원의 것이지만 일본 정부는 일본군 위안부 자체를 부정하고 있다는 점이 상충되고 있는 현실이다.

그러나 일본 정부는 어떻게든 이문제가 국제적으로 이슈화되지 않기를 바라고 있기에 일본 기업이나 시민의 성금으로 위안부 할머니들에게 5천만 원씩을 보상하겠다고 은밀히 작업을 하고 있다는 것이다.

어떤 사람은 이미 돈을 받은 사람도 있지만 의식 있는 사람들은 일본의 공식 사과가 있기 전에는 받을 수 없다고 안 받고 있다고 한다.

어쨌든 이 문제는 한, 일간에 큰 쟁점으로 되어 있지만 일본 정부는 시간만 가기를 기다리고 있어 시민 단체들의 분노를 사고 있다. 일본군 위안부로 일했다는 것을 부끄럽게 생각해 아예 신고를 포기한 사람도 많이 있고 실제로 해마다 사망하는 숫자가 늘고 있어 잘못하면 미제의 문제로 남을 확률이 높아가고 있는 것이 안타까운 현실이다.

이날 행사에 참석한 개그맨 김미화씨는 나눔의 집에 있는 할머니들을 자주 찾아뵙지 못해 죄송하다며 할머니들을 위한 일이라면 작은 힘이라도 보태겠다고 했다.

나눔의 집은 독지가들이 힘을 합쳐 지었고 부설로 위안부 역사관이 딸려 있었다.

이 역사관을 짓기 위해 1997년 초부터 국내와 일본의 양심적 시민들이 연대하여 1997년 준공했다.

제1전시장: 증언의 장으로 피해자들의 증언과 일제의 만행을 기록한 각종 영상 다큐들을 상영하고 있다

제2전시장: 위안소 재현, 위안소에서 사용되던 유물과 위안부 피해자들의 유물 전시.

제3전시장: 기록의 장으로 위안부 관련 중요문서 사진자료 전시, 진상규명 활동 정리.

제4전시장: 피해자들의 미술작품과 증빙 물품으로 고발하는 장.

제5전시장: 위안부 피해자들의 위령탑과 분향소 설치.

그 밖에 역사관에서는 교육사업과 추모 및 기념사업, 연구조사, 홍보, 출판사업, 후원사업을 추진하고 특별 사업으로 해외거주 일본 위안부 피해자의 실태 파악과 귀환을 위해 일하고 있다고 한다.

남북 나눔 공동체 창립총회

6.15 남북 공동 선언은 역사적 사건으로 남북뿐만 아니라 세계인들도 경이의 눈으로 바라보았던 일이다. 남쪽의 대통령이 북을 방문했다는 것 자체가 드라마틱한 민족의 이벤트 였던 것이 엊그제 같은데 벌써 6주년을 맞았다.

6.15 공동 선언은 남북통일이 음악 교과서에 우리의 소원은 통일, 꿈에도 통일이라며 행사용으로 노래만 부르는 것이 아니라 어떤 가능성을 실질적으로 보여준 사건이었다.

그 역사적 사건을 기리며 통일을 향해 꾸준히 뭔가를 해나가자는 것이 6.15 공동기념 사업회의 목적일 것이다. 남북의 교류에 대한 근본적인 어떤 공식이 있어서 그 공식대로 하여 성과를 크게 낸다면 이러고 저러고 말이 많을 이유가 없을 것이다. 그러나 남북은 오랫동안 냉전 관계에서 우호적인 관계로 그 방향을 틀어 절충하며 가는 미묘하고 복잡한 개척의 노정이라고 해야 할 것이다.

일부에서는 왜 북한에다 그렇게 퍼 주냐고 비난을 하기도 하고 거기서 한 발 더 나아가 북한과 접촉하는 것 자체를 이념을 끌어다 붙여 좌파다 친북이다 몰아세우기도 한다.

그들과 협상하기 위해 접촉하는 것을 친북으로 몰아붙인다면 어느 정부가 들어서도 친북이요 좌파가 될 수밖에 없을 것이다. 친북을 해야만 친남을 끌어낼 수 있는 것이 당연하다.

한나라당이 정권을 잡는다 해도 역시 북한과 어떤 형태로든 접촉을 해야 할 것이다. 이미 박정희 대통령 시절 7.4 남북 공동성명을 통해 북한이 더 이상 적이 아니고 공동의 이익을 추구해야 할 공동체라고 선언한 전력과 김영삼 대통령 시절엔 쌀을 실어다 주고 빰을 맞고 왔다고 온 나라가 흥분하기도 했다. 뿐만 아니라 김일성과 만나기로 약속까지 했다가 그가 사망하는 바람에 그 약속이 이뤄 지지 못했다. 아마도 김일성이 죽지 않고 살아서 김영삼 대통령이 그를 만났다면 보수적 인사들은 친북이네, 퍼주네, 비난하기보다 역사적 쾌거라며 칭송하기 바빴을 것이다. 또한 이회창 후보시절 그들과 꽤 은밀하게 접촉했나는 것노 신문지상에 보도 되어 북풍이라 하여 세상이 떠들썩하기도 했었다.

북한과의 접촉을 자기가 하면 애국이고 큰 성과를 얻어내기 위한 필수 과정이요 상대가 하면 친북이요 폄하하는 이중잣대를 가지고 있는 것이 우리의 현실이다.

남과 북의 만남에 꼭 성공한다는 정답이 어디에 있을 것인가…

그동안 서해상의 충돌도 있었고 말썽도 많았지만 미래를 향해 가는 진행형이라고 해야 할 것이다.

한 개인이나 국가가 경제적으로 좋았다가 나빠지는 흥망성쇠는 돌고 도는 운수(運數)처럼 알 수 없는 일이다. 로마제국이 그랬고 칭기즈칸의 몽골제국이 그랬다.

북한도 70년대 초까지는 남한보다 더 잘 살았지만 현재는 그 우열이 바뀌어 있다. 그리고 그 정도 차이가 너무 나고 있어 탈북자 문제로 조용할 날이 없을 정도다. 남한은 새해가 되면 수확한 쌀을 쌓아 둘 창고가 없어 고민일 정도로 식량이 남아돌아가 쌀 막걸리 양조 허가를 해 주는가 하면 쌀 과자를 만들어 먹도록 하지만 쌀은 계속 남아돌아 고민거리다. 그래서 쌀을 동물들 사료로 만들어 먹이자는 말까지 나오고 있는 실정이다.

남과 북이 너무나 대조적인 환경이다.

북은 굶어죽는데 남쪽은 쌀이 남아돌아 동물 사료를 만들어 먹이자고 할 정도인 것이다. 도의적으로나 같은 민족이라는 정으로 보더라도 모른 체 하고 있을 수 없는 처지이다. 옆에서 같은 민족이 굶고 있는데 쌀로 사료를 만들어 동물을 먹인다면 아마도 천벌을 내려달라고 하늘에다 대고 비는 것이나 다름없을 것이다.

우리가 그리는 미래, 그것은 평화와 통일이다. 그 길을 가기 위해 많은 것을 참고 수정보완하며 가는 과정은 필수적인 것이다. 누가 하더라도 시행착오가 따르지 않을 수 없는 길이다.

6.15 선언은 우리 민족이 가야 할 목적지를 향해 이제 막 첫 걸음을 떼기 시작한 것에 불과하다. 이것을 마치 어떤 결과에 이른 것처럼 비난을 쏟아내고 성급한 판단을 하는 것은 조급증에 다름 아닐 것이다.

6월 16일 애난데일 메이슨 디스트릭 센터에서 6.15 정신을 계승하며 효과적으로 실행해 나갈 "남북나눔 공동체"라는 기구를 새롭게 출범시키기 위해 창립총회를 가졌다.

권태면 총영사를 비롯한 각계각층 인사들이 참석하여 성황을 이루었고 그간에 기금 마련도 순조롭게 모금 되고 있음을 밝혔다.

북한을 방문하고 싶은 사람은 6월 27일 까지 집행부에 연락하면 선착순으로 접수되고 서류 작성을 끝내야 한다.

소요경비는 4천 달러

연락처 간사 301- 455- 9196 총무 410-061-3466

남북 민간 교류 협의회
(6.15 사료공장 기금마련)

7월 14일 경기도 안산 현대 웨딩뷔페에서 안산지역 평화포럼(대표 유인호)이 주최하는 6.15 사료공장 지원 기금마련 바자회를 가졌다.

남북 민간 교류협의회(회장 김승균)가 평양 강남군 장교리에 2005년 6월 세운 6.15사료 공장 부설로 운영하는 돼지농장에서 돼지를 잡으면 고기를 보관할 냉동고가 필요하다고 하여 그 비용 마련을 위한 행사였다.

안산지역 평화포럼은 남북 민간 교류사업 협력단체이기도 해 이번 행사를 하게 됐다고 유인호 회장이 그 배경을 설명했다.

한국 농협에서 북한에 처음 지원해준 돼지는 500마리였지만 현재는 800마리로 늘었다고 한다.

이날 행사는 대 성황을 이뤄 예상했던 금액을 초과하는 성과를 얻었다고 주최 관계자는 만족해했다.

이 자리에 참석한 인사들 중에는 우리가 이렇게 북한을 위해 무언가를 돕겠다고 하는 마음을 북측이 안다면 어떻게 미사일을 발사할 수가 있는가 하고 불만을 토로하기도 했다.

북측에 호의적인 마음을 갖고 일하는 사람들의 입지가 좁아지지 않겠냐 하는 우려감의 표시였다.

그러한 우려감 표시가 있는가 하면 한편으로는 북한을 자주 오간다는 인사가 북한이 확실히 변하고 있다고 해 북한을 어떻게 이해해야 할지 난감해 하기도 했다.

북한을 자주 오간다는 인사가 말하는 변화의 징후란 무엇일까…

그 인사의 표현으로는 북한 사람들이 많이 부드러워졌다는 것이다. 그리고 전 같으면 감시의 끈을 놓지 않았는데 지금은 웬만한 곳은 혼자 자유롭게 다녀도 되고 개인적으로 선물을 하겠다며 담배나 술을 내밀기도 한다는 것이다.

기계 같던 사람들이 인간의 감정을 표시하기 시작 했다는 것이 변했다는 핵심인 것 같았다.

감정이 메마른 사람처럼 무서운 사람은 없을 것이다. 아무 감정 없이 로봇처럼 시키는 대로 하는 사람은 제 판단력이 없기 때문에 무슨 일이든지 시키는 대로 할 수밖에 없다.

아무쪼록 제 생각을 가지고 주관대로 할 수 있는 사람들이 많은 사회가 되어야 할 것이다.

바로 그것이 민주 사회로 가는 길이요 세계와 소통 할 수 있는 기회를 만들어 나가는 길이 될 것이다. 한 민족으로서 어려움을 외면하지 않고 도우려는 남한 사회의 마음과 성의를 진정으로 받아드려 미래를 위한 길을 함께 개척해 나가야 할 것이다.

네 손가락의 기적

4월 23일 메릴랜드 펠로우쉽 교회에서 열린 네 손가락 피아니스트의 연주회는 누구나 노력하면 무엇이든지 할 수 있다는 가능성을 확인하는 자리였다.

네 손가락이 만들어내는 아름다운 선율. 그 선율은 마치 하늘에서 들려주는 천사의 소리처럼 아름다웠다.

말로만 듣던 네 손가락의 연주.

네 개의 손가락이 피아노 건반 위에서 격렬하게 춤을 추면 폭포처럼 쏟아져 나오는 소리들…

왔노라! 보았노라! 감동했노라! 모두 감동했노라!

사람이 마음먹고 하면 무엇이고 못할 것이 없다고 소리치는 듯한 네 손가락…

이날은 장애인의 날이기도 해서 그 감동이 더 했다.

장애인이 되고 싶어서 장애인이 된 사람이 누가 있으랴… 하지만 선천적으로 장애를 가지고 태어나는 사람도 있고 후천적으로 장애가 된 사람도 있다.

기적을 보여주는 이희아씨는 손가락만 네 개가 아니라 신체 조건도 안 좋아 나이는 21세지만 1m도 안 되는 신장이다.

그러나 그녀는 그런 신체 조건을 아무렇지도 않게 생각한다는 듯 아무의 도움도 없이 피아노 앞에 놓여있는 의자에 힘겹게 올라갔다. 그 순간만은 누군가 안아서 앉혀주어도 좋을 듯싶지만 모든 것을 자신의 힘으로 해내야 한다는 신념이 빈틈없다는 것을 그런 행동을 통해 보여주었다.

"과잉보호는 학대보다 더 나쁘다."

이 말은 3중 장애자인 헬렌 켈러의 스승 설리번이 한 말이다.

듣고 보지도 못하고 말까지 못하는 헬렌 켈러를 하버드대까지 갈 수 있도록 지도한 설리번은 우리 주변에서 쉽게 볼 수 있는 그런 선생이 아니라 인간을 근본적으로 사랑하는 가슴을 가지고 장애인을 어떻게 교육시켜야 하는가를 연구 개발해낸 사람이다.

정상적인 사람도 들어가기 힘든 하버드 대학에 입학한 3중 장애자 헬렌 켈러도 인간 승리자이지만 그녀를 입학시킨 선생 또한 거인이 아닐 수 없다

장애자를 보호해주고 싶은 마음, 그 마음을 억누르고 장애인 스스로 일어날 수 있도록 지도 하려면 냉정한 감정의 절제가 있어야만 할 것이다.

네 개의 손가락으로 피아노를 연주하는 피아니스트 이희아씨 그녀의 뒤에는 누가 있었을까… 헬렌 켈러의 스승 설리번 같은 역을 해준 사람은 바로 그녀의 어머니다.

그녀의 어머니 우갑선 여사는 장애인 딸을 피아니스트로 키워낸 어머니일 뿐만 아니라 척수 장애를 가진 남성과 결혼한 순애보의 주인공이기도 하다.

흠잡을 데 없는 규수로서 부모의 사랑을 남달리 많이 받던 그녀가 주위의 반대를 물리치고 휠체어 생활을 하는 1급 장애인과 결혼하는 것은 쉬운 일이 아니었다.

장애인인 남편을 사랑으로 지켜주고 그 사랑의 열매, 딸의 장애를 극복 시킨 그녀야 말로 이 시대의 장한 어머니요 진정한 사랑을 실천한 사랑의 순교자다.

네 개의 손가락으로 피아노를 치게 된 동기는 연필도 잡을 수 없을 만큼 힘이 없는 손가락에 힘을 길러주기 위해 피아노 건반을 두들기게 하는 것이 좋겠다고 생각하고 나서다.

그런데 피아노를 칠 수 있도록 해주는 학원이 한군데도 없어 멜로디 폰을 사주었고 그 멜로디 폰을 두들기는 것을 어느 피아노학원 원장이 눈 여겨 보고 관심을 갖게 되어 오늘의 네 손가락 피아니스트가 탄생하였다.

그러나 이 기적의 네 손가락 피아니스트는 숫자개념에도 장애가 있어 지금도 곱하기 나누기는 아예 빵점이라니 믿을 수 없는 일이다.

흔히들 박자의 빠르기 계산을 잘 하려면 수학 개념이 있어야 한다고 해서 음악은 수학이라고 말들을 하지만 이희아씨에겐 그것도 안 맞는 말이다.

무대 매너나 유머도 넘쳐서 개그맨에 지지 않을 만큼 청중들의 분위기를 휘어잡았고 청중들의 반응이 시원치 않으면 밥을 제대로 안 먹었나고 다시 대답해보라고 하는가하면 적당히 능청도 떨어 전문 사회자에 지지 않을 무대 멘트를 보여주었다.

자신의 장애에 전혀 구김살 없는 그녀를 본다는 것이 너무도 싱그럽고 그녀를 통해 보는 이 세상이 어제와 달리 아름다워 보였다.

그녀는 이 세상을 아름답게 보이게 하는 신비로운 프리즘, 그런 프리즘 역할을 하기 위해 이 세상에 온 것이 아닐까…

사람은 능력을 갖고 태어나는 것이 아니라 역할을 가지고 태어난다는 말이 있듯이…

이희아씨는 하고 싶은 것도 많아 작곡도 하고 성악도 한다고 한다.

'마이 웨이'를 열창하고 나서 "제가 저의 길을 이렇게 가듯이 여러분은 여러분의 길을 가고 있을 거라고 생각합니다.

오늘 여러분이 많이 와주셔서 정말 감사합니다." 라고 인사말을 하는 그녀의 1m도 안 되는 키가 전혀 작아 보이지 않고 오히려 거인같이 느껴졌다.

누구나 무슨 일이든지 자신을 가지고 열심히 하면 결코 남앞에 작아 보이지 않을 거라는 생각을 갖게 하는 작은 거인.

그녀의 앞날에 신의 가호가 항상 함께 하기를 바란다.

Korea Monitor 2006년 4월 28일

대를 잇는 장인
무형문화제 양준형씨 가족

일제 강점기 동안 수탈당한 것은 농지나 특산물뿐 아니라 우리의 전통기술이나 문화도 뿌리째 뽑혀버려 그 피해가 이루 말할 수 없이 크다. 광복이 되고 시간이 흐르면서 우리 것을 찾자는 운동이 일어나 많은 것들이 제자리를 찾아가고 있지만 그 원형이 많이 훼손되어 현장에 있는 사람들은 안타까워하고 있다.

우리 전통 기술을 이어나가기 어려운 것은 일제의 말살 정책 말고도 산업사회로 진입해 대량생산과 속도에서 뒤떨어져 가격경쟁이 되지 않는다고 할 수 있다. 그리고 신세대들이 기피하기 때문에 우리 전통의 맥이 끊기는 것이 한 두 가지가 아니다.

신세대들이 기피하는 이유는 배우는데 시간이 많이 걸리고 수요가 적어 경제적 기반이 약한 것이 주 원인이다. 장인으로서 긍지만을 가지고 살아나가기가 쉽지 않은 환경에서 대를 이어 전통 기술을 이어 간다는 것은 더욱 어려운 일이 아닐 수 없다. 나전 칠기는 한 때 수출상품으로서 각광을 받은 때도 있었지만 IMF를 거치며 사양길로 접어들었고 우리의 주거 공간이 아파트화 하면서 더욱 우리 생활에서 멀어졌다.

일본에서는 11월 11일은 칠(漆)의 날로 정하고 황궁에서부터 옻나무를 심고 전국적으로 옻칠문화 행사를 하고 있지만 우리는 옻칠문화가 사양길의 속도를 더하고 있어 뜻 있는 사람들의 안타까움만 커져가고 있을 뿐이다.

동양 3국, 한국, 일본, 중국 중 한국의 옻칠이 가장 화려하고 우수하지만 중앙 정부나 지방 자치단체에서도 관심을 갖지 않아 전통의 맥이 끊기고 그 명맥을 유지하기가 힘든 지경에 이르고 있다.

옻칠의 역사는 한 때 낙랑국 시대로 알고 있었지만 충남 아산 남성리 유적지가 발굴되면서 BC 3세기까지 추정되고 있다. 삼국 시대, 신라, 백제, 고구려는 생활 도구와 시신을 담는 관에도 옻칠을 했고 고려와 조선 시대를 거치며 귀족 상류층 문화로 꽃을 피웠다.

고려를 침략해 들어온 몽골은 전함조성도감(鈿函造成都監)이란 기구를 설치해 고려에 막대한 양의 옻칠기를 요구했다. 또한 고려시대 나전칠기 작품들은 일본, 미국, 영국, 네델란드, 독일 등의 박물관, 동양 미술관에 국보급으로 전시되고 있어 우리 나전 칠기의 예술성이 얼마나 뛰어난 예술인가를 증명하고 있다.

나전칠기 분야에서 실력을 인정받고 있는 양준형씨는 1974년 전남 영암 도포 초등학교를 졸업하고 서울 행당동 나전칠기 공방에서 나전칠기의 명인 윤학수, 이창문씨로부터 4년, 경남 통영 송주안씨에게 3년여를 사사했다.(송주안씨는 끊음장으로서 중요무형문화제54호)

1984년 25세가 되던 해에 자신의 공방을 차려 이 분야에서 두각을 나타내기도 했으나 1995년 사업에 실패해 노숙자로 전락하기도 했다. 노숙자로 생활하던 중 경기 무형문화재 나전 칠기장 배금용씨를 만나 그 자신도 무형문화제가 되기까지 뼈를 깎는 고통과 시련을 거쳤다.

다시 재기해 문화제 수리기능사 자격 취득을 필두로 경기도 기능경기대회 동상, 전국 장애인 기능경기대회 금상, 전국 공예품공모대전 장인상, 대한민국 국제미술대회 특선, 전국 우수공예문화상품 100전 특선 등 장인의 길을 걷는 그에게 화려한 경륜이 쌓여가고 있다.

노숙자로 굴러 떨어졌다가 다시 재기해 각종 전시회에서 상을 휩쓸고 있는 그가 지난날을 뒤돌아보면 그 시련이 그에게 꼭 필요했던 인생 수련기간이 아니었던가 생각할 정도이다. 국내 각종 작품전이나 공예전에서 수상을 독차지할 뿐 아니라 미국 오하이오주 축제 때 작품을 출품하여 콜롬버스 시로부터 명예시민증, 로스엔젤스 카운티에서는 감사장을 받았다. 뿐만 아니라 일본 모리오까시 이와야마 칠예 미술관 개관에 10여 점을 출품하기도 했다.

모리오까시 이와야마 칠예 미술관은 한류스타로 인기가 높은 배용준이 1주일 동안 머물며 칠예를 배웠다 해서 일본인들 사이에 더욱 유명한 미술관이 되었을 뿐만 아니라 한국의 칠예가 일본인들의 주목을 받는 계기가 되었다.

대부분의 장인들이 결단 내리기 어려운 것이 자신의 길을 2세들에게 물려주는 일이라고 한다. 자기가 걸은 길을 자식들에게는 물려주지 않으려고 하는 것이 일반적인 추세이지만 양준형씨는 아들과 딸에게 과감하게 자신의 기술을 전수하고 있어 주변 사람들의 주목을 더 받고 있다.

대를 이어 칠 예술을 전수, 전승하는 그의 가족에게 격려를 보내며 행운이 있기를 바란다.

독도는 우리 땅

자기 땅을 자기 땅이라고 크게 소리쳐야만 하는 상황.

이것은 분명 언어도단이어서 신경이 예민한 사람은 미쳐 돌아갈 일이다.

누군가 갑자기 나타나서 내 집을 자기 집이라고 주장하는가 하면 평생을 함께 살아온 아내를 느닷없이 자신의 아내라고 한다면 너무도 기가 막혀 말이 안 나올 것이다.

상식이나 정의가 통하지 않는 일을 벌이는 자들.

이들의 암수는 국제 심판소에 분쟁지역으로 끌고 갈 명분을 쌓겠다는 것이다.

그들은 언제나 힘이 강해지면 이웃나라를 넘보고 괴롭히는 습성을 갖고 있다.

나가사끼나 히로시마에 떨어진 원자탄이 괜히 떨어진 것이 아니었건만 아직도 그들은 정신을 못 차리고 있음을 보여주고 있다.

그들의 핏속에 들어있는 호전성이 다시 서서히 고개를 들고 있다.

경제적으로 살만하다 싶어지니까 그들의 핏속에 들어 있는 근성이 나오기 시작하는 모양이다.

상식이 통하지 않는 사람들에게 상식을 기대해봐야 애당초 헛일이다. 그리고 그들에게 한두 번 당한 것이 아니잖는가.

어떻게 그들을 징벌해야만 제대로 정신을 차리게 할까?

이순신 장군이나 안창호, 김구, 김좌진, 안중근 같은 선혈들이 이 상황을 알게 된다면 어떻게 대처 할 것인가.

아마도 당장 특공대를 조직해 일본을 혼내 주자고 하지 않을까… 그들의 핏속에 있는 민족정기와 기상이 분기충천하여 도저히 참을 수 없을 것이다.

일본, 그들은 수요일마다 정신대 할머니들이 주한 일본대사관 앞에 모여 사과하라고 외치는 분노를 모른 체 입 다물고 있다. 얼마나 뻔뻔하고 모진 자들인가. 그들은 그 할머니들이 자진해서 갔다고 오히려 자신들의 잘못을 할머니들에게 뒤집어씌우고 있다.

그렇게 영광되고 좋은 일이었다면 자신들의 딸들을 보낼 일이지 왜 남의 나라 딸들을 보냈단 말인가!

힘이 없으면 정의도 없다는 것을 우리는 역사를 통해 경험했고 지금도 경험하고 있다.

남북으로 분단된 이 마당에 중국은 고구려사를 자기네 부속된 역사라 하며 동북공정을 도모하고 있지 않는가!

중국은 내놓고 동북공정을 하며 북한에 대하여 야심을 드러내고 일본은 독도를 자기네 땅이라 하는 상황이다. 지금 우리 한반도는 중국과 일본의 협공을 받고 있는 실정이다.

무슨 일인가를 하지 않고는 못 배길 시국이다.

조국의 분단현실과 6자 회담에 내 맡겨진 민족의 앞날.

민족의 운명이 남의 나라 손에 맡겨져 있는 현실.

이런 현상을 생각하면 숨도 제대로 못 쉴 상황이지만 우리는 태평하기만 하다.

이런 우리의 무감각을 일깨우기라도 하듯 다섯 명의 학생들이 오토바이를 타고 세계 일주를 나선 길에 워싱턴에 들렀다.

독도는 우리 땅이다! 하고 외치는 전단지와 지도를 뿌리고 다니는 학생들…

이들은 금년 11월까지 세계를 누비고 다니며 독도가 우리 땅임을 알리고 다닐 것이라고 한다.

이 다섯 명의 학생들을 바라보고만 있어서는 안 될 것이다.

학생들 이름 강상균 이강석 홍승일 김영빈 김상균

Korea Monitor 2006년 5월 19일

5.18광주 민주화 운동의 역사적 의의

자유의 여신 얼굴 뒤에는 피의 그림자가 있게 마련이다.

어느 민족이고 자유를 찾기 위해 피를 뿌리지 않은 민족은 없을 것이다.

프랑스 혁명이 전 유럽으로 열병처럼 번지며 추상적 자유의 개념이 현실로 민중 앞에 나타나기 시작했다.

이런 일련의 과정을 통하여 공포를 털고 일어나는 민중은 민주의 제단에 피를 뿌리며 자유를 쟁취했고 이제 그 바탕에서 자율과 협동으로 성숙해 그 가치를 보편적으로 세계화해 가고 있다.

하루아침에 아이가 어른으로 성숙할 수 없듯이 한 사회가 바로 시민사회로 전환될 수는 없을 것이다. 독재에 항거하는 과정에 민중은 학습되어지며 민주의식이란 자양분을 폭 넓게 확산시킬 수밖에 없다.

이승만은 미국에서 공부하며 민주주의를 경험했지만 조국에 돌아와 대통령이 되어서 전쟁 중인데도 부산 정치파동을 일으켰을 뿐만 아니라 3,15부정선거로 인해 4,19를 촉발시켰다.

그가 경험한 미국은 어떤 나라인가?

미국의 초대 대통령 조지 워싱턴은 프랑스, 영국과의 전쟁에서 명성을 날렸던 인물로 군에서 정치적 기반을 쌓은 사람이라 해도 과언이 아닐 것이다. 그리고 미국의 초대 대통령으로서 임무를 훌륭히 수행함으로 종신 대통령이 되어달라고 했지만 과감히 뿌리치고 민주국가의 대통령으로서 모범을 보였다.

그가 권력에 맛을 들이고 대통령직을 장기간 수행했다면 미국이 오늘 같은 민주국가로서 세계강대국이 되었을까… 아마도 사회정의가 뿌리를 내리지 못하고 내부 혼란을 겪으며 몇 개의 나라로 조각 났을 것이다.

이승만이 경험한 미국의 정치와 민주주의는 무엇인가?

그가 대한민국의 초대 대통령으로서 남긴 행적들을 보면 미국에서 공부하며 얻은 가치관이 무엇인지 알 수 없다.

그리고 그는 김구 선생을 암살한 안두희를 법으로 다스리지 않고 군납업자를 만들어 부와 권세를 누리게 해주었다. 이 한 가지 사실만으로도 그의 정치 철학은 자신이 대통령 되는 것과 그 자리를 오래 유지하면 그만이란 것을 보여주는 것이다.

그의 독재와 부정선거에 저항하여 4.19 혁명이 일어나자 국민이 원하면 하야 하겠다는 말을 남기고 하와이로 망명하였다.

그가 대통령으로서 얼마나 능력을 발휘했느냐 못했느냐를 평가하기 전에 그의 인격에 초점을 맞추면 실망을 금할 수 없는 것이다. 자신의 정치기반과 정치생명을 연장하기 위해서, 친일파들을 대거 등용한 사실에 이르면 그의 애국은 무엇을 위한 애국이었으며 미국에선 무얼 배웠는가 회의에 잠기지 않을 수 없다.

건국 초기에 친일파들을 등용시킴으로서 사회정의는 사라지고 오늘날까지 모든 사회문제의 원인이 되어 민족근간이 흔들리고 민족의 발목이 잡혀 앞으로 나아가는 데 걸림돌이 되고 있다.

온 민중이 하나 되어 이승만 독재를 타도하고 나자 군부가 사회 혼란을 바로잡겠다고 나섰다. 작은 혼란을 핑계 삼아 국가 헌정질서라는 큰 질서를 깬 집단이 군부 독재 집단이다.

박성희, 그는 일제 강점기 때 학교 교사생활로 만족하지 못하고 일본 황제에게 더 큰 충성을 바치는 공을 세우기 위해 만주 군관학교에 자원입대 한 인물이다. 어쩔 수 없이 군에 끌려 간 것이 아니라는 점이 민족의 양심으로 받아들일 수 없는 대목인 것이다.

그리고 해방 공간에서 공산주의자가 되어 군에서 빨갱이 프락치로 활동하다 법망에 걸려 자신의 조직을 다 불고 살아난 인물이기도 하다.

뿐만 아니라 군사 쿠데타를 일으키며 명분으로 삼았던 것은 사회 질서를 바로 잡으면 군으로 다시 돌아간다는 것이었지만 그는 오히려 국민과의 약속대로 군으로 돌아가자는 그의 쿠데타 동지들을 반 혁명분자로 몰아 숙청하기까지 했다.

떡 먹듯이 민족을 배신하고 동지들을 배반하는 그의 인

간성을 어떻게 설명해야 할 것인가.

장준하 선생은 일본군에서 탈출해 광복군이 되었던 인물로서 박정희에 대해 일갈하기를 다른 사람은 다 대통령을 하여도 박정희만은 대통령이 되어선 안 된다고 하였다.

그 첫 번째 이유가 만주군관 학교에 자원 입대한 무 민족성이요 두 번째가 사상의 일관성이 없다는 점이었다. 자신의 신념이었던 공산주의 사상을 버리는 것으로 만족하지 못하고 그의 동지들을 파는 변절자였다는 것이다. 장준하 선생은 그를 비판한 결과로 평생을 고난의 가시밭길을 걸을 수밖에 없었다.

장준하 선생은 단지 사회정의를 부르짖었고 박정희의 인생 궤적과 반대되는 광복군이었다는 이유로 그에게 돌아온 것은 핍박이요 어두운 감옥 생활이었던 것이다. 그의 가시밭길은 곧 대한민국 정의의 가시 밭 길이기도 했다

군부 독재는 경제발전을 내세우며 장기 독재를 정당화했지만 한 민족이 생존하는 데 어찌 빵만으로 모든 문제가 해결 될 것인가. 그는 마지막 가는 날 노동자나 학생들에 의해서 저 세상으로 간 것이 아니라 궁정동 안가 술판에서 바로 자기 친구이며 부하였던 중앙정보부장 김재규의 총탄에 의해 생을 마감했다.

아무리 선한 일이라 하더라도 순리적 절차를 밟아야만 할 것이다. 어느 신자가 교회에 헌금을 많이 하기 위해 도둑질을 해서 헌금을 한다면 결코 하느님은 기뻐하시지 않을 것이다. 그가 군복을 벗고 정정당당히 선거를 통해서 정권을 인수했다거나 헌법에 명시된 대로 그 임기를 끝냈다면 누가 그를 비판 할 것인가.

대한민국의 경제를 마치 그 혼자 다 이룩한 것처럼 사회

에 인식되어 있는 것도 언론을 동원해 사회적 착시 현상을 만들어 놓은 데 그 원인이 있다고 해야 할 것이다.

그의 경제개발 독재시절 수많은 공장노동자들이 지문이 닳도록 장시간 뼈 빠지도록 일했다는 것은 거론되지 않고 있다. 그들은 일한만큼 임금도 받지 못하는 착취의 대상이었다. 그리고 그들이 안 입고 안 쓰고 모은 돈으로 집을 살 때 그들을 착취하던 자들이 또 부동산이란 매개물로 그 땀의 결실을 강탈하는 구조를 만들어 놓았다.

그 여파로 대한민국은 건전하게 땀을 흘려 일하는 사람들은 바보가 되었고 놀면서 부동산 투기 하는 자들이 행세하는 세상이 되었다. 그로 인해 대한민국은 연일 부동산 투기꾼들로 인해 골머리를 앓고 있다.

그는 장기 독재기간 언론을 통제해 자신의 잘못은 국민이 알지 못하게 하고 자신을 미화하는 것은 확대 생산하여 자신에 대하여 환상에 빠지도록 했다.

아직도 그의 실체를 바로 보지 못하고 있는 원인이 그의 언론 통제와 조작에 있음을 잊어서는 안 될 것이다. 궁정동 술판에서 생의 마지막을 장식했다는 것이 그의 모든 인생을 웅변해주고 있다.

이스라엘 민족이 그 오랜 고난의 역사에서 살아남을 수 있었던 것은 빵을 우선해서가 아니라 양심적인 지식인 즉 유능한 랍비를 어떻게 하면 한명이라도 존속시키느냐에 의한 결과일 것이다. 유태인들이 빵의 철학, 창자의 철학만 우선하였다면 지금쯤 유태인이란 종족은 이 지구상에서 찾아 볼 수 없게 되었을 것이다.

5.18 광주의 진정한 의미는 인류 역사에서 싸워온 독재에 대한 저항, 투쟁의 연장선상이라는 점이다.

박정희 군부 독재가 무너지고 서울의 봄을 맞는 찰나에 나타난 전두환 군부의 무지스러운 학살, 그 학살은 현대국가의 기본을 무시하는 무지의 만용이었고 그 업보는 우리 민족이 영원히 짊어지고 가야 할 짐이기도 하다.

같은 민족을 거리낌없이 학살하는 그들의 만행을 하늘인들 어찌 용서할 수 있으랴… 그러나 우리는 그들을 용서하고 함께 가고 있다.

용서는 하지만 결코 잊지는 말자고 하면서… 사람들에게는 용서 받기가 쉽다. 그리고 하늘에게도 용서를 빌면 용서받을 수 있을 것이다. 그러나 그들이 진정 인간의 이성을 가진 자들이라면 도저히 스스로를 용서하지 못해 밤이면 괴로워 잠을 이루지 못 해야 할 것이다.

용서는 하되 잊지는 말자! 그것으로 진정한 역사의 의미와 내일의 조국을 튼튼히 하는 가치로 삼기에는 무언가 아쉽다는 여운을 남게 한다.

우리는 친일파들을 용서한 것이 아니라 해방 후 그들에게 핍박 받으며 살았다는 것을 상기 한다면 용서는 하되 잊지는 말자! 그것이 진정 조국의 미래를 보장해줄까 하는 회의와 깊은 사색에 빠지지 않을 수 없다.

우리에게 용서를 받아야 할 자들이 우리를 핍박하고 학대하는 것을 생각한다면 용서보다도 프랑스의 독일 부역자들에 대한 빠르고 확실한 역사적 정리에서 교훈을 얻어야 하는 것이 아닐까!

반전시위

9월 23일 서울역 앞에서 자이툰 부대 연내 철수와 이라크 전을 반대하는 시위가 있었다. 이날 시위는 파병반대 국민행동이란 타이틀로 이뤄졌지만 민노당을 비롯하여 130여 개 시민 단체들이 연합하여 실행하였고 미국 평화 재향군인회에서도 참석해 많은 사람들의 관심을 끌었다.

이날 시위에 참석한 미 평화 재향군인회 회원들은 한국 평화 재향군인회와 연대하여 참석하게 되었다고 한다. 이들은 모두 6.25 전쟁에 참전한 용사들로 젊은 나이에 아무것도 모르고 미국 정부에서 시키는 대로 한국전에 참전하여 많은 사람들을 죽이는 죄를 지었다고 고백하며 자신들은 평화를 사랑한다고 했다.

그리고 한국은 한국인들의 뜻에 따라 모든 것을 결정할 수 있는 권리를 가지고 있으므로 강요에 의하지 말고 한국의 의지대로 행동해야 한다고 강조했다. 즉 미국이 강요한다고 해서 이라크에 군대를 파병해서는 안 된다는 것이었다. 그리고 자신들은 평택에 미군 기지를 확장하는 것도 반대한다고 분명히 밝혔다.

국회의원으로서는 민노당 권영길 의원과 열린 우리당 유승희 의원 단 두 명이 참석해 이라크 파병반대와 전쟁반대를 분명히 했다. 이들은 평택에 기지를 확장하는 것은 중국을 적으로 하는 개념의 전략에서 나오는 것으로 미군 기지를 확대해 유사시 한반도를 전쟁의 한 중심지로 만들어 폐허가 되어도 좋다는 발상이라고 강하게 비난했다.

미국이 이스라엘을 앞세워 레바논을 치고 들어가는 전쟁을 벌였지만 예상외로 패전을 하여 이것을 은폐하기 위해 더 큰 전쟁을 일으킬 음모를 꾸미고 있다고 했다.

전쟁을 반대하고 평화를 지키자는 캠페인을 순회하며 벌이는 문정현 신부는 독도는 우리땅이라는 노래 가사에 우리나라 땅들의 이름을 붙여 모두 우리 땅이라고 노래해 박수갈채를 받기도 했다.

약 천여 명이 모인 이날 시위는 질서 정연하게 진행되었고 규탄대회가 끝난 뒤에는 광화문까지 시가행진을 벌이고 자진 해산하였다.

벚꽃축제

한 겨울의 추위를 이겨낸 것을 자축이라도 하는 듯 산과 들에 꽃들이 만발하고 있다.

훈훈한 봄바람이 옷깃을 스치고 꽃향기가 피어나는 세상은 어제와 달리 새로운 꿈을 꾸게 한다.

사춘기에 접어든 처녀들은 나물 캐러 간다는 핑계로 봄바람을 쏘이기도 하고 오가는 길에 동네 총각을 만나면 가슴이 두근거려 깊은 잠을 못 이루게 했던 봄바람.

그 좋은 시절에 바람 한번쯤 피워보지 않는다면 얼마나 삭막한 청춘이랴…

성장의 병을 앓는 시기요 찬란한 사랑의 열병을 앓는 청춘이다. 인생의 여정에 누구나 거치는 요식 절차이기도 한 계절병.

인생의 여정으로 본다면 꽃과 같이 아름답고 순결한 시절이기도 하다.

봄이 되면 인생 황혼기를 가는 노구(老軀)들도 다시 젊어지는 기분을 느낄 수 있고 청춘 시절 은밀히 연인을 만나 사랑을 쌓아가던 날들을 그리워 할 것이다.

꽃 한 송이 꺾어서 연인의 손에 들려주기도 하고 머리에 꽂아 주던 시절을…

개나리, 진달래가 흐드러지게 피는 고향산천이 그리워지는 계절.

백화가 다투어 피는 산천에 다른 꽃들을 화려함으로 압도하는 꽃은 단연코 벚꽃일 것이다.

늘씬하게 몸매를 자랑하는 여인처럼 키를 세우고 화사하고 화려하게 피어나는 벚꽃은 온 세상의 그늘을 거두어 버릴 기세다. 군락을 이루어 피어나는 곳은 주변 일대를 이 세상이 아닌 꽃 세상이 된 것처럼 환상을 자아내게 한다. 벚꽃이 일본 국화라 하여 꺼려하던 때가 있었지만 지금은 단지 꽃으로서 즐기는 분위기가 형성되었다.

특히 진해 군항제는 전국에서 100만 이상의 인파가 몰려들어 최대의 벚꽃 축제가 되었다.

진해 군항제는 1952년 충무공 동상을 최초로 건립해 추모하는 데서 유래했다니 그 의미가 더욱 크다 할 수 있을 것이다.

다정한 벗들과 어울려 그 화려한 꽃 나무아래 조촐히 술상을 차리고 꽃잎이 비쳐 든 술잔을 들면 무릉도원이 따로 없을 것이다.

대부분의 꽃들이 피어 있을 때의 아름다움과는 달리 시들 때는 추하고, 심하면 지저분하기까지 하지만 벚꽃은 질 때도 분분이 땅에 떨어져 흩어진 모습이 마치 수를 놓은 듯 아름답다.

바람에 작은 꽃잎들이 날리는 거리를 걸으면 색다른 낭만에 빠져들기도 하고…

우리의 주변을 일신 시키는 벚꽃 축제가 이곳 워싱턴에도 한창이라니 한번쯤 찾아 볼만한 일이다. 진해 군항제나 여의도 벚꽃 축제는 가지 못한다 하더라도…

워싱턴에 벚꽃이 처음 들어 온 해는 1910년경이고 그 당시 도쿄 시장 유키오 오자키가 양국의 친선을 위해서 보낸 것이라고 한다.

포토맥 강변이나 제퍼슨 기념관 주변에 만개한 벚꽃 축제도 그 명성이 미국 국내뿐만 아니라 전 세계에 알려져 세계 곳곳에서 해마다 많은 관광객이 몰려들고 있다.

친지들이나 가족들과 함께 꽃나무 밑에 돗자리를 깔고 앉아 모든 시름 잊어버리고 하루쯤 꽃이 되어보면 어떠하리…

Korea Monitor 2006년 4월 7일

북한의 향후 동향

한, 미간에 이해를 넓히고 친선을 강화할 목적으로 주미 한국 대사관이 마련한 코로스 하우스(Korus House)에서 5월 12일 "북한의 향후 동향" 이란 주제를 가지고 세미나를 가졌다.

이날 세미나에 참석한 사람들은 한, 미간이나 북한에 관심 있는 미국인들과 한국인들이 주를 이루었지만 중국계 사람들도 눈에 띄었다.

각계각층의 사람들이 모여 북한의 미래에 관심을 보인 세미나는 미 민주당에서 운영하는 부르스킹스 정책연구소의 객원연구원으로 있는 임원혁 박사가 맡았다.

연사로 나선 임박사는 북한의 중요정책은 두 가지로 볼 수 있는데 그것은 내부의 경제 개혁과 외부 협력을 받아내는 것이라고 지적했다. 또한 그것이 성공한다면 남북문제나 동북아에 끼치는 영향이 클 것이고 외부의 지원을 확대하는 데 기여할 것으로 내다봤다.

이러한 전망은 위의 두 가지 개혁이 성공적일 때만이 가능한 것이고 한 가지라도 성공하지 못하면 북한의 안보가 불안해지고 미래가 불투명할 것이라고 했다.

동북아 역학구조에서는 일본과 미국의 동맹, 중국과 한국의 유대강화, 미국의 일본과 중국의 조정자 역할을 내다볼 수 있지만 동독과 서독의 경우를 본다면 미국의 조정자 역할이 바람직하다고 했다.

북한이 유럽의 몇 개의 국가들과 외교 관계를 정상화시킨 점이나 남북 정상 간의 회담도 새로운 변화로 보아야 할 것이라고 했다.

많은 북한 전문가들이 식량난을 겪을 때 북한의 붕괴를 예상했지만 북한은 붕괴되지 않았다는 점을 상기시켰다.

북한이 쉽게 붕괴될 것이라고 예상하는 시나리오는 이제 제외되어야 할 것이란 견해를 갖게 했다.

이날 세미나는 성황리에 끝마쳤다. 대사관에서 이런 행사를 갖는 것은 의미 있는 일로 한국 교포 사회나 외국인에게 한국의 문화의 지평을 넓혀가는 계기가 될 것으로 보인다.

성웅 이순신장군

그는 원래 물길을 모르는 육군이었다.

나가는 물과 들어오는 물때를 기본으로 알아야만 물을 다스릴 수 있을 터였지만 그에게는 오직 주어진 임무만 있을 뿐이었다.

보이지 않는 미지의 세계. 일렁이는 파도만큼이나 인심도 흉흉하던 임진년이 아니던가…

어떤 이는 풍신수길이 곧 쳐들어올 거라 하고 어떤 이는 그가 생기길 원숭이같이 생겨서 그런 큰 일을 저지르지 못할 위인이니 괜한 걱정을 할 필요가 없다 하고…

이퇴계, 이지함, 이율곡, 송익필 같은 이들은 사대부들의 잔치나 사람들 모이는 곳이면 나라의 환란에 대비해야 한다고 열을 올리는 가하면 이율곡 같은 이는 십만 양병설을 주장하다 지쳐 나자빠져 있고…

참으로 모를 것이 세상사란 말인가… 유비무환 이란 말을 모르는 바 아닐 터인데 미리미리 준비해서 나쁠 것이 뭐가 있다고 준비하지 말자니 그것이 될 법이나 한 말들인가… 그러나! 그러나! 그것이 국론이 되어 아무런 준비를 안 하고 있다가 임진년을 맞았으니… 애달프고 애달픈 일이 아닐 수 없다.

거기서부터 이순신 장군의 슬픈 그림자는 시작되어 바다와 육지를 덮었고 오늘까지 우리의 가슴으로 파고든다.

때론 흐느낌으로 때론 후회와 안타까움으로…

1592년에 시작되어 1910년 한일합방, 1945년 해방의 날까지 그의 흐느낌과 통한이 우리의 가슴을 후려쳤고 지금에 와서는 독도라는 이름으로 또 다시 우리의 머리칼을 쥐어뜯게 한다.

그들은 생리적으로 밝은 태양을 싫어해 토굴에 살면서도 깃발엔 태양을 그려 놓았다.

삶의 실체로서의 함께 하는 태양이 아니고 토굴 속에서 그리워하는 태양.

토굴 속에 숨어 악마와 동거하며 이웃을 어떻게 괴롭힐까 연구하는 허깨비들… 그 허깨비들이 우리 내부에 허깨비들을 만들어 서로 손을 잡고 우리의 혼을 빼간다.

그 허깨비들은 비린내를 좋아해 그 속에 숨어 온다.

비린내를 몰고 오는 바람, 그 바람 속에서 모든 역량을 시험 당해야 했던 외로운 사람, 그의 외로움이 오늘날까지 우리의 가슴을 아리게 한다.

물길도, 물때도 모르는 그가 할 수 있는 것은 착하고 착한 백성들과 동거하며 그들을 뜨겁게 사랑하는 방법밖엔 달리 길이 없었다.

천하다고 사람 취급도 못 받던 뱃놈이나 대장장이, 백정들이 그 앞에 오면 새로운 사람으로 다시 태어나 수염을 쓰다듬으며 헛기침으로 권위를 세우는 양반들의 목숨을 지켜주었던 것이었다.

현장의 상황은 전혀 모르면서 '내가 대감이다!' '내가 왕이다!' 행세하기를 좋아했던 그들은 비린내 속에 숨어 있는 허깨비들의 술수를 몰랐다.

춘추전국시대부터 내려오는 전장에서의 법도, 부월도의 상징과 개념을 무시하고 권위만 내세우는 그들, 그들의 권위 또한 백성들의 피땀을 짜내는 허깨비들이 아니었던가.

이순신은 내부의 허깨비들과 밖의 허깨비들을 상대해 싸워야 했으니… 외부의 허깨비들은 무참하게 죽이면 되었지만 내부의 허깨비들은 그렇게 죽일 수도 없어 칼도 꺼낼 수 없었다.

그에겐 제대로 된 병참이나 보충병도 없었다. 국가 환란에 대비할 필요가 없다고 하던 자들, 평상시엔 호령과 거드름으로 백성들의 고혈을 짜던 자들, 그들은 외병이란 말 한마디에 모두 다 도망가버려 텅 비어버린 땅. 그것이 그 당시 조선의 상황이었다.

외병들이 부산포에서 한양까지 오는데 단 3주일 밖에 안 걸린 전쟁, 자동차도 기차도 없던 시절의 전쟁에서 남의 나라 수도 서울을 먹는 데 3주일 밖에 안 걸리는 전쟁, 이것은 전쟁이 아니라 일본군들의 소풍 놀이였다고 해야 옳을 것이다.

텅 빈 바다, 텅 빈 땅을 온 몸으로 막고 있던 이순신. 그를 내부의 허깨비들은 가만두지 않고 잡아들여 곤장을 치고 감옥에 가두었으니…

그렇지만 그는 그들을 원망하지 않고 또 다시 바다에 섰다.

오직 조선사람이라는 이유와 무인으로서 다른 선택이 있을 수 없었기 때문에…

그가 다시 그리워지는 것은 오늘 날의 분단된 조국 현실과 어지러운 국론 때문만은 아니다. 자신의 이익과 편안함에는 영악스럽고 날렵하면서도 국가나 사회에 대해서는 나 몰라라 하는 세태여서 그의 고매한 인격이 더욱 그리운 것이다.

이런 때에 그를 기리는 일을 본국도 아닌 이곳 미국에서 줄기차게 해나가고 있으니 너무도 뜻깊은 일이 아닐 수 없다.

이순신 숭모의 높은 뜻을 펼쳐나가는 이내원 회장과 워싱턴 문인회에 미주 동포들의 뜨거운 성원이 있기를 바란다.

4월 28일 저녁 기쁜소리 방송 공개홀에서 가진 이순신 문학상 시상식은 우리의 현실을 돌아보게 하는 계기가 될 것이며 그 뜻을 높이 기리는데 이바지 할 것이다.

Korea Monitor 2006년 5월 5일

생물다양성협약 당사국총회

유엔산하 환경에 관한 큰 국제회의 기후변화협약, 사막화방지협약, 생물다양성협약 중 하나인 생물다양성협약 당사국총회가 강원도 평창에서 9월 29일부터 10월 17일까지 열렸다. 2018년 동계올림픽이 열릴 평창을 알리는 계기도 되었고 시설 규모가 어느 정도인지 평가할 만큼 주변 시설들이 좋았지만 그 홍보가 미흡했다는 평을 받았다.

환경부와 강원도가 주관한 행사로 194개국이 참여할 것으로 예상했지만 164개국이 참여해 대회사상 가장 많이 참석했다고 한다. 국제기구와 산업계, NGO 단체들이 참여했지만 한국의 NGO 단체는 참여가 저조했다. 생물다양성협약 당사국총회는 2년마다 열리는 행사로 다음 행사는 멕시코에서 열릴 예정이다.

생물다양성협약은 구성요소(유전자와 종種, 생태계의 보전)의 지속적 이용, 자원이용으로 발생되는 이익의 공정한 분배를 목적으로 하고 있다. 이번 행사는 매일 여러 개의 부속 행사가 열렸고 고위급 행사는 164개당사국 장관이나 국제기구의 대표들이 금번 총회 주제에 대하여 토론을 했다. 특히 창조적경제와 생물다양성 증진 방안과 DMZ 내에 생물다양성보전이 평화에 기여하도록 하자는 것도 의제로 올렸다.

이번 12차 평창회의 중요사항은 로드맵을 마련하는 것으로 2020년까지 세계생물다양성 목표 달성을 위하여 과학기술협력, 재원동원, 개도국 역량강화 등 단계별 이행 방안과 생물다양성 목표를 위하여 노력을 효과적으로 이행하는 이정표를 확실히 하는 것이다.

평창 로드맵의 핵심 요소는 재원동원 목표 수립인데 개도국과 선진국 간 첨예한 의견 차이로 8차례 소그룹 회의가 열렸지만 합의를 이끌어내지 못한 것으로 알려졌다. 그만큼 외교전이 치열했다는 것을 말해주고 있다.

결국 생물다양성 보전을 위하여 개도국 재정지원 규모를 2015년에 두배로 늘리기로 합의하고 차기 총회에서 이행 과정을 점검하여 재정 규모를 다시 협상하기로 했다고 한다.

또한 이번 행사에서는 2010년 나고야에서 채택한 의정서 이행체계 구축방안을 논의 했다.

나고야 의정서 주요내용

◎생물유전자원을 이용할 국가는 해당 자원을 제공하는 국가의 절차에 따라 사전 승인을 받은 후 접근

◎생물유전자원의 이용으로 발생한 이익에 대해 상호 합의한 계약조건에 따라 제공국과 이익 공유

◎당사국은 생물유전자원 접근 및 이익공유 절차에 관한 국내 규정 마련

◎의정서 이행여부 점검을 위한 국제인증시스템 및 점검기관 설치

행사가 끝나기 전날 밤 다음 13차 개최국인 멕시코는 만찬을 베풀어 멕시코에 많이 참여해줄 것을 요청하며 흥겨운 남미음악으로 참여자들의 피로를 풀어주었다.

사단법인 생물다양성 한국협회 김영호 이사장(전 경북대총장)은 지구의 생물을 자원으로 보지 말고 생명으로 보아야 한다고 강조하며 동물에게도 복지의 의미를 부여하고 그 복지를 거친 고기를 먹도록 해야 한다고 역설했다. 성장촉진제를 먹이거나 항생제를 먹인 동물의 고기는 인간에게 그만큼 독성을 전달하기 때문에 동물복지에 관심을 가져야 한다고 했다. 또한 동물복지의 정신으로 길러진 고기는 가격이 높아 사업적인 측면에서도 이익이라고 했다.

쇠를 먹는 사나이(인간 불가사리)

김 승 도

사람이 무엇인가를 먹는다는 것은 소화할 수 있고 몸에 필요한 영양을 공급한다는 목적으로 하는 일이다.

그러나 이런 상식이나 과학적으로 해석이 되지 않는 기이한 일이 행해지고 있으니 어떻게 받아들여야 할까?

이미 이 인간 불가사리는 과학적 해명이 있어야만 믿을 수 있는 사람들이 가만두지를 않아 세계 곳곳에 불려가 실험의 대상이 되고 있다. 미국의 CNN 방송국에서는 실험하다가 죽어도 좋다는 각서를 써주고 수은이 들어있는 시계를 다섯 개나 먹는 장면과 위장에서 소화되는 장면을 X레이 카메라로 촬영하였지만 그는 아무 일도 없었다.

미 항공 우주국(NASA)까지 불려가 쇠 먹는 시범을 보였고 일본에서는 자전거 앞바퀴를 씹어 먹어 일본인들을 놀라게 했다.

지금까지 먹은 쇠가 6톤, 자전거가 20대.

일본에서는 자전거 한 대를 고무타이어까지 7일 만에 먹어

치웠다.

그는 겉으로 봐서는 너무도 평범한 사람으로 식사 시간이면 일반인들처럼 밥을 먹고 반주도 마신다.

그는 아이들 손가락만한 철사를 가방에 넣어 가지고 다니며 이빨로 그 철사를 절단해 우두둑 우두둑 씹어 먹을 뿐만 아니라 날카로운 면도날도 한 보따리씩 가지고 다닌다. 면도날을 먹는 시범을 보일 때는 혼자 먹기 미안하다며 귀빈석에 있는 사람들에게 한 개씩 나누어주며 먹어보라고 권하기도 한다.

그리고 망치로 아무리 때려도 꿈쩍하지 않는 시멘 콘크리트 못까지 우두둑 우두둑 씹어 삼키는 것을 보면 사람이 아니라 무슨 괴물 같다. 사람들에게 자신의 배를 만져보라고 배를 내밀면 사람들은 배를 만져보고 입을 딱 벌리고 만다. 사람의 배 같지 않고 쇠처럼 단단하니 도무지 이해가 안 된다는 표정들이다.

너무도 신기한 일이 바로 자기 앞에서 벌어지고 있지만 사람들은 믿을 수가 없어 고개를 몇 번씩이나 갸우뚱거린다. 이걸 믿어야 할지 말아야 할지… 바로 눈앞에서 벌어지는 일인데도 믿을 수가 없는 일. 이런 일이 이 과학의 시대에 일어나고 있다니…

이 인간 불가사리는 기네스북에 오른 것은 물론이고 인간이 어떻게 쇠를 소화시킬 수 있단 말인가? 도저히 믿을 수 없다는 의문이 강한 사람들, 또는 호기심 때문에 잠을 잘 수 없는 사람들, 무엇이든지 과학적으로 해명이 되어야만 믿을 수 있는 사람들이 이 인간 불가사리를 연구 하겠다고 떠들썩하지만 아직 이렇다 할 답을 얻어내지 못했으니 현대 과학의 한계를 드러내고 있다고 해야 할까…

이 세상에는 기인들도 많지만 쇠를 먹는 인간 불가사리는 기인이라는 표현으로는 적절하지 못하고 괴인이라고나 해야 할까…

쇠만 먹는 것이 아니라 물체를 이동시키기도 하고 밧줄로 몸을 묶었는데 순식간에 밧줄에서 벗어나는 묘기를 보여주기도 한다.

이 인간 불가사리는 1945년 공주에서 태어나 7세 때부터 한의원을 하는 부친에게 한학을 배우기 시작했고 14세 때 부친으로부터 계룡산에서 도술을 하는 유동수라고 하는 분을 스승으로 삼아 기공 공부를 하라는 엄명을 받아 계룡산으로 입산하게 되었다고 한다.

이른 새벽부터 밤잠을 줄이며 8년간을 엄한 스승 밑에서 수련한 끝에 하 단전을 성단했고 기공 공부만 한 것이 아니라 단군 시조로부터 받아 이어져 온다는 민족의 경전인 천부경이나 참전계경, 삼일신고도 숙독하여 민족정신에도 투철하다.

괴이한 재주나 부리는 술사로서 끝나는 것이 아니라 민족정기를 바로 세워야 한다는 민족적 자긍심에 고취되어 있고 외래 지향적인 현 세태를 한탄하기도 한다.

그리고 말로서만 홍익인간 이화세계를 부르짖는 것이 아니라 방송 출연료나 시연의 대가로 돈이 생기면 가난한 학생들을 위해 장학금을 내놓은 것이 수억에 이르고 장병 위문 공연 또한 몇 차례인지 셀 수가 없을 정도이다.

아는 것을 말하기는 쉽지만 실천하기는 어려운 것이 우리 인간사가 아닌가… 그러나 이 인간 불가사리는 아직도 작은 아파트에 살면서 지행일치 언행일치를 행하고 있으니 기인이나 괴인에 머무는 것이 아니라 이 시대의 모범형 인간이라고 해야 하지 않을까… 가질 만큼 가지고 있으면서도 더 가지려고 자신을 속이고 타인에게 상처를 주는 사람들이 얼마나 많은가?

모범을 보여야 할 위치에서 말은 번지르르하게 하지만 행동은 시정의 소인배만도 못한 사람들이 지도자 행세를 하는 세태를 보면 이 인간 불가사리가 그런 못된 인간들을 세상 밖으로 몰아내는 괴력을 발휘해주었으면 하는 바램마저 들기도 한다.

기문둔갑술이나 유리를 통과하는 능력을 가지고 있다고 하는데 그런 것은 눈으로 확인하지 못했다. 인간 불가사리 김승도씨 곁에 있으면 마치 마술에 걸려든 것처럼 쉽게 그의 곁을 떠날 수가 없다. 무언가 알 수 없는 신비한 일들이 계속 생길 것 같기 때문이다.

인간 불가사리 김승도씨는 이 세상을 움직이는 것은 사람이고 사람을 움직이는 것은 사람의 마음이라고 한다. 마음을 잘 다스릴 수 있고 인성을 회복할 수 있는 수련장을 세워 후진을 양성하는 것이 꿈이어서 "삼법 기 회통 수련원"을 설립해 사회 정화에 힘쓰고 있기도 하다.

중국의 기공이나 일본의 기공도 상당한 수준이지만 김승도씨의 쇠를 먹는 기공 앞에서는 모두 혀를 내두르고 그 앞에서 머리를 숙이고 만다고 한다.

러시아, 독일, 영국 등 세계 곳곳을 누비고 다니며 그만이 할 수 있는 기의 세계를 펼치며 국위선양과 함께 인간의 무한한 능력을 보여주는 인간 불가사리의 앞날에 무한한 발전이 있기를 바란다.

여기 사람있다!

여기 사람있다!

이 외침은 세상에 있는 모든 사물들, 생명체들 중에 가장 고귀한 것이 사람이라는 것을 일깨우는 소리요 절규였었지만 그 소리는 탐욕의 파도에 묻혀 사람들에게 들리지 않았다. 신성하고도 절대적인 생명, 더군다나 하느님의 형상을 닮게 만들었다는 인간, 그 인간이 언제부턴가 물신주의와 배금주의에 혼을 빼았겨 여기 사람이 있다는 말을 듣지 않게 된 것이다.

죽고 죽이는 사람들이 서로 적국이라면 모르겠거니와 한 민족 한 국민으로서 어느 한편이 어느 한 편을 죽여야 한다면 그것은 이미 한 민족이 아니요 한 국민이라고 할 수 없다.

이름하여 재개발, 그 재개발이 있는 곳엔 항상 온갖 부패와 부정이 도사리고 있어 깊이 관여한 관계자들 치고 감옥에 안 간 사람이 없다고 알려져 있다. 재개발이란 말이 말 그대로 그 순수성을 잃은 지가 오래 되었지만 그것을 개선하려는 노력을 하지 않아 오늘과 같은 사고를 내고 말았다. 그리고 그러한 사고가 발생했지만 그것을 빨리 수습하려는 노력을 하지 않아 그 다섯구의 시신은 355일간이나 차가운 병원 냉동고에 냉동되어 있었다.

이번 사고에 대해 여당인 한나라당 안에서도 책임자를 처벌해야 한다는 소리가 나왔지만 일명 영일 대군으로 통하는 이명박 대통령의 형님 이상득의원이 임무를 수행하다 생긴 일인데 무슨 처벌이냐고 소리를 지르는 바람에 희생자들이 오랫동안 장례를 치르지 못하고 시간을 끌게 되었다고 한다.

대통령 형님 되는 분이 국회의원 신분으로서 사태를 빨리 해결하겠다는 생각을 갖지 않고 마치 남의 나라 일 대하듯 했으니 올바른 공무의 자세가 아니었음을 만천하에 알린 셈이 되었고 지난 정부의 봉화대군의 자리를 차지하였다는 비난을 피할 수가 없었다.

다른 사람들이나 기관들이 사고 처리를 미루고 덮으려 한다 하더라도 대통령 형님으로서 힘없는 약자들을 따뜻하게 어루만져주는 역할을 했더라면 자신의 덕망이 손상되지 않을 것이고 정부와 대통령이 그렇게 심한 비난의 대상이 되지는 않았을 것이다.

나몰라라 시간을 끈 탓으로 대통령과 정부 여당에 대하여 비난이 더 커졌고 그 안에서 죽음을 당한 사람들은 열사 아닌 열사가 되어야 했다.

고인이 된 이상림, 양희성, 한대성, 이성수, 윤용현, 다섯 사람의 시신은 1년여 가까이 순천향 병원 냉동고에 보관되어 있었고 보관료만 8억여 원에 이른다고 한다. 유가족들은 갑작스러운 죽음에 대한 억울함과 사고의 진상 규명을 요구했지만 받아들여지지 않았고 오히려 살아남은 사람들은 범법자가 되어 감옥에 가야 했다. 삶의 터전을 잃고 내쫓기게 되었다면 누구라도 자신의 생존권을 위해 싸울 수밖에 없는 일이다.

자신의 주머니를 채우기 위해 재개발이라는 이름으로 힘없는 사람들 삶의 터전을 헐고 무자비하게 내쫓는 일을 반복하는 사회는 선진국이 될 수 없다. 이런 일이 하루 이틀 된 것이 아니라 반복적으로 생기다보니 전철연(전국 철거민 연합)이라는 단체까지 생겨 철거 현장을 찾아다니며 싸워왔다고 한다.

이번 용산역 참사에서 사망한 다섯 사람 중 3사람이 전철연 사람이고 2사람이 현지 주민이라고 한다. 약자들을 보호

해야 할 국가의 공권력이 그 동안 어떤 역할을 해왔는가를 알게 해주는 대목이다.

이번 장례식에 참석한 사람들은 하나같이 외쳤다. 그들이 싸우다 죽은 망루에 대신 올라가 "여기 사람있다!"를 외치며 끝까지 싸우겠노라고…

주간 코러스 2010년 1월 16일

아시아 기자 대회

아시아기자 협회(회장 이상기)에서 주최하는 아시아기자 대회가 10월 7일 무역센타 51층 국제 회의실에서 개막식을 가졌다.

이날 포럼의 주제인 "기후변화에 대응하는 언론의 역할"에 대하여 국제 기자협회 Jim Boumelha 회장은 축하 인사에서 환경은 미래 세대에게 가장 중요한 현안이기 때문에 친환경적 사회변화를 가져오는데 기자들의 역할이 새롭게 정립되기를 바란다고 했다.

Boumelha 회장은 개막식에 참석하기 전 현 한국 정부의 언론장악에 우려를 표명하며 YTN 기자들의 해고와 징계에 관해 기자들의 생존권과 언론 자유를 위하여 국제기자협회가 조사단을 파견하겠다는 뜻을 밝히기도 했다.

포럼에서 참석자의 관심을 많이 끈 것은 환경이 주제이기 때문에 당연히 환경운동가들에게 질문이 쏟아졌지만 북한 어린이 돕기 운동을 하는 Susan Ritch(캐나다)에게도 기자들이 많은 관심을 나타냈다.

이번 아시아 기자 대회에는 30여 개국에서 약 150여명이 참석하여 국제 행사로서 손색이 없었고 행사 진행이 순조롭게 이루어져 참석자들이 만족해했다.

참석자들 중에 눈에 띄는 사람은 베트남의 Dinh the Huynh(딘 테 후원)으로 베트남 기자협회 회장이지만 국가 부총리급이라고 한다. 그만큼 베트남 정부가 언론의 중요성을 높이 인식하고 있다는 것을 알 수 있다.

미국의 Charles E, Morrison씨는 하와이 동서센터 회장으로 아시아태평양 국제관계 및 APEC, 미국의 아시아 경제, 안보정책 전문가로 폭 넓은 활동을 하고 있는 인물이다.

국내 내빈으로는 김형오 국회의장, 고건 총리, 최열 환경재단 대표. 미국에서 활동하는 태권도의 대부 이준구 씨도 참석해 눈길을 끌었다.

서울 잠실 올림픽 공원 내 올림픽파크 호텔에서 가진 저녁 만찬에서는 양민셍(중국 환경보 사장겸 편집국장), 담딘수렌 볼드쿠약 Damdinsuren Boldkhuyag(몽골 관영 일간지 The Century News 편집장), 브라제쉬 바티아 Brajesh Bhatia (인도 칼럼니스트)씨가 각각 올해의 기자상, 언론 자유상, 평생 공로상을 받았다.

만찬의 흥을 돋구기 위해 비보이의 공연과 사물놀이 패의 사물놀이, 이준구 선생의 간단한 태권도 격파 시범과 하모니카 연주가 있었다. 이준구 선생은 평생 태권도만 하는 스포츠맨으로 알려져 있었는데 그가 부는 멋진 하모니카 소리에 사람들은 환호성을 올리며 열광했다.

이번 행사는 10월 7일부터 10일까지 열렸고 사회 각계각층에서 많은 관심과 호응을 표한 행사로 한국의 위상도 함께 높였다는 평을 받았다.

2007년도 기사

애미쉬 마을

푸른 하늘이 끝없이 펼쳐지고 지평선이 가물거리는 대지에 흙냄새를 맡으며 사는 사람들.

아무리 새롭고 편리한 물건이 생산되어도 곁눈질조차 하지 않고 땀을 흘리며 일해서 먹고 살다 흙으로 돌아가야만 진정 하느님의 뜻대로 살다가 죽는 것이라고 믿는 사람들.

애미쉬(Amish)는 메노나이트(Mennonite, Menno를 따르는 사람들)에서 갈려 나온 종파다.

유럽에서 재 침례파가 탄압을 받고 있을 때 1536년 Menno라는 신부가 저술과 리더쉽을 발휘하여 많은 사람들이 모여들게 되었으나 가톨릭과 기독교로부터 박해가 심해 죽임까지 당하자 많은 메노파들이 산으로 도망가거나 남부 독일로 피난을 했다.

약 160여년이 흐른 후 스위스 주교 야곱 암만이 메노파를 이끌고 나와 암만을 따르는 사람들을 애미쉬라 부르게 되었다. 애미쉬파와 메노파는 몇 번이나 분열하여 아직까지 침례나 무저항, 기본적인 성경의 교리에 관하여서는 같은 믿음을 나누고 있지만 언어나 예배, 성경의 해석은 상당부분 다르다.

애미쉬와 메노나이트가 펜실베이니아(William Penn의 종교적 관용의 땅)에 정착한 것은 1720년에서 1730년 사이다.

미국 속에 또 하나의 다른 삶의 모습으로 살아가는 사람들.

펜실베이니아 랭캐스터 시 스트라스버그 지역에 들어서면 미국인이 아닌 이방인들이 나타난 것처럼 말발굽 소리를 딸각거리며 달리는 애미쉬 마차를 보게 된다.

영화 속에서나 볼 수 있는 이색적인 장면을 보게 되면 다른 세계에 와 있는 착각 속에 빠져들게 되고 현실 감각도 둔해진다.

뜨거운 태양아래서 여인들이 보닛 모자를 쓰고 김을 매거나, 밀짚모자를 쓰고 수염을 길게 기른 남성들이 쟁기를 갈며 옛날 방식으로 농사를 짓는 모습은 현대인들에게 생존의 또 다른 일면을 보여주고 인생에 대해 사색을 갖게 한다.

생존경쟁과 탐욕으로 상실된 인간성에 새로운 충격을 주는 삶의 모습들.

교통수단은 2륜 마차이고 집안에서는 전기를 쓰지 않아 TV나 라디오도 없다.

집안에서 쓰는 물은 풍차나 물레방아를 이용한다. 이들이 집단을 이루고 따로 모여 사는 것이 아니라 일반인들이 사는 마을에 섞여 사는 것을 생각하면 얼마나 이들의 신념이 강한가를 알 수 있다.

주변에 자동차들이 달리고 편리한 기계들이 널려 있지만 조금도 흔들리지 않고 자신들의 방식대로 살아가는 사람들.

가까이서 그들을 대하면 얼굴에서 느낄 수 있는 것이 배타성과 고집스러움이다.

하느님의 뜻대로 살아가는 데는 많은 지식도 필요 없으므로 학교 교육도 자신들이 세운 학교에서 8학년까지만 받는다. 쓰기와 읽기 기본적인 계산이 그들의 교육 내용이다.

학교 공부에 진저리를 내는 아이들이 알면 지상천국이라고 할 곳이다. 공부에 시달리지 않고 신나게 놀며 자랄 수 있는 아이들의 천국.

합리주의, 실용주의의 첨단 미국에서 비능률적이고 비 실용주의적인 삶을 살아가는 사람들. 커다란 건초 저장용 건물을 짓고 지붕에 빨간 칠을 해 푸른 초원과 어우러져 한 폭의 그림 같은 마을들.

소녀들은 일찍부터 농사일과 길쌈을 배워 직접 옷을 지어 입는데 무릎 밑까지 내려오는 긴 치마를 입고 색깔은 검정색. 푸른 색, 녹색이다.

기혼 여성은 검은 색 앞치마를 두르고 미혼 여성은 하얀 앞치마를 두르는 것이 이들의 평상복.

밭을 갈거나 수확을 할 때면 5-6마리의 말들이 앞에서 끌게 해 기계를 대신한다.

자동차가 달리는 길 가로 조심스럽게 마차로 달리는 사람들, 팍스 아메리카나 문명과는 상관없이 살아가는 사람들. 이들의 삶이 소비하고는 거리가 멀어 대부분이 부유한 살림을 꾸려간다고 한다. 각종전자 제품이나 차를 사는 비용도 들지 않고 기름 값이 들지 않으니 그럴 수밖에 없을 것이다.

애미쉬는 정형화 된 현대인늘의 삶의 틀을 거부하고 자연속에서 자연의 섭리대로 살아가도 얼마든지 행복할 수 있다고 그들의 삶으로 말하고 있다. 급하게 서두르지 말고, 그렇게 빡빡하게 살지 말고, 천천히 여유를 가지고 살라고 조용히 말하고 있다

문명의 최첨단을 지향하는 나라…

세계 최강국임을 자랑하고 혼자만이 그 자리를 지켜야 한다고 은근히 오만함을 내비치는 미국.

세계 모든 지역에 신경 조직을 뻗쳐놓고 정보를 통합 조절하는 거대한 괴물이 되었지만 간혹 제 스스로 정밀함의 오류를 범해 9.11같은 사태가 생기는 나라.

정보와 힘의 상징성이 축약된 펜타곤(국방부가 있는 건물은 5각형으로 되어 있고 건물이 5겹으로 지어져 있다)이 있

는 워싱턴에서 서너 시간 정도를 벗어나면 패권이라든가 팍스 아메리카나 하고는 다른 세계를 보여주는 애미쉬 마을…

끝없이 펼쳐지는 지평선…

대지의 향기가 부드럽게 녹아 흐르는 벌판을 걸으면 신의 음성이 들려 올 것처럼 평화가 깃들어 있고 농작물들의 냄새가 싱그럽게 폐부로 스며드는 애미쉬 마을.

부드럽고 따뜻한 대지의 품속에 안겨 게으름을 피우며 한없이 걷고 싶은 충동을 불러일으키는 곳이다.

아 그대여!

사랑과 평화가 무엇인지 아직도 모르겠거든 여기 들판을 걸어보아라.

아 그대여!

그 누군가를 죽어도 용서 할 수 없겠거든 이 땅을 걸어보아라.

아 그대여!

어떻게 살아야 잘 사는 건지 아직도 모르겠거든 여기 애미쉬 마을을 방문해보아라! 하고 하늘에서 속삭이는 것 같다.

지평선 끝까지 밭고랑이 펼쳐져 있고 푸른 옥수수가 풍요로움과 여유를 말해주듯 진한 초록의 이파리들이 바람에 휘날리고 있다.

이런 애미쉬 마을을 바라보면 진정한 평화가 무엇인가를 알 수 있을 것 같다.

최강의 군대, 최신 무기를 앞세우고 평화를 부르짖으며 대량의 폭탄을 쏟아 붓는 부시에게는 평화보다 오히려 두려움을 느낄 수 있지만 애미쉬들은 삶 자체로서 평화란 뭔가 하고 우리에게 화두를 던진다.

입으로 나불거리는 평화가 아니라 진정한 평화가 무엇인가 하고…

평화를 말하려거든 먼저 평화롭게 살아라 하고 행동으로 말하는 애미쉬들.

평화를 말하면서 군대를 파병하는 것이 얼마나 기만적인 평화인가하고 자연과 하나 된 삶을 살면서 삶 자체로 평화를 부르짖는 사람들이다.

하늘의 섭리를 거역하지 않고 착한 농부로서 철따라 천기를 읽으며 농사를 짓는 농부의 삶에서 행복과 자신의 정체성을 확인하는 사람들.

아메리카 드림을 찾아 이주해온 사람들이 아니라 종교의 자유와 신념을 지킬 수 있는 땅을 찾아 온 사람들답게 주변이 아무리 변하여도 변함없이 그들 방식대로 살아가고 있다.

자동차가 날리고 비행기가 하늘을 날지만 그들은 마차를 고집하며 느리게 아주 느리게 살아가고 있다. 아스팔트에 말들이 배설물을 쏟아내도 누가 뭐라는 사람도 없고 언덕배기에서 힘겹게 천천히 올라가는 마차를 만나도 뒤따르는 자동차에서 경적을 울리지 않는 사람들이 있다는 것은 바쁘게 살아가는 사람들도 애미쉬의 삶을 이해하고 있다는 것이 아닐까… 유일하게 고 수익을 올릴 수 있는 전략적 농작물인 담배가 하늘을 향하여 미소짓고 있는 애미쉬 마을은 하늘을 향해 가슴을 열어 놓고 모든 것을 받아들이고 있다.

지평선이 한눈에 다 들어오는 애미쉬 마을은 문명에 찌든 한 나그네에게 은근한 목소리로 속삭이고 있다.

네가 도시에서 얻은 것이 무엇인가?

너는 상처받고 또 누구에겐가 상처를 주는 삶을 살고 있지 않았는가?

이곳에서 눌러 살 생각은 없는가?

누군가 옷깃을 잡으며 같이 살자고 한다면 눈물이 나올 것 같다.

문명의 언저리를 맴돌며 아무것도 얻은 것이 없는 인생의 허무함을 이곳 말고 어디에서 더 확실히 위로 받을 수 있을 것인가.

평화로운 대지 위를 달리는 마차들이 영화 속의 영상처럼 미끄러져 가고 건초 저장용 시설이 높게 지어진 애미쉬의 집들이 그림처럼 널려있는 마을.

새들은 노래 부르고 아이들은 즐겁게 뛰어 노는 곳.

따뜻한 햇볕이 하늘의 축복처럼 가득히 내려 쪼이는 곳.

살아있는 풍경화가 되어 머릿속에 각인되는 애미쉬 마을은 오랫동안 잊지 못할 꿈이 되어 내 무의식 속에 남아 있으리라…

워싱턴에서 에미쉬 마을을 가자면 3시간 30분 정도 시간이 소요되고 95번이나 295번 도로를 따라 북쪽으로 가 볼티모어에서 83번 도로 북쪽으로 진입한다. 83번 도로를 따라가다 York라는 곳에서 30번 East로 들어가 달리면 Lancaster라는 시가 나오고 길가에 에미쉬 마을로 들어가는 안내판을 볼 수 있다.

연합뉴스 월간 르페르 2004년 11월호

유엔 참전국 병사들 사진전

평화로운 나날을 살아가고 있는 대한민국 국민들 중에 휴전이란 단어를 실생활에서 실감나게 느끼며 사는 사람은 그리 많지 않을 것이다. 남북이 대치하고 있는 비무장지대가 수도 서울에서 그리 멀지 않지만 그 비무장지대가 아주 멀리 있는 느낌이 드는 것은 그만큼 전쟁이 멈춘 휴전의 상태가 시간적으로 오래되었기 때문일 것이다.

미국의 수도 워싱턴에는 미군들이 6.25 전쟁에 참전한 것을 잊지 말자고 사병들이 야전에서 행군하는 모습을 청동상으로 만들어 전시해 놓고 있다. 정작 전쟁 당사국인 한국은 6.25에 대한 기념물이 빈약하기 짝이 없는데….

한 민족끼리 전쟁을 한 것이 어디 우리 민족뿐이겠는가마는 우리는 너무도 오래 적대적 관계를 유지하고 있는 민족이다. 미국만 해도 남북 전쟁을 치룬 후 승전과 패전으로 결판이 났지만 우리는 휴전이란 상태로 남북이 긴장관계를 유지해오다 김대중 정부가 햇볕정책을 펴면서 긴장관계가 많이 완화되고 남북 교류가 확대 되었다.

남북의 긴장 관계를 완화하고 평화적 분위기를 조성하며 미래의 통일을 향해가는 일을 어찌 보수다 진보다 가릴 일이겠는가. 보수든 진보든 민족의 미래를 생각하는 정부라면 어떤 정부라도 해야만 할 일일 것이다.

일찍이 박정희 대통령 시절 더 이상 남북은 적이 아니고 세계 속에서 공동의 이익을 추구해야 할 민족공동체라고 1972년 7.4 남북 공동 선언을 한 바가 있지만 자기 당파가 아닌 다른 당파가 남북 교류를 확대하는 것을 비판해 왔다. 자기가 하면 사랑이요 남이 하면 불륜이라는 말이 바로 이런 경우를 두고 하는 말일 것이다.

남과 북이 적대 관계에서 서로의 이익을 위해 협력 관계로 변한 이 때에 잊혀져가는 전쟁의 상처를 잊지 말자고 말하듯 인사동에 있는 포토 하우스에서 6월 18일부터 7월 1일까지 색다른 사진 전시회가 열리고 있다.

사진전의 주제는 6.25에 참전했던 UN군 병사들의 안부를 알리는 사진전이다. 그 당시 참전했던 국가의 입장이나 병사의 입장이 각각 다를 수가 있었겠지만 현재 그들이 어떤 모습일까 하고 관심을 갖는 것은 어떤 이념적인 것이 아니라 순수한 인간적인 것에 기인한 것임을 이병용 작가의 사진들이 말해주고 있다.

참전했던 당사자 대신 아들이나 손자가 참전했던 병사의 훈장, 참전증을 들고 있는 사진들에서 이념의 색채들은 이미 배제되고 진솔한 인간의 냄새만을 풍기고 있다. 참혹했던 전쟁 뒤에 남는 고통, 살아남은 자들이 감내해야 하는 고통들이 그들에게도 진하게 베어나고 있었다.

이번 전시회는 전쟁을 겪은 당사국의 평범한 시민이 참전국 병사들을 기억해내고 그들이 어떤 모습으로 살아가는가를 카메라에 잡은 특이한 작업으로 일반인들의 관심을 끌고 있다.

이병용씨는 UN참전국 16개국의 모든 병사들을 대상으로 삼고 이 작업을 10년 동안 해나갈 계획이라고 한다. 흑백 사진 속에 잡혀있는 주인공들은 이제 삶의 피곤함만 얼굴 가득히 남았을 뿐 그들이 추구했던 것이 무엇이었던가는 찾아 볼 수 없다.

나이 먹은 인생들의 피곤함이 번져있는 사진들이 말하는

것은 모든 것은 과거로 흘러갔다는 것이다. 하지만 전쟁 당사국의 평범한 사람이 자신들을 잊지 않고 에티오피아까지 찾아왔다는 사실이 얼마나 반갑고 고마운 일인가 하는 감정이 사진들마다 따뜻하게 감돌고 있음을 느낄 수 있다.

전시회 오프닝 기념식에서는 6.25 전쟁 중 전사한 에티오피아 병사들을 위하여 무용단 "춤새" 대표 송민숙씨가 진혼무를 추었다. 전쟁 중 참전한 에티오피아 병사들은 연인원 6230여명이고 전사자는 122명이다. 한국전에 참전했던 병사들은 현재 에티오피아 정부에서 지원해 주는 얼마 안 되는 보상금으로 생활하고 있다고 한다.

야스쿠니 신사참배 반대운동

대만과 한국, 아시아인들에게 야스쿠니 신사는 점점 분노의 핵으로 커져가고 있다.

아시아의 히틀러로 불리는 도쬬 히데키는 A급 전범으로 전범 재판소의 재판 절차를 밟은 후 사형에 처해져 야스쿠니 신사에 전쟁 신으로 안치되어 있다.

그는 일본인이기 때문에 이웃나라에 아무리 큰 범죄를 저질렀어도 일본의 전쟁신이 될 수도 있겠지만, 그가 있는 야스쿠니 신사에 한국인 2만 2천여 명과 대만인 2만 8천여 명이 함께 있다는 사실은 용납될 수 없는 일이다.

이 하나만으로도 한국과 대만인들의 분노를 사고도 남을 일이다. 도쬬 히데키는 대만인과 한국인을 참혹하게 학대했던 가해자인데 어떻게 한국인이나 대만인들이 그와 함께 그곳에 함께 있을 수 있을 것인가!

그들은 자의에 의해서가 아니라 강제 동원되어 끌려갔던

사람들로서 침략자들에게 이용당한 전쟁의 도구였을 뿐이다. 그리고 그들의 유족들은 유해만이라도 돌려달라고 하지만 일본 정부는 들은 척도 안하고 있다. 전쟁 중에 저지른 범죄를 백배 사죄하고 반성하기는커녕 더욱 더 우경화 되어 군국주의 부활을 꿈꾸고 있어 분노의 불길이 더해 가고 있는 것이다.

아시아 여러 나라들의 비난을 무시하고 야스쿠니 신사 참배를 강행하고 있는 고이즈미 총리와 일본 우익들의 속셈은 무엇인가!

미국의 묵인 하에 군사 강국화와 우경화는 일본의 인접 국가들의 안보를 불안하게 할 뿐 아니라 일본의 양식 있는 국민들도 불안하게 하고 있다.

또 다시 아시아에서 전쟁이 일어나서는 안 된다는 것이 아시아 시민 사회의 공동 인식이 되어 공동 대응하는 행동 전선이 형성되어가고 있다. 뿐만 아니라 양식 있는 일본의 상당수 국민들도 자신들이 저지른 악행에 대해 반성하고 또 다시 그런 비극이 일어나서는 안 된다고 함께 참여하고 있다.

8.15를 맞는 행사로 대만과 한국, 일본 시민들이 함께 "야스쿠니 참배 반대 공동 행동" 행사를 도쿄에 있는 야스쿠니 신사 앞에서 가졌다.

이 행사에 참석하고 돌아온 안산 민중연대 노세극 대표를 만나 보았다.

이번에 대만에서는 국회의원 1명 포함 42명이 참여했고 한국에서는 국회의원 11명 일반인 150여명이 참여 했다고 한다.

이번 "야스쿠니 반대 공동 행동"의 행사 기간 중에 일본의 우익이 얼마나 극렬하게 방해 했는지 공포 분위기였고 경찰들이 외견상으로는 경호를 하는 것 같았지만 암암리에 행사 참여자들의 신원을 확인했다고 한다.

또한 행사기간 중 대절한 버스 기사가 우익들의 협박을 못 이겨 도중에 계약 취소사태가 발생했다니 그 정도가 얼마나 심했는가를 추측해 볼 수 있다.

일본인들도 참여 했는데 오사카 시민들이 많이 참여하여 자국의 우경화와 군국주의 부활을 성토했다. 일본의 많은 국민들에게 이러한 정신이 확산되어 군국주의 부활을 막아야만 이웃 나라의 평화는 물론이요 자신들의 평화도 보장 될 것이다.

노세극 대표는 야스쿠니 신사뿐만 아니라 일본이 군사력을 강화하고 있는 여러 현장을 둘러보았다고 한다. 그 중에서도 요코스카 해군기지의 막강한 군사력을 확인하고 일본의 군국주의는 이미 실현되어 있다는 것을 확신했다고 한다.

흔히 서독의 2차 대전 때의 전쟁 보상과 사과를 비교하여 일본에게 배우라고 하지만 일본은 쇠귀에 경 읽기로 평화를 사랑하는 전 인류를 실망시키고 있다.

인과응보의 천리(天理)를 모르는 바 아닐진대 그들은 왜 길이 아닌 길을 가려 하는 것일까…

순천자는 생이되 역천자는 멸이라(順天者 生 逆天者 滅)했거늘 일본은 또 다시 하늘을 거역하여 원자탄을 맞았던 불행을 또 불러들이려 하고 있다.

역사는 반복된다는 말이 그저 헛말이 아니란 것인가…

Korea Monitor 2006년 9월 1일

약동하는 조국의 산하

의령군

한반도의 남쪽, 경상남도 중앙에 자리한 의령군은 합천군, 창령군, 함안군, 진주시에 둘러 싸여 있고 남강과 낙동강이 합류하는 지역이기도 하다.

의령 군청 가까이 흐르는 남강은 격변하는 오늘의 시류를 바라보며 아무리 바쁘게 몰아쳐도 결국 오늘은 과거로 남을 뿐이라고 말하듯 조용히 흐른다.

누가 더 빠른가 경쟁하는 사람들에게 결국은 고요함 속으로 돌아오고 말 것이라고 말하듯 강은 멀리 산모퉁이를 돌아 안개 속으로 사라져가고 산기슭에 평화로이 자리 잡은 산소들만 소리 없이 흐르는 강과 대화를 나누고 있다.

바쁜 도심 속에 이렇게 느린 강이 있다는 것은 느림의 미학과 여유를 깨우쳐주기 위한 것이겠지만 오늘을 사는 사람들은 그저 바쁘기만 하다.

느림의 미학, 느려야지만 서로를 배려할 수 있고 양보할 수 있다고 말하는 강의 이미지를 그대로 닮은 의령군의 김채용 군수는 20여년 이상 내무부에서 일했지만 군민(郡民) 위에 군림하는 관료적인 냄새를 전혀 맡을 수 없고 시골에서 오랫동안 터 잡고 살아온 집안 형님처럼 사람을 편안하게 해준다.

그리고 격식 차리지 않고 논두렁에 앉아 텁텁한 막걸리를 걸치며 생활의 어려움을 다 털어 놓아도 될 것 같은 그에게서 진정한 목민관의 면모를 느낄 수 있었다.

김채용 군수는 농민들의 수익을 올려 주기 위해 군에서 직접 농산물을 수집 관리하는 판매 전략을 쓰고 있다고 한다. 이러한 아이디어가 중앙정부에서도 인정을 받아 300억의 예산 지원을 받기로 해 군민들의 기대가 부풀어 있다의령군의 특산물은 수박, 호박, 양상추, 단감 등으로 군민의 70%가 농민이기 때문에 농가 소득을 농산물에 의존할 수 밖에 없는 구조다. 그래서 농산물에 고유브랜드를 붙여 상품의 고유성과 홍보효과를 내기 위해 토요애(土樂愛)란 상표를 개발해 그 효과가 크고 국가 경연 대회에 나가 4등을 차지했다고 한다.

의령의 역사적인 인물 망우당 곽재우 장군과 그를 곁에서 보좌했던 17장령들 또한 의령의 자랑거리가 아닐 수 없다. 홍의 장군으로도 불리었던 곽재우 장군을 기리는 충익사가 군청에서 그리 멀지 않은 곳에 자리 잡고 있어 오늘을 사는 우리들에게 국가와 민족에 대한 충절을 되새겨 보게 한다.

임진왜란 당시 왜병이 조선을 침략한지 9일 만에 의병을 조직해 왜병의 보급품과 지원병을 막아 왜군이 평양에서 더 이상 북진을 못하도록 공을 세웠고 거름강 전투와 정암진 전투의 승리를 비롯해 의병 전투사에 드물게 연전연승의 기록을 남겼다.

곽재우 장군은 전쟁이 끝난 후 여러 차례 관직에 제수 되었지만 그때마다 관직을 사양하고 맑고 깨끗한 선비의 기품과 기상을 지키며 그의 스승 남명 조식이 그랬듯이 초야에 묻혀 여생을 보냈다.

의령의 또 하나의 자랑거리는 삼성그룹을 창업한 호암 이병철 회장이 이 지역 출신이란 점이고 그의 생가는 기념관으로 꾸며져 많은 관람객들이 찾는 명소가 되어 있기도 하다.

의령의 인물로는 독립운동가 백산 안희제 선생, 전 문교부 장관 안효상 박사 등이 있다.

지방자치가 시행되면서 저마다 지방의 문화운동이 확산되

어 꽃을 피우고 있듯이 의령에서도 의령의 고유 문화유산을 지키고 후손들에게 선조들의 풍류와 멋을 물려주기 위해 때마다 축제를 벌이고 있다.

의병 축제를 비롯해 소싸움, 치실 망깨다지기, 큰 줄 댕기기, 수박 축제 등이 의령의 큰 축제로 알려져 있다. 또한 빼어난 경관을 자랑하는 한우산에서 벌이는 철쭉 축제도 빼놓을 수 없고 무엇보다 한우산이 품고 있는 벽계 계곡의 아름다움은 아직 많은 사람들에게 알려지지 않은 처녀지로서 의령군의 관광자원으로 기대가 큰 곳이다.

푸른 계곡이린 뜻의 벽계리의 기암절벽들 사이로 흐르는 맑고 푸른 물소리를 들으면 속세의 모든 근심 걱정이 달아나 버릴 것만 같다.

벽계리의 카 캠핑장에는 추운 겨울인데도 아이들을 대동한 가족들이 숙박을 하며 자연을 즐기고 있어 급변하고 있는 한국의 풍속도를 엿볼 수 있다. 예전 같으면 한 여름 바닷가 캠핑이나 산에 텐트를 치는 것이 고작이었지만 지금은 계절을 가리지 않고 자기가 원하는 곳에 차를 몰고 가 캠핑을 즐기고 있는 것이다.

또한 벽계리 캠핑장 가까이 있는 통나무집에는 자연의학, 대체의학 분야의 대가 양재천 씨가 거주하며 현대의학으로 치료가 되지 않는 병들을 치료하는 임상 실험을 하고 있어 군민들의 많은 관심을 끌고 있다.

김채용 군수 본인부터 자연의학의 실험 대상이 되어보겠다고 매일 거르지 않고 양재천 씨의 처방대로 치료를 받고 있어 군민들이 더욱 흥미를 갖고 있다. 김채용 군수는 과로한 업무 때문에 몇 년 전 쓰러진 후 각종 치료를 받아 보았지만 큰 효과를 보지 못하던 차에 양재천 씨의 처방대로 치료를 받기 시작한 후 몸 상태가 아주 양호해지기 시작했다고 한다. 군수의 몸이 좋아진다는 소문을 듣고 주변 마을 환자들이 아침부터 몰려들고 있어 군에서는 이번 기회에 군 정책으로 자연치유 마을을 조성해볼까 하는 생각을 하고 있다고 했다.

양재천 씨가 주로 쓰는 처방은 쑥뜸과 죽염, 벌침, 유황오리 등으로 선조들이 주로 써오던 민간요법이다. 그리고 본인이 산에서 수년간 연구하며 터득한 방법으로 환자의 발을 보고 환자의 병력이나 병의 원인을 아는 특이한 진단법을 쓰고 있어 사람들은 모두 신기해하고 있다.

그리고 의령군의 또 하나의 자랑 거리는 경상남도 지방에 살았던 양반들이 즐겼던 영제시조의 맥을 이어가며 오늘을 사는 현대인들에게 옛 선비들의 얼과 혼을 깨우쳐 주고 있다는 점이다. 경상남도 다른 지역의 맥은 다 끊기고 의령군 부림면 손덕겸의 계보만 살아남아 오늘날까지 그 맥을 이어가고 있다고 한다. 의령시조는 현재 이종록 원장이 시조 보존회를 이끌고 있으며 시조를 CD에 담아 백악관에까지 기증해 문화에 대한 자긍심이 대단한 곳이다.

의령군의 무한한 발전과 번영, 각 지방들의 발전이 모아지면 대한민국의 실체적 발전이 될 것이라고 확신하며 의령군을 떠났다.

약동하는 조국의 산하

영암군

잠시도 자지 않는 바람, 그 바람을 따라 나그네가 되었다. 산을 넘고 물을 건너 노을이 타는 들을 달리는 바람, 그 바람을 좇아가는 KTX 철마도 숨이 가빠 잠시잠시 쉬어가는 산하는 평화롭다. 들과 산이 어우러지고 강물이 굽이치는 조국의 산하는 그 어느 생명도 거부하지 않고 차별 없이 키워냈지만 사람이 사람에게 상처를 주고 핍박 하여 눈물과 한이 많아 한의 역사라 하기도 하였던가…

사람 사는 세상에 한이 없는 곳이 어디 있으랴마는 유독 우리는 우리의 역사를 한의 역사라 한다. 또한 언제부턴가 빨리빨리가 우리 민족의 상표가 되기도 했다. 모든 것을 빨리빨리 처리하고 눈앞에서 확인이 되어야만 직성이 풀리는 민족이란다.

좁은 반도 땅에 무슨 고속 열차인가 하고 말이 많았던 KTX가 시원스럽게 달려 그 빠르기만큼 반도가 좁다는 것을 실감하는 현실.

날렵하게 생긴 철마에서 내려 승용차를 타고 나주평야를 거쳐 영암평야를 달리면 작은 산들이 부드러운 몸매를 드러내고 누워있다. 끝없이 펼쳐지는 평야의 끝으로 시계(視界)를 경계 짓는 산능선들이 푸른 하늘과 닿아있어 무한한 평화를 느끼게 해준다.

어린 시절 푸른 하늘을 향하여 화살을 날려보던 동심이 푸른 안개 속에 되살아나고 황소가 느리게 되새김질을 하는 평야. 정지용의 시 '향수' 의 향내가 물씬 풍기는 풍경이다.

하늘은 눈이 시리도록 푸른데 그 푸른 하늘에 빠진 제트기가 하얀 꼬리를 남기며 멀어져 가고 있다.

끝없이 펼쳐지던 평야 사이로 보이던 산 능선이 갑자기 일어나 시선을 가로막고 선다. 시야를 가로막고 서는 산은 영암의 상징인 월출산이다. 달이 나오는 산, 이름만 들어도 낭만이 듬뿍 묻어나는 이름이다. 달이 지고 뜨지 않는 산이 어디 있겠는가마는 월출이란 이름을 얻은 산은 그만큼 달과 어우러지는 멋이 있단다. 월출산의 또 다른 이름, 소금강이란 이름이 그 멋을 말해주고도 남는다.

월출산에 달이 걸리면 다정한 벗과 술상을 차리고 흥에 겨워 소리를 한 자락 질펀하게 깔면 어디선가 선녀가 두둥실 춤을 추며 나타날 것 같은 영암은 한반도의 서남쪽에 위치해 있다.

평야가 있는가 하면 바다가 있고 산이 있는 영암.

영암(靈巖)이란 지명이 말하여주듯 신령스러운 바위와 얽힌 전설이 담겨 있는 곳, 일본의 아스카 문화를 열었다는 왕인 박사가 이곳 출신이고 그가 떠난 포구 이름이 상대포구다. 왕인 박사는 학문 뿐 아니라 의복 짓는 기술과 대장장이, 술을 빚는 사람들을 데려가 일본에 새로운 문화의 씨를 뿌린 사람으로 일본에서도 존경을 받는 역사적 인물이다.

담양에서 발원한 영산강이 영암평야의 젖줄 역할을 하며 대지를 적시면 사람들은 어머니의 품속 같은 평화로운 땅에서 꿈을 키우고 대를 이을 아이를 길러냈다. 평범치 않은 인물들을 많이 배출한 영암은 성기동(聖基洞)이란 지명까지 가지고 있다.

신라 말에 풍수지리의 대가로 알려진 도선국사도 이 지역 인물로 도갑사에서는 도선을 기리고 있다. 도선 국사는 15세

(문성왕 3년 841)에 화엄사로 출가 해 혜철을 스승으로 모시고 무설지설(無說之說) 무법지법(無法之法)을 화두로 삼고 정진했다. 6조 혜능에서 시작된 해동선인 "무설지설 무법지법" 말없는 가운데 말, 법 없는 가운데 법을 스스로 환하게 깨우쳤다고 한다.

한석봉 어머니도 영암 근교에 있는 아천포 포구에서 떡 장사를 했고 아들은 유구당에서 공부를 했다.

강과 들, 산이 어우러진 영암은 수많은 인재를 길러냈고 그 전통을 이어받아 따뜻한 남녘의 중심지로 도약하고 있다. 바다에는 조선소가 있고 내륙에는 소금강이라 부르는 월출산, 풍요로운 평야가 펼쳐진 영암은 축복받은 땅이라 할만하다.

영암의 김일태 군수는 지방자치 수장으로서보다도 국제적인 감각이 겸비되어야만 군정을 이끌어갈 리더가 될 수 있으리라 생각된다. 국제적인 행사가 될 F1 자동차 경기장이 들어서면 세계 자동차 경기 광들이 몰려들어 자연스럽게 국제적인 도시가 될 것이기 때문이다. 뿐만 아니라 월출산을 배경으로 한 산수(山水)뮤지컬을 계획하고 있어 중국의 명감독 장예모 감독의 내한이 예정되어 있다고 한다.

월출산 아래 자리하고 있는 사자 저수지에 무대를 설치하고 월출산을 무대 배경으로 한다는 발상이 평범하지가 않다. 발상 자체가 일반 상식을 뛰어넘어 장엄하기까지 하다. 김일태 군수는 영암이 가지고 있는 지리적 조건과 인심 좋은 군민들, 풍요로운 평야를 자랑하는 지역의 군수라는 것에 많은 긍지를 가지고 있으며 영암이 너무나 자랑스럽다고 했다.

성인들이 많이 나는 향토적 특성을 이어가는 왕인학당 또한 영암의 자랑거리가 아닐 수 없다. 왕인학당 당주 취기욱 원장은 오전 10시에 출근해 오후 5시 30분까지 학당을 지키며 전통문화와 예절을 가르치고 있다. 학생들이나 일반인들을 대상으로 하는 예절 교육에 심혈을 기울이는 그는 가르치는 사람으로서보다도 모범을 보이는 사표를 가지고 있어 지역 군민들로부터 존경과 사랑을 받고 있었다.

최근에 매스컴의 스포트라이트를 받고 있는 사진작가 박철씨는 영암에서 새롭게 떠오르는 인물이 되었다. 30여 년 동안 월출산을 오르며 사진을 찍다가 2009년 1월 31일 우연히 큰 바위 얼굴을 발견했다고 한다. 영암에서 국부가 나온다는 전설을 뒷받침하듯 월출산에서 바위얼굴이 발견되었으니 영암 지역 사람들은 모두 흥분을 하고 있는 상태이고 매스컴들이 대서특필을 하고 있는 중이다.

조국은 격동하는 시간 속에서도 끊임없이 도약하는 역사를 이어가고 있다. 갈등과 충돌, 화해가 반복되면서 서로를 잠시도 쉬지 못하게 하는 조국.

땅이 있으니 사람이 살고, 사람이 있으니 갈등이 있을 수밖에 없다. 혼돈은 새로운 창조를 위한 에너지라고 한다. 에너지가 넘치는 산하의 끝자락 영암의 월출산은 맥반석으로 되어 있는 산이라고 한다.

산 자체가 기로 넘치고 온천수도 나오고 있어 관광지로도 관심을 모으고 있는 곳이다.

한겨울 추위에도 달이 나오는 광경을 보고 싶었지만 보지 못했다. 아쉬움을 남기고 나그네의 발걸음을 돌려야만 했다.

KTX가 출발한 서울을 향하여…

예학당

서울의 한 복판에서 조선시대 서당 훈장 차림의 인물을 만난다는 것은 그리 쉽지 않은 일이다. 낙원상가 뒤 교동에 예학당이란 간판을 걸어놓고 논어나 맹자, 중용, 대학 등을 가르치는 한학 선생 신상철 원장은 자신의 유별난 행색이 사람들의 시선을 끄는 것에 무신경이다.

하얀 색의 도포에다 머리에는 신라시대부터 써왔다는 복건을 쓰고 수염은 가슴까지 내려오는 풍모가 영락없는 조선시대 선비다. 그러나 신상철 원장의 이력은 외모하고는 너무나 다른 것이었다.

사람들이 부러워하는 서울 법대 출신에다 미국 생활을 12년이나 했다는 전력에 다시 한 번 놀라지 않을 수 없다.

얼마나 많은 학생들이 서울대를 들어가기 위해 머리를 싸매고 공부를 하는가… 아마도 학생들보다도 부모들이 더 서울대 병에 걸려 있는지도 모른다. 너무도 우리 사회가 서울대를 동경하는 나머지 사회 병이다 해서 아예 서울대를 없에자는 운동 단체가 활동할 정도이다.

그렇게 서울대를 지향하는 사회 풍토를 비웃기라도 하듯이 신 학장은 조선시대 복색을 하고 시내 거리를 활보하고 다닌다.

그리고 한학을 공부하고 싶은 사람은 찾아오라고 손수 전단지를 만들어 전봇대에다 붙이고 다니고 있으니 이 시대하고는 안 맞는 사람인지도 모르겠다.

신 원장은 학교를 졸업한 후 법조계가 아닌 부서에 공무원 생활도 해보았고 대학 강단에도 서보았지만 항상 무언가 허전하다는 생각을 갖다가 미국 유학을 결심해 유학생활도 해본 전력을 갖고 있었다.

미국에서 대학을 마치고 불교운동을 통해 이 세상을 극락 정토로 만들겠다고 나섰다가 12년 만에 귀국을 했다고 한다. 그러나 불교보다는 우리의 전통 종교인 신선도를 세상에 알리고 신선도를 통해 이상 사회를 만들겠다고 방향 전환을 한 지가 얼마 안 된다고 한다.

주변에서는 그 좋은 학력을 가지고 돈 안 되는 일을 하며 왜 그 고생을 하는가 의문을 제기하기도 한다.

신선도를 알기 위해서는 한학을 알아야 하기 때문에 미국에서 돌아온 후 천자문부터 시작해 동양의 고전을 두루 섭렵했다.

재산 때문에 형제간에 싸움이 생기고 부자지간에도 법적 분쟁이 생기는 현실을 보면서 신 학장은 물질이 아닌 정신 수양으로 인성을 찾고 만족감을 찾는 사회를 건설하는 것이 시급하다고 강조한다.

예의범절이 사라지고 경쟁만이 휘몰아치는 사회는 아무리 물질이 풍요로워도 만족 할 줄 모르기 때문에 행복할 수 없다.

모두가 급하게 달려가는 사람들 틈 속에서 자기 소신대로 천천히 느리게 가는 신 원장이 있다는 것 자체가 이 시대의 경이로움이다.

그가 비록 이 시대에 안 맞는 복색을 하고 수염을 기른 고리타분한 행색이지만 그에게서 신선한 인간상을 발견하게 되고 새로운 희망을 발견하는 기분이다.

그리고 그가 벌이는 운동이 우리 사회에 작은 불빛이 되어 조용히 온 세상으로 번져나가기를 바란다. 누가 무어라하든 자기 소신대로 살아가는 사람들이 많은 세상은 우리들의 내일이 오늘 같지 만은 않을 것이란 희망을 준다.

그리고 내일을 기다리게 한다. 어떠한 세상이 펼쳐질 것인가 하고….

우사(尤史)

김규식 선생 제59주기 추모제

12월 10일 종로구 낙원동에 있는 천도교 대강당에서 우사 김규식 선생(1881년-1950년) 기념사업회 주관으로 59주기 추모제가 여러 민족단체들의 참가 속에 성황리에 열렸다. 아쉬웠던 것은 현 정부관계자나 각 정당의 무관심 속에 추모제 행사를 가져 정치인들의 민족 선열들에 대한 의식이 어떤가를 알 수 있게 해준 점이었다.

이번 추모제는 김규식 선생의 기념사업회에서 발간한 학술지를 통해 선생의 독립운동과 그의 생애를 전체적으로 조명해보는 계기도 되었다.

남북 교류가 불협화음을 내고 있는 현실에서 김규식 선생의 한결 같은 투쟁 정신과 좌우 통합 정신을 뒤돌아보는 것도 큰 의미가 있을 것이라 생각된다. 이승만의 외교를 통한 통일노선이나 안창호의 실력양성 계몽운동 노선을 택하지 않고 적극적 투쟁 노선을 택한 것이 선생의 독립운동 노선이었다는 것이 돋보이는 점이다. 그 당시로는 드물게 미국유학을 한 인텔리였지만 생명을 걸어야 하는 고난의 길을 택한 독립운동가였다.

그가 독립운동을 하기 위해 활동한 영역이 매우 광범위했다는 것도 경이로운 일이 아닐 수 없다. 독립자금을 마련하기 위해 중국이나 몽골의 수도 우르가(지금의 울란바토르)까지 가 사업을 하기도 했고 상해 복단대학, 천진 북양대학, 성도 사천대학 등에서 교수 생활을 하기도 했다.

우사는 1897년 버지니아 로녹대학에 입학 1903년 6월 3등으로 졸업하고 귀국하여 1904년 YMCA 초대이사 겸 서기로 시작해 YMCA 중학교 교장을 역임하며 교육 사업을 하였고 1913년 11월 중국으로 망명하여 손문 등과 교류를 나누며 중국혁명에 가담해 중국혁명군이 되는 특별한 이력을 갖기도 한다.

중국의 주요도시를 근거지로 삼아 독립운동을 한 것은 물론 일본, 만주, 몽골, 시베리아, 러시아, 미국, 프랑스, 오스트리아 등 여러 나라를 돌면서 독립 의지를 불태우고 민족정신을 깨우는 데 헌신했다. 1차 도미 때는 뇌 수술 후유증으로 간질환을 앓는 중에도 불타는 독립의지는 꺾이지 않았다. 그의 강렬한 독립의지를 시험이라도 하듯 그에게는 끊임없는 고난들이 따랐지만 그는 조금도 굽히지 않고 일관되게 신념의 길을 따랐다는 것이 우리에게 귀감이 되지 않을 수 없다. 그렇게 흔들림 없이 한 길을 가려면 독립에 대한 확고한 철학과 사상 없이는 안 될 일이다. 많은 사람들이 변절하거나 포기하는 그 고난의 길을 한결같이 걸었다는 것은 오늘을 사는 우리에게도 큰 사표가 되지 않을 수 없다.

생활비와 독립자금을 마련하기 위해 몽골에 갈 때는 37일간이나 낙타를 타고 가야 하는 험난한 길이었다. 몽골에서는 모피를, 중국 화북 지방에서는 성경을 팔았고 상해에서는 동력엔진을 파는 일도 했다. 선생은 본래 허약한 체질을 타고 났지만 신체적 결함을 이겨내며 독립운동에 매진 할 수 있었던 것은 독립에 대한 확고한 신념이 있었기 때문일 것이다.

많은 변절자들이 이러저러한 이유를 들어 변절에 대한 변명을 늘어놓지만 선생은 독립을 민족의 숙명으로 받아들였고 일제하 민족의 고통을 자기의 고통으로 인식했기 때문에 독립의 의지를 잠시도 놓을 수 없었을 것이다. 어찌 편하고 달콤한 생활에 대한 유혹이 없었을 것인가. 그리고 그만한 경력이면 누구 못지않게 호의호식 할 수 있었을 것이지만 그는 조금도 흔들림 없이 무소의 뿔처럼 광야의 길을 걸었던 것이다. 가정적으로도 첫 번째 부인과 사별을 했고 재혼한 부인에게서 탄생한 장녀와 차녀를 잃는 고통이 있었지만 그에게 독립 운동은 민족의 지상명령이었던 것이다.

1919년 3월 파리에 도착해 한국공보국을 설치하고 영어로 작성한 "한국독립에 대한 탄원서"를 평화회의에 제출했던 일이나 8월에 미국 워싱턴 DC에 도착해 독립공채를 팔아 3주일 만에 5만2천 달러를 모금해 임시정부에 송금하였고 1922년 1월 모스코바 극동민족대회에 참가하여 개회연설을 했다. 국제적인 사건이나 굵직한 독립운동에는 그의 참여가 빠지지 않았다.

워싱턴의 조용한 아침

아침 일찍 일어나 내가 살고 있는 메릴랜드 주와 워싱턴 DC 경계를 이루는 동네를 산책하면서 느끼는 것은 너무나 조용하다는 것이다.

내가 살던 수유리 집은 바로 북한산 밑이어서 새벽이면 산에 오르는 사람들의 발자국 소리가 골목을 어수선하게 하고 산에서는 야호 소리를 외치기도 한다.

뿐만 아니라 여성들이 에어로빅을 한다고 음악에 맞춰 몸을 흔들면 산에 오르던 사람들이 시선을 뺏기고 한동안 넋을 잃고 보다가기도 하고…

에어로빅 강사의 몸동작을 따라하는 중년 여인들의 몸놀림은 어딘지 어색하기도 하지만 색깔이 똑같은 운동복을 입고 매일 쉬지 않고 나와 몸 관리를 한다.

예전 같으면 여자들이 새벽부터 모여 무슨 짓이냐고 호통을 치는 노인네들이 있어 어림도 없는 일이었겠지만 지금은 여성들이 많은 대중들 앞에서 그 야한 엉덩이짓을 해대도 누구하나 뭐라는 사람이 없다.

그러한 풍경을 보면서 그들이 얼마나 몸매 관리의 집념이 대단한가도 알 수 있다.

예전에는 살이 좀 부하게 붙어 있어야 부잣집 맏며느리 감으로 복 있게 생겼다고 서로 데려가려고 했지만 지금은 옛날 얘기가 되고 말았다.

좀 연약해 보이고 남성으로부터 보호 본능을 일으키게 하는 몸매라야 취직도 잘되고 결혼도 잘 할 수 있기 때문에 젊은 여성들의 몸매 관리는 또 하나의 생존을 위한 투쟁이기도 하다. 살이 많이 쪘다는 것이 단순한 비만으로 끝나는 것이 아니라 일종의 장애자로 취급이 되는 상황이 되어가고 있다.

예전에는 먹을 것이 없어 살이 찔래야 찔 수도 없었지만 지금은 과다한 영양섭취로 인해 살을 빼느라 전쟁을 치르듯 하고 있다.

보릿고개를 경험하며 살아온 세대들은 참으로 격세지감을 느낄 일이다.

예전에는 단식원이라는 곳이 병을 치료하는 방법 중의 하나로 이용되던 곳이 이제는 전문적인 살을 빼는 곳으로 변해 굶기 위해 오는 사람들로 넘친다고 한다.

밥을 굶기고 돈을 버는 직종이 새로 생긴 셈이다.

밥을 굶기고 돈을 번다하니 너도나도 그런 사업을 해볼까 하는 생각을 가질는지 모르지만 그것도 기술적으로 굶겨야 돈을 벌지 무턱대고 굶기다 쓰러져 깨어나지 못하면 돈 받기는 틀린 일이 되고 말 것이다.

살이 많이 찌면 미관상으로 둔해 보인다거나 날씬한 몸매와 비교되어 예뻐 보이지 않는다는 것 말고도 모든 성인병의 원인이 된다는 것이다.

한국에서 그 요란한 살빼기와 몸매관리를 보다가 미국의 조용한 아침을 보면서 너무나 대조적이다 하는 생각을 갖지 않을 수 없었다.

동네마다 푸른 잔디가 깔려있는 공원이 있건만 누구하나 나와서 운동하는 사람을 만날 수 없다. 마음에 여유가 없는 것인지 자기애가 없는 것인지 감을 잡을 수 없다.

거리에 나가면 자기 몸을 못이길 만큼 살이 쪄 가지고 다니는 사람들이 많다.

한국 국민들과 비교해 생활 속에서 자기를 찾고 가꾸는 일에 뒤떨어져 있다고 볼 수 있는 일이다.

자기를 가꾸고 관리하는 모습을 통해 사회의 건강성과 국민의 활기있는 생활을 확인 할 수 있고 행복지수도 따져볼 수 있는 일이 아닐까…

한국뿐만 아니라 북경에 갔을 때도 변두리 가난한 사람들이 사는 동네인데도 불구하고 사람들이 공원에 나와 운동하는 모습을 보며 그들이 그들의 일상에 얼마나 애착을 가지고 있는가를 알 수 있었다.

워싱턴은 활력이 없는 도시이고 죽은 도시라고 해도 과언이 아닐 듯싶다. 국민들이 자기 인생이나 일상에 대해 애착이 없다는 것은 얼마나 삭막한 일인가.

내가 산책길에 만난 백인 여성은 나보고 조심해야 한다고 주의를 주기까지 했다. 겉으로 보기에는 좋은 곳이다. 그러나 위험한 곳이니 조심해야 한다고 주의를 주었던 것이다.

과연 사람이 사는 동네가 이래가지고서야 되겠는가… 조금은 가난할지라도 사람들이 사는 곳이란 훈기를 느낄 수 있고 자기 자신을 사랑하는 가운데 이웃을 사랑하는 따뜻한 마을이 될 수 있지 않을까… 그러한 속에서 이웃 간에 끈끈한 유대감도 가능할 것이고 국민들의 행복지수도 높아지지 않을까…

워싱턴 D.C 중앙일보 2011년 1월 31일

윤동주 문학 국제 심포지엄

7월 8일 민족 시인이며 한 시대의 양심이었던 윤동주 시인을 기리기 위해 한, 미, 중, 일의 국제 심포지움이 주미 한국대사관 코로스 회관에서 열렸다.

이날 행사는 문인회 회원인 권귀순 씨의 사회로 진행되었고 많은 문화계 인사들이 참석해 성황을 이루웠다.

윤동주 시인의 짧은 인생에 대한 약사와 전 문인회 회장이었던 김행자 시인의 인사말로 시작된 행사는 시종일관 화기애애하게 진행되었다.

혹독했던 일제하 민족의 현실을 잎 새에 이는 바람과 함께 괴로워했던 행동파 지식인.

시인이기 이전에 지식인으로서 시대의 사명이 무엇인가를

깨달은 사람이 가야 했던 고난의 길을 간 시인.

그의 발자취를 좇아 이 시대에 우리가 가야 할 일을 찾는다면 당연히 남북통일 문제가 될 것이다. 일본은 독도가 자기네 영토라 하고 중국은 고구려사를 자기네 변방사로 만들어 가고 있다.

윤동주 시인이 아파했던 그 시대의 문제가 민족의 해방이었다면 지금은 조국 통일과 외세에 대한 민족적 대응일 것이다.

윤동주 문학사상 선양회 계간 (서시) 발행인 박영우씨는 이 단체를 범세계적으로 만들겠다는 포부를 밝히며 노벨 문학상에 버금가는 윤동주 문학상을 키워가겠다고 했다.

윤동주 문학 운동은 외국에 나가 있는 교포들을 하나로 묶으며 조국에 대한 관심을 갖게하는 결과를 가져오리라 생각된다.

국내에서도 국가보다 개인이나 집단의 이익을 먼저 생각하는 이기주의가 만연한 때에 윤동주 문학 운동은 사회적 의미가 클 것이다.

그러나 외형적 거창함도 중요하지만 윤동주 시인의 문학에 깔려있는 사상이 조국애란 것을 생각한다면 그의 정신을 이어가는 것이 무엇보다 중요할 것이다.

오늘날 우리 국가 현실이 복잡다단한 국제 관계 속에 내맡겨져 있는 상황에서 윤동주 문학 운동은 문인들 뿐 아니라 국가적으로 큰 의의가 있다고 할 수 있는 일이다.

그가 이 세상에 다시 온다면 민족의 화해를 위해서 무슨 일을 해야 할까 고민하며 하늘을 우러러 조국의 현실을 부끄러워하지 않을까…

이날 행사에는 전 문인회 회장이었던 최연홍씨를 비롯해

윤학재 허권 백순 노세웅 손지언 이천우 강영우 씨 등이 참석해 윤동주 문학 운동에 높은 관심을 보였다.

이색적인 전시회

Via Dolorosa(고난의 길)

사순절을 맞아 4월 3일 이색적인 그림 전시회가 열렸다. 예수님의 고난과 부활을 기리는 사순절에 맞춰 맥클린에 위치한 성 프란시스 교회(최영권신부)에서 열린 전시회는 예수님의 고난을 아름다운 색깔로 승화시켜 관람객들에게 사순절에 대한 이미지를 새롭게 했다는 평을 받았다.

예수님이 십자가를 지고 골고다 언덕까지 가는 과정에 있었던 일들을 표현해낸 화폭들은 화가의 영감과 예술적 감성이 그대로 드러나 예수님이 우리에게 던져준 그 고통의 의미가 무엇일까 다시 생각하도록 해주었다.

Via Dolorosa(via 길 Dolorosa 고난, 슬픔)골고다 언덕까지 가는 그 고난의 길이 인류에게 관통하는 그 상징적 의미는 무엇일까. 아무리 세월이 흘러도 그 사건은 우리의 뇌리에서 지워지지 않을 것이다. 헐벗은 자들, 소외된 자들을 위해 자신의 안위와 평강을 버렸던 예수님. 그의 마지막 한탄, "신이여 진정 나를 버리시나이까." 그 외침은 아직도 우리의 가슴을 치고 있다,

21세기 현재도 소외된 자들 가난한 자들 편에 선다는 것은 쉬운 일이 아니다. 수단 방법 가리지 않고 돈을 버는 사람들이 더 대우를 받는 현실이니… 지금 이 순간에 예수님이 재림을 하신다 해도 오늘날의 민중들은 또 다시 예수님을 십자가에 못 박으라 할 것이다.

고난의 길 끝, 십자가에 매달려 바라보는 예수님의 눈에 잡힌 그 하늘은 시릴만큼 너무도 푸르렀고 어리석은 자들은 예수님의 죽어가는 모습을 보고만 있었을 것이다.

어떤 자는 그의 몸에 못을 박고 어떤 자는 그의 몸을 창으로 찌르기도 하였지만 끝까지 예수님은 그들이 무슨 짓을 하는지도 모르는 자들이라고 했을 뿐이니…

빌라도는 그래도 자신이 빠져나갈 구멍을 만들기 위해 민중에게 선택권을 주었지만 민중은 어리석어 예수님을 십자가에 매달라고 했다. 화가는 끝까지 밝은 색상과 따뜻함으로 예수님의 고통과 민중의 어리석음을 승화시키고 있다.

절망의 순간, 고통의 순간을 그려낸 화가는 예수님께서 용서할 수 없는 것을 용서하는 것은 이렇게 아름다운 것이라고 화폭으로 말하고 있는 듯 했다.

예수님의 영혼과 따뜻한 체온이 살아 있는 듯한 화폭을 대하면 절망 속에 있던 사람들도 다시 일어나 세상으로 나아갈 용기와 희망을 얻을 것이라 생각된다.

현재도 지구의 곳곳에는 헐벗은 사람들, 소외된 사람들이 고통을 받고 있다. 예수님의 재림을 기다리지 않고 예수님을 닮으려는 사람들이 그들을 위해 애쓰고 있기에 그들로 인해 예수님의 따뜻한 체온을 느낄 수 있고 세상이 아름답다 할 수 있을 것이다

이번 전시를 위해 정은미 화가는 2010년 가을부터 작업을 했지만 실제 영감을 받아 구상을 하기 시작한 것은 2009년 여름부터라고 했다. 작품에 대한 집중력을 높이고 구상을 심도 있게 다듬기 위해 장기간 외로운 여행까지 했다고 하니 이번 전시회는 특별한 작품의 세계를 보는 기회가 아닐까 생각된다.

정은미 화가는 홍대 BFA, MFA Wisconsin 대학 MFA를 거쳐 현재 몽고메리 칼리지에서 금속공예와 디자인을 강의하고 있다

워싱턴 D.C 중앙일보 2011년 4월 13일

인물탐방 강운태

10년 동안 민주세력, 진보 정부에서 다시 보수 정부로 정권이 넘어가 한국은 새로운 역사를 경험하고 있는 중이다. 정부가 바뀌고 얼마 되지 않아 촛불 시위가 일어나 집권당은 당황하였겠지만 국민은 항상 의식의 끈을 놓지 않고 있다는 것을 보여줬다.

무엇보다도 촛불을 들고 나온 대부분의 사람들이 이명박 대통령이 대통령 후보가 되기 전부터 그를 지지해 대통령 후보 1위를 지키게 한 젊은 사람들이 대부분이었다는 것을 간과해서는 안 될 것이다.

자신을 지지할 때는 색깔 시비가 없다가 자신의 정책에 대해 반대를 하고 나오자 색깔을 뒤집어씌우는 행태는 독재자들이 썼던 수법 그대로다.

시위대들은 2층으로 차단한 콘테이너 바리케이트를 올라서기는 했지만 청와대로 향해가지는 않았다. 청와대로 쳐들어가자고 구호는 외쳤지만 스스로 선을 지키고 선을 넘지 않았다.

그에게 표를 던진 사람들은 한나라당 고정 지지자들 뿐만 아니라 사회적으로 어려운 사람들과 젊은 층이 많았다. 그러나 이명박 정부는 그들의 기대를 외면하고 소위 강부자 고소영(강남 땅부자 고대 소망교회 영남) 정책을 펴 사회적 약자

들을 배신했다.

촛불을 들고 나간 그들을 좌파의 책동이라고 매도하기도 했다. 대통령 후보가 되기 전부터 지지를 해 대통령 후보 1위 자리를 항상 지키게 해준 그들이 촛불을 들고 나오자 좌파로 몰아 부친 것이다. 사회, 경제, 남북문제 어느 것 하나 제대로 풀려나가는 것은 없고 어수선하기만 하다. 그리고 자기 측근들 감싸기에만 바쁘다.

모든 분야가 불안한 때에 정계에 몸담고 있는 인물을 만나보기로 했다.

일찍이 행정부에서 오랫동안 일을 했고 정계에 투신해 국회의원을 역임하고 있는 강운태의원은 내무부장관, 농수산부장관, 순천시장 광주시장을 거쳤다.

김낙영: 정권이 바뀐 지 10여 개월이 다 되어가지만 아직도 어수선하기만 하고 뭐 한 가지 제대로 되어가는 게 없다는 여론입니다.

강의원: 지금쯤은 정권을 잡은 사람들의 청사진이 나와야 하는데 뚜렷한 정책은 없고 그저 비실용적인 분란만 계속되고 있습니다. 전 정부의 모든 것을 부정하는 데만 정력을 쏟고 있습니다. 잃어버린 10년이라고 하면서도 우리 기업들이 지난 IMF때와는 달리 내실이 있고 견딜 힘이 있다고 합니다. 그것은 뭐를 말하는 것입니까. 10년 동안 기업들이 많이 좋아졌다는 것 아닙니까. 그것은 잃어버린 10년이 아니라 자기네들이 망가트린 경제를 지난 정부가 차분하게 다져왔다는 것 아니겠습니까. IMF를 일으켜 국민들을 곤경속으로 빠트린 장본인들이 반성은 조금도 하지 않고 어떻

게 잃어버린 10년이란 말을 할 수 있는지 정말 정신상태가 의심스럽고 거기에 동조하는 언론들도 사회적 책임이 크다고 해야 할 것입니다. 아무리 건망증이 심하기로서니 자기네들이 일으킨 IMF는 새까맣게 잊어먹고 잃어버린 10년이란 말을 할 수 있다니 어처구니가 없는 일입니다. 그런 정신을 가지고 정치를 하니 제대로 될 일이 뭐가 있겠습니까.

김낙영: 미국에서 시작된 금융위기는 인류가 새로이 경험하는 위기라고 합니다. 흔히 공산주의는 망했지만 자본주의는 절대 망하지 않는다는 신화가 깨지고 자본주의도 망할 수 있다는 것을 보여준 사건이라고 합니다.

강의원: 그동안 자본주의는 절대 안 망한다고 하면서 신자유주의를 몰아부쳤지요. 시장에 대한 불간섭주의를 내세우고 시장에다 모두 맡긴다는 것이었는데 그 결과가 이렇게 나타난 것입니다. 그리고 생산은 없고 돈만 여기저기로 굴러다니며 돈 놓고 돈 먹기 결과가 어떤 것인가를 보여준 것이지요. 그래서 미국은 이제부터라도 시장을 규제하고 금융감독을 강화하는 쪽으로 가겠다고 하는데 우리는 그 반대로 가고 있습니다. 금산분리 법안을 완화하여 재벌들의 확장정책을 펴겠다고 하니 참으로 걱정스럽습니다. 총액출자제한을 해왔는데 그런 것들을 풀겠다고 하니 시대 흐름에 맞지 않는 것이지요. 그리고 오바마 당선자는 사회 상위 층에 증세를 하고 중산층 감세를 하겠다고 하는데 이것 또한 미국과는 반대로 하고 있습니다. 청개구리 같은 정책만 펼치고 있으니 참 걱정스럽습니다. 10년 전으로 되돌리는 것이 아니라 모든 정책을 자유당 때로 되돌리고 있습니다. 부자들 감세를 하는 금액이 우리나라 최초 최대 30조나 됩니다. 국가 재정을 튼튼히 해서 사회 안전망을 구축해 고용확

대, 탁아소 등 국민에 대한 서비스를 확장해가야 하는데 현 정부는 대기업과 부자들을 위한 정책만 펼치고 있습니다. 역사의 물줄기를 거스르는 역주행을 하고 있습니다. 좋은 정책을 펴지도 못하면서 거꾸로 가겠다고 하니 청개구리 정부라고 해야겠지요.

김낙영: 중소기업과 대기업에 대한 정책은 어떻게 생각하십니까.

강의원: 우리나라 기업 형태는 99%가 중소기업이고 노동자의 88%가 중소기업에서 일하고 있습니다. 이것은 무엇을 말하는가 하면 중소기업이 튼튼해야만 고용이 안정된다는 것입니다. 대기업들의 수출이 늘고 수익이 커져도 고용은 늘지 않습니다. 대기업의 산업 시설은 대부분 자동 기계화 시설이기 때문에 고용이 창출되지 않는 것이지요. 그리고 정부 정책이 재벌위주 대기업 친화 정책이기 때문에 중소기업들은 은행돈을 쓰지 못하고 사채를 쓰고 있어 자금압박이 심합니다.

김낙영: 교육정책에 대해서도 사회적 합의가 안 되어 갈등이 심합니다.

강의원: 맞습니다. 교육정책 또한 있는 자들, 부자들을 위한 정책만 펼치고 있습니다. 대통령 인수위원회가 꾸려지면서 영어 몰입화를 한다고 해 말이 많았지요. 현재 영어로 수업을 하는 초등학교도 있는데 경제적으로 여유 있는 사람들이나 보내지 없는 사람들은 도저히 보낼 수가 없습니다. 수업을 영어로 한다고 해서 수업료를 비싸게 받고 학생들은 수업을 못 따라가 영어 과외를 받아야 합니다. 그런 비용을 보통가정에서 어떻게 부담하겠습니까. 영어를 잘 해보자고 하는 그 생각은 나쁠 게 없지만 그 방법을 어떻게 할 것인

가를 고민해야 합니다. 지금도 사교육비가 너무 커 가계 부담이 감당하기 어려운 실정입니다. 영어를 잘 해야 할 사람들, 꼭 필요로 하는 사람들이 하면 되지 전 국민이 다 영어를 잘할 필요는 없는 것이지요. 내놓는 정책마다 졸속이고 부자들만 위한 정책들이니 촛불 시위가 일어난 것이지요.

김낙영 : 촛불 시위를 말씀하였는데 촛불시위에 대해서 한 말씀해주시지요.

강의원: 촛불 시위가 광우병 소에 대한 시위로 알려져 있지만 사실은 이명박 정부가 내놓는 정책에 대한 총체적 반발이었던 것이지요. 시위 현장에 나온 사람들 대부분이 젊은 사람들이었습니다. 그들은 대부분 이명박 대통령에게 표를 준 사람들입니다.

광우병 소에 대한 일 처리를 너무 졸속으로 처리한 것에 불만이지 꼭 광우병에 걸린다고 시위를 벌인 것은 아니지요. 문제의 핵심은 아주 간단한 것입니다. 일본은 20개월 미만인 소고기를 수입해 먹는데 우리는 왜 30개월 소고기에 곱창, 뼈를 수입하는가 하는 불만이었지요. 그리고 폭력 시위라고 하는데 세계 어느 나라가 그렇게 많은 군중이 모였는데 평화적인 시위를 했습니까. 미국만 해도 그렇게 많은 군중이 모이면 약탈을 하고 방화가 있었지만 우리는 거리에 유리창하나 깨지지 않았습니다. 시위대와 경찰 간에 마찰은 있었지만 다른 폭력은 없었습니다. 세계적인 수준의 시위문화를 보여줬다고 할 수 있습니다. 국민들 의식은 성숙했는데 정권을 잡은 사람들은 독재 시대에 길들여진 사람들로 독재자의 분신들이라고 할 수 있는 행태를 보이고 있습니다.

김낙영 : 남북 문제도 10년 동안 공들인 것이 모두 허사가

될 전망입니다.

강의원: 예 이 정부가 들어서서 제일 잘 못하는 것이 대북 정책입니다. 대북 정책은 우리 민족 문제로서 감정적으로 할 일이 아닌데도 감정적 대응으로 일관 하고 있습니다. 국정에 대해서나 민족적인 문제에 대해서 철학이 없는 정부라는 것을 단적으로 보여주고 있습니다. 일이 안 풀리면 어떻게 풀 것인가를 고민해 일을 풀어나가야 그 사람의 능력이 드러나는 것인데 문제가 있다고 일을 안 한다면 아무나 대통령을 해도 되는 것 아니겠습니까. 문제가 있으니 안 해도 된다는 사고방식으로 대통령을 한다면 대통령을 못 할 사람이 누가 있겠습니까. 경제를 살리기 위해서도 남북문제가 잘 풀려야 합니다. 개성에서 물건을 제조해 국제 시장으로 내보내는 것 하고 국내에서 제조해 내다 파는 것 하고 가격 경쟁에서 훨씬 유리하다는 것 말고도 남북간에 평화 무드가 조성되어야 외자 도입도 수월해지는 것이지요. 햇볕정책이 무엇입니까. 그간에 냉전 체제로 일관하던 것을 햇볕정책으로 인해 금강산 관광이 이뤄졌고 개성공단도 성사된 것 아닙니까. 퍼주기만 하고 얻은 게 없다고 비판만 일삼는데 그 비판이라는 것이 비판을 위한 비판 아닌가요. 북한이 변해가고 있다는 것이 뭡니까. 변했으니까 남쪽 사람들이 금강산 관광을 가고 개성 공단을 설립하는 것이지 변하지 않고 옛날과 똑 같다면 어떻게 우리가 북한을 관광하고 개성에 공장을 세우겠습니까. 이것은 서로가 윈윈하는 정책으로 서서히 통일의 기초를 다지는 일인데 그저 부정만 하려고 하니 국정 철학이 없다는 것을 단적으로 보여주는 것이지요, 미국의 오바바 당선자는 김정일과도 만날 수 있다고 합니다. 이렇게 되면 남한은 우리 민족 문제인데도

소외되고 곁눈질이나 해야 할 형편이 되겠지요. 과거에도 그러지 않았습니까. 우리가 주체적으로 하지 못하고 미국 눈치나 보고 했던 것을 햇볕정책을 써서 남북이 함께 우리 문제를 주도해오지 않았습니까. 금강산에서 관광객 사망 사건이 생겼지만 민족의 먼 미래를 보고 풀어가야지 그걸 빌미로 대북 정책을 과거로 되돌린다는 것은 민족을 위해서나 우리의 경제를 위해서 아무 도움이 안 되는 것이지요. 김대중 정부 때는 서해 교전이 있었지만 남북간에 대화는 대화대로 진전 시켰지요. 그때와 비교한다면 이명박 정부는 될 수 있으면 북한과 대화를 하지 않겠다는 것이 드러나는 것이지요. 남북이 과거로 돌아가면 좋아 할 사람들이 누구고 덕을 볼 사람들이 누구겠습니까. 참으로 걱정되는 일이 한 두 가지가 아닙니다.

김낙영: 남북 문제는 현재보다는 미래를 위한 투자의 성격이 강하다고 보아야 하겠지요?

강의원: 그렇지요. 지금은 좀 손해가 나는 것 같지만 먼 미래를 바라보고 하는 민족적 사업이지요. 정주영 회장이 누구입니까. 그 분은 평생 사업만 한 분입니다. 그런 분이 왜 소를 몰고 북한을 갔겠습니까. 사업적인 안목과 민족이 언젠가는 통일을 해야 한다는 생각이 있었기 때문에 한 일이 아니겠습니까. 사업을 하는 사업가도 사업과 정치적인 면을 계산해 남북문제에 접근했는데 소위 정치를 한다는 사람들이 하는 행태를 보면 한심할 뿐입니다. 그래서 정주영이란 인물이 더 돋보이게 되지 않습니까. 그리고 개성은 북쪽에서 보면 안방과 같은 곳입니다. 아무리 경제적으로 어렵다고 해서 공단을 세우라고 안마당 같은 개성을 쉽게 내주겠습니까. 그것은 그만큼 남북 간에 신뢰가 쌓였다는 것을 말

해주는 것이지요. 퍼주기만 한다고 비판하는 사람들은 이성이 마비되어 있는 사람들입니다. 그런 사람들의 말을 듣고 남북 정책을 펼친다는 것은 정책 자체가 없다는 것이지요.

김낙영: 북한의 보수 쪽에서 보면 금강산을 내주더니 군사 시설까지 후퇴시키며 개성을 내주고 다른 지역들까지 내준다고 불평이 많다고 합니다.

강의원: 북한에도 보수가 있지요. 그들 역시 남한과 대화 하는 것을 환영하지 않겠지요. 우리가 개성 같이 사업하기 좋은 조건의 땅을 전쟁을 해서 확보하려면 얼마나 많은 전쟁 비용과 많은 젊은이들이 희생되어야 하겠습니까. 아무런 희생 없이 개성공단을 쓸 수 있는 것은 서로가 득이 되는 윈윈 정책이지요. 남한은 싼 값의 노동력과 저 비용 시설로 상품을 생산해 국제 시장에 내다파니 경쟁력이 좋아지고 북한은 경제적 이익을 얻고 서로 좋은 것이지요. 또한 남북이 서로 신뢰를 쌓고 평화가 유지되는 가운데 미래의 통일을 향해 한 걸음씩 나아가는 것입니다. 그리고 이런 평화무드가 조성되어야만 외국 자본이 들어오지 남북이 냉전체제로 가면 들어와 있던 외자까지 빠져나가는 것이니 우리 경제에 악영향을 미치는 것이지요. 경제를 살려야겠다는 차원에서도 남북문제는 그렇게 간단한 문제가 아닙니다. 북한에 질질 끌려 다닌다고 하는데 그것이 그냥 끌려 다니는 것이 아니라 상대와 대화를 통해 무엇인가를 얻기 위한 전략인 것이지 맹목적인 것이 아니잖아요. 외형상으로는 우리가 끌려 다니는 것처럼 보이지만 결과는 어떻습니까.

조금씩 조금씩 북한 영토의 활용범위가 넓어져 가고 있지 않습니까. 우리가 북한 땅을 활용한다는 것은 남한의 영토 확장의 개념도 있지만 중국의 동북공정에 대한 견제도 하는 것이지요. 참으로 민족 문제에 대한 깊은 뜻이 담겨 있는 현실적인 문제를 근시안적이고 감정적으로 대하고 있으니 너무도 안타까운 일입니다.

김낙영: 많이 바쁘실 텐데 이렇게 시간을 내주셔서 감사합니다. 마지막으로 국민들께 하실 말씀이 있으시면 해주시지요.

강의원: 우리 사회는 과거와 같이 국민을 끌고 가는 정치를 하는 시대가 아니고 이제 국민을 따르는 정치를 해야 합니다. 위에서 지시하는 정치가 아니라 밑으로부터 올라오는 정치를 해야 국민들이 신바람 나게 일을 할 수 있습니다. 중소기업들이 신바람 나게 일 할 수 있도록 분위기 조성을 해주어야 합니다. 우리는 그 동안 길고 긴 군사독재를 거치며 민주주의에 대한 욕구를 투쟁을 통해 실현시킨 저력을 가진 민족입니다. 과거의 독재 시대를 그리워하며 그때의 방식으로 정치를 하려고 하면 시대와 맞지를 않습니다. 국민들은 과거의 국민이 아닌데 집권 여당은 과거의 방식으로 정치를 하려고 하니 마찰만 생기고 사회적 비용이 낭비되고 있습니다. 결과적으로 실용을 들고 나왔지만 비실용적인 정부가 되고 만 셈입니다. 어쨌든 현 정부가 국민들의 뜻을 잘 받들어 국정을 잘 펼쳐나가길 바랍니다.

강운태 의원은 민주당에 몸담고 있었지만 지난 총선 때 무소속으로 출마해 국회에 입성한 저력을 가지고 있다. 그를 지지하는 모임 "빛나는 대한민국 연대"와 함께 매월 2회씩 장애인 목욕 봉사와 소년소녀 가장 돕기를 해오고 있다.

주간워싱턴 2008년 12월 12일

인파로 넘치는 인사동

인사동을 문화의 거리 또는 전통의 거리라고 하지만 우리의 전통이나 문화를 볼 수 있는 것이 무엇이 있는가. 비판의 소리가 높다. 그렇지만 시민들이나 외국인들, 특히 중국인들과 일본인들이 많이 찾는 명소가 된 지 오래다.

주말이면 발 들여 놓을 틈이 없을 만큼 붐비는 거리가 되었다

조상들의 얼과 땀이 배어있는 골동품마저 찾아보기 힘들고 그 자리를 대신해 중국이나 티베트, 몽골 제품들이 차지한 거리.

골목마다 식당들이 들어서고 전통 가옥들도 하나 둘 현대식 건물로 바뀌어버린 거리를 그래도 옛 조상들의 숨결이나 냄새를 맡아볼까 하고 찾아왔다가 밥값보다 비싼 차 한 잔을 마신다든지 밥 한 그릇을 먹고 돌아가는 거리가 되었다.

우리의 문화를 되돌아 볼 수 있는 마당극이나 판소리 한 마당이 없는 빈약한 문화의 거리란 것을 생각하면 참담하기만 하다.

인사동이 이렇게 인파가 넘치게 하는데 큰 공을 세운 사람은 누구보다도 천상병 시인과 그의 부인 목순옥여사의 공이 크다고 해야 할 것이다. 목순옥여사가 운영하는 카페 귀천에 가면 천상병 시인을 만날 수 있고 당대의 유명 인사들을 만날 수 있어 여러 유형의 사람들이 찾는 장안의 명소역할을 했다

사극 작가로 이름을 날리던 신봉승극작가, 신경림시인, 이호철소설가, 각종 매체에 칼럼을 실어 필명을 날리던 민병산 문필가, 사진작가, 화가 등 수 많은 예술가들이 귀천에 이름

을 올려놓았다.

민병산선생은 천식을 앓아 숨쉬기도 불편했지만 거의 매일 귀천에 출근도장을 찍었고 항상 가방에 무언가를 담아가지고 다니며 처녀들을 만나면 그것들을 꺼내 나눠주곤 했다.

그의 주변에는 자연스레 어여쁜 아가씨들이 항상 가까이 있어 사람들의 부러움을 사기도 했다. 부러움을 살뿐만 아니라 약간의 시기심을 담아 "선생님은 항상 젊은 여성들이 함께 있어 좋으시겠습니다" 하고 한 마디 하면 "이빨 빠진 늙은 호랑이는 애완동물이여" 하고 받아넘기곤 하였다. 그리고 배꼽시계가 배고프다고 쪼르록 소리를 내면 민병산선생이 앞장을 서 배고픈 서생들을 이끌었다. 인기 있는 칼럼리스트로 여기저기서 원고 청탁이 많이 들어와 원고료가 만만치 않았다.

그러나 정작 식당에 가면 주인들이 민병산선생을 들어오지 못하게 했다. 일행 중에서 밥값을 낼 사람인데 못 들어오게 하니 참으로 난감한 일이었다. 그는 옷에 신경을 쓰지 않아 모르는 사람이 보면 영락없는 거지행색이었다. 그러니 식당주인들은 거지인줄 알고 못 들어오게 했던 것이다.

기라성 같은 당대의 예술인들이 만나는 장소였고, 가난뱅이이거나 할 일없는 룸펜들이 만나 하루종일 죽치고 앉아 있어도 부담없는 곳이 귀천이었다. 유명인들을 만날 수 있어 간혹 일반인들도 드나들었지만 사람들이 많이 찾는 곳이 아니어서 도시 안에 고요함이 정체되어 사색의 공간을 제공하기도 했다.

빈털터리로 나가 귀천에 앉아있으면 누군가 밥을 사고 술을 사는 사람이 있어 편안히 하루를 보낼 수 있었던 것이다. 얻어먹는 사람 자존심 상하지 않게 하면서 배고픔과 갈증을 달래 주는 인품의 소유자들이 있었던 것이다.

인사동이 문화의 거리라는 이름을 얻어가던 중에 큰 이벤트가 생겼는데 바로 영국의 엘리자베스 여왕이 인사동을 찾은 사건이었다. 그 후로 인사동은 새로운 모습으로 변해버렸다.

인사동을 초창기에 문화의 거리로 만드는데 일조를 했던 귀천은 새로운 사람들이 찾아와 자리를 차지하는 바람에 터줏대감들은 솔 다방이라는 곳을 개척해 이동해 갔다.

말하자면 귀천을 찾아오는 새로운 사람들에게 양보를 하고 다른 데로 장소를 옮겨갔던 것이다. 그것이 또한 귀천의 영업에도 훨씬 도움이 되는 길이었다. 귀천에 찾아오는 사람이 없어 하루종일 앉아 있어도 주인의 눈치를 보지 않아도 되었지만 새로운 사람들이 드나들면서부터 오래 앉아 있으면 영업방해가 된다는 자격지심이 들었던 것이다.

빛 바랜 창호지를 만지는 표구집이나 골동품, 문방사우 또는 그림물감을 겸해 화구를 팔던 거리, 좀처럼 변할 줄 모르던 인사동이 서서히 변하다가 천지개벽을 한 것처럼 인파의 물결이 넘치는 곳으로 변해 과연 문화의 거리, 전통의 거리인가 하고 의문을 갖게 되었다.

Korea Monitor 2006년 9월 1일

재미 동부 베트남 참전 전우회

재미 베트남 참전 전우회 동부지회(회장 정정만)가 5월 21일 Fairfax 정정만 씨 집에서 모임을 가졌다. 전임 회장인 김원호 목사가 본국의 논산훈련소에 가 약 3천명의 훈련병들에게 진중세례를 올린 것과 본국에서의 활동보고를 했고 정정만 회장이 본국의 전 주월 한국군 사령관인 채명신 장군과 면담 사항을 보고 했다.

채명신 장군을 초청해 골프대회를 개최할 계획발표와 운영 방침을 협의 했다. 전우들의 친목 도모와 조국의 현실을 화제에 올려 조국을 위해 생명을 걸었던 애국심을 다시 한 번 되새겼다.

공식적인 회의가 끝난 후 회원들은 노래 솜씨를 자랑하기도 했고 흥을 돋구어 라인 댄스를 추었다.

역전의 용사들, 조국을 위해 몸 바쳐 조국 근대화의 초석을 놓았던 용사들의 가슴속에는 아직도 애국의 피가 끓고 있었다.

몸은 비록 늙었지만 마음만은 아직도 청춘이어서 분위기가 뜨겁게 달아올라 시간가는 줄 몰랐다.

외국에 나오면 모두가 애국자가 된다는 말이 있듯이 모두 고국의 번영과 평화를 바라는 마음을 나누며 흥겨운 시간을 가졌다.

재외동포재단

재외동포재단 이광규 이사장이 워싱턴을 방문했다.

이번 나들이는 본국과 해외 차세대를 하나로 묶는 작업을 추진하기 위해서라고 한다. 이를 위해서 전국조직을 하나로 묶어 정보를 공유하며 지도자로서의 소양을 키워나가게 할 것이라고 밝혔다.

이광규 이사장의 계획이 실현된다면 대한민국의 미래를 위해서 새로운 이정표를 찍는 일이라 할 수 있을 것이다. 반도라는 특수한 지정학적 환경에 갇혀 사는 젊은이들에게 새로운 계기를 만들어주는 일이 될 것이다. 물에 갇히고 3.8선에 갇혀 살면서 오랜 군사독재 기간동안 일방적 정보에 노출되었던 점을 생각한다면 참으로 다행스러운 일이 아닐 수 없다.

그야말로 우물 안에 개구리 같은 삶을 살아온 우리의 현실을 생각한다면 파격적인 일이 시작된다고 해야 할 것이다.

이번 계기를 통하여 젊은이들이 새로운 문물을 접하는 기회를 가지고 시야를 넓힌다면 대한민국의 미래를 위해서 다행스러운 일이 아닐 수 없다.

젊은이들은 국가의 미래를 짊어질 주인공들이다. 그들이 안목을 넓히고 생각을 키울 수 있는 기회를 갖는 것은 대한민국의 미래가 그만큼 밝아지는 것이다.

해외에 나와 있는 동포들도 관심을 갖고 지원을 아끼지 말아야 할 일이다.

그리고 이광규 이사장은 워싱턴 한인회에서 추진하고 있는 코미니티 건물 건축에도 20만 불 정도를 지원할 계획이라고 한다.

일본군 '위안부' 할머니들의 수요집회

7월 19일 한국주재 일본 대사관 앞에서 정기적으로 열리는 일본군 '위안부' 할머니들의 수요 집회는 평소와 달리 많은 학생들과 시민 단체들이 참여했다

민족화합연합 대표 주종환 교수는 일본은 자기 나라 사람 몇 명을 북한이 납치했다 하여 호들갑을 다 떨면서 한국에서 저지른 온갖 범죄에 대해서는 입을 다물고 있다고 분노했다.

위안부 할머니들에 대한 사과는커녕 그런 일 자체가 없었다고 발뺌을 하는 일본이 어떻게 자국 국민에 대한 납치문제

만 걸고넘어질 수 있는가 그 뻔뻔함에 분노하지 않을 수 없다는 것이었다.

신건 중학교 김태희 학생은 약소국가에 태어났다는 죄 하나로 전쟁터에 강제로 끌려가 성 노리개가 되었다는 사실이 너무도 가슴 아프고 이 일은 할머니들만의 문제가 아니라 우리 모두의 일이라고 울먹이며 말했다.

그리고 독일은 전쟁에 대한 반성과 보상을 하므로 국제 사회에 신뢰를 다시 쌓았지만 일본은 과거의 잘못에 반성을 하지 않아 전쟁 위안부 할머니들이 나와 싸울 수밖에 없다고 하며 그 끈기와 용기가 존경스럽다고 했다.

김재욱 학생은 할머니들에게 힘을 보태기 위해 나왔다고 밝히며 일본의 진정한 사과와 진상규명, 배상, 교과서 왜곡 등을 바로 잡아 줄 것을 요구하고 경제나 군사력만으로는 일류 국가가 될 수 없다고 목청을 높였다.

위안부 할머니들 중에 가장 건강해 보이는 이용수 할머니는 15세 때 잠자다 말고 끌려가 수 없는 매질과 병에 시달리며 살았다고 그 당시를 증언하며 일본의 만행에 치를 떨었다.

일본 도쿄도 복지부에서 일하는 일본 공무원 노조 소속단체(대표 사또) 6명이 참석해 일본인으로서 한국인들에게 죄송하다는 말과 위안부 할머니들을 돕기 위해 평소에도 관심을 많이 갖고 있다고 밝혔다.

평화시민연대 강재숙 대표의 설명으로는 이들은 해마다 한국을 방문해 위안부 할머니들을 위로하고 군국주의 부활에 대한 반대 운동을 펼치고 있다고 한다.

위안부 문제 대책 협의회 윤미향 사무총장의 경과보고와 평화 만들기 김승국 대표의 일본본토 평화기행 계획에 대한 설명도 있었다.

이날 행사에는 가톨릭의 수녀들과 불교 승려들도 참여했고 독일 여성 단체에서도 참여해 열기를 더해 주었다.

이 한 많은 할머니들이 한 사람 두 사람 저 세상으로 가고 있지만 이 문제의 실마리는 언제 풀릴지 몰라 참석자들은 모두 허탈한 가슴을 쓸어 내려야 했다.

또한 병원에 입원하는 할머니들 대부분이 혀가 갈라지는 공통점을 보이는데 그것은 매독균 때문이라고 한다. 606호라는 약을 투여하면 매독균이 약해져 잠복하고 있다가 몸이 쇠약해지면 다시 나타나 혀가 갈라진다는 것이다.

천형의 벌을 받듯 고통 속에 살다 간다는 것을 생각하면 일본은 하늘의 저주를 받아야 마땅하겠지만 반대로 그들은 경제적으로나 군사적으로 대국화가 되어 다시 전쟁의 야욕을 드러내고 있으니 진정 하늘의 뜻은 무엇인지 알 수 없다.

제17회 민주열사 범국민 추모제

9월 16일 광화문에 있는 열린 공원에서 민주화 운동, 노동운동 중에 희생된 열사들을 위한 범국민 추모제가 있었다. 제단에 마련된 350여 열사들의 영정이 민주 제단에 뿌려진 꽃처럼 말없이 먼 하늘을 응시하고 있었다. 유족들과 시민들은 그들이 못 다한 민주와 평화를 이어가자고 마음을 다졌다.

민주화가 되었다는 현 정부 하에서도 끊임없이 공권력에 의한 희생이 잇따르고 있다는 것은 거짓 민주 정부라고 현 정부를 성토하는 목소리가 만만치 않았다.

일부 보수 단체에서는 노무현 정부를 좌파 정부로 몰아세우고 좌파 시민 단체들을 지원하고 있다고 비난하지만 정작 현장의 목소리들은 현 정부를 비민주적인 정부로 비판하고 있었다.

특히 평택 대추리 미군기지 확장, 노동운동, FTA 같은 민감한 사안에서는 정부 정책과는 극과 극을 달리고 있음이 노출되었다.

진정한 민주정부, 진정한 민주주의 길은 멀었다고 하면서 행사장 앞에 모셔진 영정 앞에 어떤 모습으로 서야 할지 부끄럽다고 하는 인사들이 많았다.

FTA 반대 시위를 하기 위해 워싱턴에도 왔었던 전국연합 오종렬 대표는 열사들의 덕분에 민주화는 실현되었다고 하지만 사람답게 살겠다는 노동자 농민이 공권력에 맞아죽는 현실과 저임금 고용불안에 내몰린 860만 비정규직은 날로 늘이나고 있음을 상기시키며 투쟁의지를 불태웠다.

전국민주화운동 유가족협의회 강민조(고 강경대 아버지) 회장은 진정한 부모는 자식을 두 번 낳는다고 하였는데 한 번은 몸에서 낳고 다른 한 번은 역사 속에서 낳는다고 하며 목 메인 추모사를 하였다.

뿐만 아니라 강민조 회장은 자식을 가슴에 묻고 빨갱이로 몰리고 빨갱이 아버지로 둔갑시키는 살인 정권 하에서 얼마나 햇빛이 그리웠는지 모른다고 했다.

늦게나마 자식들의 고귀한 뜻을 이해하고 그들의 뒤를 이어 군화발에 짓밟혀가며 자식들을 대신해 싸웠노라고 외쳤다.

이날 추모제가 열리는 동안 바로 옆에서는 추모행사를 중단하라고 보수단체가 방해를 했다. 우리 사회의 갈등이 얼마나 첨예화 되어 있는가를 알 수 있었다.

수많은 젊은 학생들과 민주인사들의 희생으로 오늘날 이만큼이라도 자유를 맛보고 있다는 것을 안다면 그들이 추모제의 현장에 와서 그렇게 방해를 하지 않을 것이다.

보수, 진정으로 민족과 국가를 생각하는 보수라면 한 많은 유가족들 앞에까지 와서 빨갱이 행사로 매도하는 그런 몰상식한 행동을 하지 않을 것이다. 이성적 보수 진정한 보수가 없다고 하는 말이 그저 헛말이 아님이 명징스럽게 들어나는 날이기도 했다.

끝까지 행사를 방해하며 소란을 피워도 경찰들은 그들을 제지하지 않고 보고만 있어 공권력을 의심해보지 않을 수 없었다.

"한 번만 봤으면 좋겠어… 우리 예쁜 딸 한 번만 봤으면 좋겠어… 엄마는 괜찮아… 엄마 걱정하지 말어…"

딸의 영정 앞에서 우는 엄마, 그런 슬픈 엄마 앞에 어찌 보수와 진보가 따로 있을 수 있으랴…

Korea Monitor 2006년 9월 29일

즐거운 곳에서는 날 오라하여도

차가운 바람이 옷깃을 파고드는 겨울날 집으로 돌아가는 귀가 길은 다정한 가족과 함께 보낼 수 있는 따듯한 안식처가 기다리고 있기 때문에 지친 하루라 할지라도 피곤을 덜어내는 길이기도 하다.

가족과 함께 오순도순 하루의 이야기를 나누며 서로 사랑과 신뢰를 나눌 수 있는 집, 희망과 즐거움을 함께 나눌 수 있는 집, 세상살이에 지치더라도 다시 일어나 일터로 가게 하는 삶의 원동력이 되게 하는 곳, 사람들이 함께 살아가는 사회의 기초단위이기도 한 집.

사회 기초 단위인 그 집들이 모여 하나의 국가를 이루고 국가는 그 안에 살고 있는 구성원들을 보호하기 위해 사회안전망으로 복지제도도 운영하고 있을 것이다. 경제성장의 등위를 말할 때 한국은 OECD 10위 안팎에 든다고 하지만 복지예산은 아주 꼴찌에 가까운 것으로 보도 되고 있다.

크리스마스 캐롤이 울려 퍼지면 사랑과 용서라는 대 명제를 인류사회에 화두로 던지며 오신 예수 탄생을 기리고, 기독교인들은 예수님이 지신 십자가를 가슴에 새기며 불우한 이웃에게 사랑을 나누고자 하지만 이곳은 예수님의 그림자도 나타나지 않고 있으니 한국에는 하느님도 안 계신다는 한탄이 나오게 하는 곳이다.

일명 용산역 참사로 일컬어지는 곳, 이곳은 한국의 모든 문제가 압축되어 한국이 어떤 나라인가를 한 눈에 할 수 있게 해주는 곳이다. 한국 사회의 병폐와 국가의 국가관, 정부가 국민을 어떻게 이해하고 있는가를 종합적으로 보여주는 곳, 그리고 부끄러움마저 모르는 사람들이 국가를 운영하고 있다는 것을 그 자리에서 알게 하는 곳이기도 하다.

폭탄이 한바탕 휩쓸고 간 듯한 건물들, 분명 그것은 한국의 탐욕이란 폭탄이 무자비하게 휩쓸고 간 곳이다. 이 이상 어떻게 국가의 후진성을 증명할 수 있으랴. 이 이상 어떻게 민주주의 국가가 아님을 증명할 수 있으랴

자동차들이 홍수처럼 몰려다니는 큰 길 가에 사망자들의

영정이 검은 리본에 들러 쌓여 있는 곳, 이 사회의 멍든 곳이 되어 그 멍이 가슴으로 전달되어 분노를 금할 수 없게 한다.

어찌해서 재개발 지역에 이러한 분쟁이 반복해 일어나는지 주간 코러스에서 현장을 직접 방문해 관계자들을 만나보았다.

빈곤사회연대에서 일하는 윤도현씨와 조직국장 김도균씨는 이런 현장에서 일하는 것이 의외다 할 만큼 어울리지 않는 이력을 갖고 있었다. 남들이 가기 어려운 외국 유학을 마치고 잘나가는 학원 강사생활을 하다가 사회의 소외된 곳에 따뜻한 온기를 불어넣는데 힘을 보태고자 참여하게 되었다고 한다. 분쟁 현장을 찾아다니는 투쟁 꾼도 아닌 보통 사람들이 우리 사회의 어둠을 걷어내고자 활동하고 있다는 것을 알게 해주는 대목이다. 이제는 아예 그 좋은 직장을 그만두고 조직국장 직책을 맡았다고 한다.

혹시 집안에서나 친지들이 집을 철거당한 경험이 있는가 물었지만 그런 일은 없었다고 한다.

예수님이 십자가에 못 박히심은 자신의 편안함과 이익을 위해서가 아니라 그 당시 사회의 불의를 보고 용기를 내었기 때문에 당했던 수난이었다. 장로라는 직분을 가진 분이 대통령이라는 점이 이러한 현실과 대비되어 더 한층 우리를 자괴감에 빠지게 한다.

1. 용산참사의 근원적 문제는 무엇인가?

재개발이 되려면 토지주의 3분의 2 건물주 90%가 찬성을 해야 구청에서 승인을 해주며 알아서 하라고 조합에 일임한다. 그러나 실제로 현장에 살고 있는 사람들은 가난한 사람들이고 그 소유주들은 부유층으로 다른 지역에 산다.

이곳 용산 지역도 있는 사람들이 평당 2천만-3천만 원에 샀지만 1억이 되었다고 한다. 소유주들은 빨리 개발이 되어야만 이익을 환수 할 수 있기 때문에 모든 방법을 동원하게 되는 데 그 과정에서 용역을 동원해 주민들을 내 쫓는 것이다. 조합은 시공사를 선택하고 시공사는 빨리 공사를 하기 위해 용역을 투입해 폭행을 가하는 것이다.

이 과정에서 세입자들은 임대 주택이나 이주비를 받기 위해 투쟁하는 것이 재개발 지역의 통상적인 문제이지만 이곳 용산의 경우는 조금 다르다. 근본적으로 큰 구도는 다른 곳과 별 차이가 없지만 내용에 있어서 이곳은 주거가 아니라 상가 지역이기 때문에 상권이 걸려 있는 곳이다. 가게를 하자면 입주할 때 시설비와 '상권' 을 팔고 사는데 일명 권리금이라고 한다. 이곳은 그 권리금과 장사를 할 수 있는 곳을 보장해달라는 것이 조합과 세입자간의 문제였다.

그것을 대화로서 하자고 하다가 안 되니까 투쟁을 하고자 했던 것이고 거기에 공권력이 개입 되어 문제가 더 복잡하게 꼬였다. 그래서 용산 문제는 세입자와 소유주들로 구성된 조합의 문제가 있고 공권력으로 인해 희생된 사람들의 문제가 얽혀 있는 곳이다.

거기다 공권력이 투입되어 대화를 조율하기보다 하루 만에 폭력으로 제압하려다 이런 불상사가 생겼다. 경찰측 전문가들도 이런 일은 있을 수 없다고 하더라. 적어도 10일은 걸려야 제압할 것으로 생각했는데 하루 만에 제압하는 과정에서 희생자가 발생했다. 생존권을 보장해달라는 약자들을 마치 폭도들을 제압하듯 하다 일이 이렇게 되고 말았다. 재개발지역에는 투기꾼들이 몰려들기 마련인데 그중에는 사회상류층도 끼어 있기 때문에 공권력이 그들의 편을 든다고 볼 수 있다.

2. 경찰이 투입되었을 때 무슨 일이 있었는가?

그 현장에 들어갈 수가 없어서 직접 보지는 못했다. 투쟁하기 위해 망루에 있다가 탈출 해 나온 사람으로부터 들은 것은 무자비한 폭행이 있었고 신나로 불을 질렀다는 것이다. 그리고 가족들에게 허락도 받지 않고 시체 부검을 하여 유가족들을 더 분노하게 만들었다. 유가족들의 항의로 간신히 가족들이 부검한 시체들을 확인 했는데 알아볼 수가 없었고 손목이나 발목이 잘려 있었다고 한다. 왜 시체가 그렇게 알아볼 수가 없고 손목이나 발목이 잘려져 있는지 모를 일이다. 그리고 이 사건을 수사한 검찰은 법원에서 사건 기록을 제출하라고 해도 3000쪽에 이르는 기록을 제출하지 않고 있다.

대부분 다른 재개발 지역에서는 높은 울타리를 치고 사람들을 두들겨 패기 때문에 그 안에서 무슨 일이 일어나는지 아무도 모른다. 대개는 깡패를 동원하거나 아르바이트로 체육대학 학생들을 동원하는데 거기도 정규직이 있고 비정규직이 있다고 한다. 학생들은 막상 와 보고 이렇게 나쁜 일이면 안 왔을 거라고 후회를 한다고 한다. 친구들에게 그 안에서 벌어지는 일들을 사실대로 말 하면 지금 시대가 어느 때인데 그런 일이 벌어진단 말인가! 하고 믿지 않는다는 것이다.

그 용역이란 사람들은 약한 부녀자나 할머니들에게 폭언을 하는데 당해본 사람들은 세상에 태어나 그런 상스러운 욕은 처음 들어봤다고 한다. 그렇게 무지막지한 욕설을 퍼부어 공포감을 조성시켜야 빨리 나가기 때문에 그런 욕설을 하는 것이고 그렇게 하다 안 되면 폭력을 행사하는데 경찰은 나와서 오히려 그들 편이 되어버린다.

시공사에서는 용역들에게 날짜를 정해주고 그 기일 안에 주민들을 다 쫓아내면 성과금을 더 주고 그 날짜를 지키지 못하면 위약금을 물게 한다. 그래서 폭력이 더 난무하게 되는 것이다. 자본가와 권력, 경찰, 용역깡패 4대 집단이 아무 힘도 없는 사람들에게 폭력을 휘두른 것이다.

토지주나 건물주로 이뤄진 조합원들이 하는 것을 보면 피도 눈물도 없다. 그렇게 때문에 이런 불상사가 자꾸만 생기고 거기에 대응하기 위해 전철연(전국 철거민 연합)이라는 단체가 생긴 것이다. 이번 참사에서도 전철 회원이 세 명이나 사망했다. 그분들 중엔 60이 넘고 70이 넘은 분도 있다. 이런 사람들을 무슨 테러리스트 대하듯 하다 이런 일이 생겼다.

3. 앞으로 대책은 무엇인가?

첫째 내동링이 사과해야 한다. 안 그러면 다른 지역에서 똑같은 일이 발생 할 것이다.

두 번째는 유가족들에게 보상이 있어야 할 것이다.

현재 유가족들에겐 아무런 힘이 없다 그래서 진보적인 사회단체들이 연합해 도움이 되고자 모인 것이다.

4. 기자가 취재한 후 정운찬 국무총리가 방문했다.

좀 더 구체적인 답변을 들어보고자 유가족과 인터뷰를 시도했다. 많은 언론이 취재해갔지만 아무런 변화가 없다고 취재에 응하지 않겠다고 하다가 워싱턴에서 나온 특파원이라고 하자 사람들이 몰려들었다. 아직도 마음이 격앙되고 안정이 안 되었다고 하면서 취재에 응해주었다.

벌써 사고가 난지 341일이 되었다. 정부는 서울시로 넘기고 시는 정부로 떠넘기며 서로 책임 지지 않으려 하니 답답하기만 하다. 우리 장사 해먹던 사람들을 무슨 폭력 집단 다루듯이 24시간 안에 진압 한다고 하다가 이렇게 된 것이 아닌가.

우리가 폭력 집단이면 장사를 왜 하겠나. 대화로 하다가 안 되니까 생존권을 지키려 망루로 올라간 것을 폭력 집단으로 몰아 죽이고 싸우다가 부상당한 사람들이 치료받고 나오니까 감옥으로 보냈다. 이렇게 억울할 데가 어디 있는가. 그리고 죽은 사람들을 유가족들에게 보여주지도 않고 2시간 만에 부검을 해버렸다. 공권력이 스스로 민주주의 국가가 아님을 증명한 것이나 다름없다. 이런 일은 우리만 당하는 일이 아니고 국민 모두가 당할 일이다. 생존권을 위해 투쟁하다 죽은 사람들의 정신을 이어받아 끝까지 투쟁 할 것이다. 그리고 다음 세대들은 이런 일 없고 투쟁 모르며 살 수 있는 나라가 되길 바란다. 나는 여성으로서 집하고 가족만 알고 살다가 투쟁을 하다 보니 우리 사회가 왜 이렇게 투쟁이 많은가 알게 되었다.

5. 앞으로 어떻게 처리되기를 바라는가?

1, 진상규명이 분명하게 되어야 한다.
2, 사망자들 장례식을 빨리 치뤄야 한다.
3, 사건이 발생 된 지 곧 1년이 다 되어 간다. 철거민들도 안정을 찾고 가정으로 돌아가야 할 것이다.
4, 억울하게 갇인 사람들이 빨리 석방되어야 한다.
5, 삶의 터전을 잃어버렸으니 생존권이 확보되어야 한다.

어둠이 내리는 시간에 길가를 지나던 행인들이 간간이 분향소에 들러 조문을 하고 가기도 했다. 그 중에 어떤 가족은

함양에서 조문을 하기 위해 왔다고 했다. 이렇게 오랫동안 장례를 치루지 않고 둔다는 것은 우리 전통에도 맞지 않고 도리가 아니라고 했다.

어떤 사람은 10여 군데를 쫓아다니며 보상금을 챙긴 사람이 있는데 그런 사람은 동사무소에서 추적하면 금방 추적이 될 것이다. 그런 직업 꾼들을 걸러내는 작업을 철저히 해야만 철거문제가 순리적으로 풀릴 것이다. 뿐만 아니라 뭉치 돈을 들고 다니며 재개발 지역의 땅이나 집을 사서 한 탕 하려는 사람들도 걸러내야 할 것이다. 재개발 지역에서 일어나는 문제는 한국의 병폐를 총체적으로 보여주는 총본산지라 해도 과언이 아닐 것이다. 목돈을 들고 재개발 지역을 찾아다니는 사람들과 공무원, 권력 상층부가 연계되어 있지 않고서야 이렇게 끊임없이 문제가 일어날 수는 없을 것이다.

차향이 흐르는 창가에서

이민 생활을 거의 민주화 운동에 바친 고세권 선생과 따뜻한 햇살이 비쳐드는 맥도날드 창가에 앉아 "재미 구국향군" 민주화 운동사를 들어 보았다.

선생은 육사 출신으로 군 생활에 잘 적응해 나가기만 하면 출세가 보장되는 인생이었지만 이역만리 미국에까지 와서 갖은 고통과 어려움 속에서 민주화 운동을 한 사실을 듣자 사람마다 운명의 길이 따로 있는 것이 아닌가 하는 생각이 스치고 갔다.

조국의 민주화 운동을 미국에서 그저 바라보고만 있어도 될 일이었겠지만 태평양이 가로놓여있는 그 먼 거리감을 떨치고 민주화 운동을 했다는 것에 경외감을 갖지 않을 수 없다.

그가 가지는 민주화 운동에 대한 긍지는 단지 그만의 것이 아니고 미국 교포들도 함께 나눌 수 있는 자부심이 되리라 생각된다. 우리도 미국에서 민주화 운동을 했노라고…

고세권 선생은 육사 15기로 군인들이 잘 나가던 시절 육사를 졸업하고 군 생활을 하다가 1969년도에 도미하여 1973년 7월 15일 "재미 구국향군" 이란 단체를 만들어 본격적으로 민주화 운동을 시작했다. 그 이야기들을 정리해 옮겼다.

당시에 사령관을 맡은 분은 이순신 장군 연구가로 알려진 최석남 장군이었다. 최장군은 이순신 장군에 관한 책을 두 권이나 낸 분으로 박정희와 육사 동기였지만 박정희 군사독재를 비판해 브라질로 추방당한 인사다.

서울 시장을 역임했던 김상돈, 해군 제독 출신인 이용훈 장군, 차상달 선생 등도 "재미 구국향군" 단체와 행동을 같이 했던 분들이다.

그 바쁜 이민 생활 중에 먹고 사는 문제를 밀어놓고 조국의 민주와 자유를 위해 싸운다는 것은 쉬운 일이 아니었지만 지금 와 생각해보면 조국의 민주화 앞에 부끄럽지 않아 다행한 일이다.

그 당시만 해도 중앙정보부가 이곳에까지 운영되던 시절이라 LA에서 이정빈 목사의 축도아래 김일우 예비역 대령이 지회장으로 선출된 날 밤 호텔에서 민주화 운동에 관한 서류와 가방을 도난당한 일도 있었다.

뉴욕 UN빌딩 앞 광장에서 예비역 장교들의 유신반대 데모는 뉴욕 타임스에 기사화 되었지만 보안사는 이 데모를 방해했고 최석남과 고세권을 납치하려 했었다. 이를 계기로 뉴욕 교포들은 민주화운동에 큰 관심을 갖게 되었다.

군사정권에 저항하는 동아일보가 폐간 위기에 몰렸을 때는 구국향군 이름으로 광고를 실어 동아일보를 지원했고 미국인 시노트 신부가 동참했던 일은 감동적인 일이다. 시노트 신부는 인혁당 사건의 부당성에 항거하다 추방당해 미국 의회에 증언했고 미 전역을 돌며 한국의 인권 실태를 알렸다.

지금에 와서 생각하면 그 당시 한국의 인권에 관해서는 눈을 감거나 탄압했던 인사들이 요즘 북한의 인권에 관해 열을 올리는 것을 보면 의아스러운 일이기도 하다.

1972년 12월 7일 듀폰써클에서 200여명이 반정부 데모를 할 때 고국에서 군사정부를 반대하다 추방된 전 6군단장 김웅수 장군이 참여해 데모대들의 사기를 높여 준 일도 잊지 못할 일이다.

유신독재 시대의 대사관은 외교는 뒷전이고 민주인사 탄압과 친정부, 반정부로 교포 사회를 가르고 민주 인사들은 고국 방문도 못하도록 하는 기관으로 전락되어 있었다.

이런 중에도 다행스러운 것은 워싱턴의 보수 계열 한민통 의장 김재준 목사와 진보계 임창영 박사가 극적으로 교포 사회의 통합을 이뤄 낸 점이다. 그 당시 임창영 선생이 의장 선거에서 의장 후보를 양보 해 좋은 결과를 얻어냈던 것이다.

74년 최석남과 고세권은 일본을 방문해 일본 한민통과도 유대관계를 맺고 조국의 통일과 민주화 운동을 함께 해나가기로 결의 했었다. 군사정권은 이런 일련의 운동들을 용공이나 반한으로 몰아 국민들에게 오도 시켜 접근을 못하도록 하였지만 진실은 언제고 밝혀지게 마련이다.

군사정권의 가장 나쁜 점은 자기를 반대하는 세력을 빨갱이로 매도한 점이다.

자기하고 의견이 안 맞으면 빨갱이라고 매도하여 사회 정의가 뿌리를 내리지 못하도록 한 것이 지금까지 한국의 큰 문제로 남아 있다.

김지하 시인의 구명 운동도 잊지 못할 일로서 그가 사형언도를 받자 세계인권 운동가들이 충격을 받았고 미국 교회협의회도 관심을 갖게 되었다 당시 울분을 이기지 못해 고세권은 대사관에 들어가 박정희대통령 사진을 떼어내 가지고 나와 택시를 탔다가 뒤쫓아 온 미 정보부 직원에게 사진을 빼앗겼고 며칠 후 대사관으로부터 고소를 당하기도 했다.

이 사건은 한국에도 잘 알려진 여성 언론인인 문명자 여사가 미 인권변호사 코웬을 소개하여 돕고 나서자 대사관은 고소 취하를 하여 무마될 수 있었다.

유신정부는 장기 집권을 위해 북한이 곧 남침해 올 것처럼 선전하였고 당시 키신저 국무 장관은 안보를 이유로 군사정부를 지원하는 바람에 많은 인권 운동가들을 실망시켰다.

한국 인권을 위해 노력을 아끼지 않은 사람으로서 잊지 못할 사람은 미 의회 국제 소분과 위원장이었던 프레이저 의원이다. 프레이저 의원은 10선 의원으로 박동선 로비사건에 연루된 국회의원 12명을 제명 시킨 정의파 의원이기도 하다.

시노트 신부는 감옥에 있는 한국 친구들을 구해야 한다고 국회 로비와 캠페인으로 바쁘게 보낼 때 고세권도 합류했고 프레이저 의원, 하비목사가 한국에 나가는 군사차관에 인권을 연계 시켜야 한다고 주장해 관철 시켰다.

택사스에서 군을 상대로 민주화 운동 펼쳐

택사스로 신무기를 구입하기 위해 파견된 한국군을 찾아가

군은 독재자를 지키기 위해 있는 것이 아니고 국민의 생명과 재산을 지키는 것이 임무라고 민주화 운동 연장선상에서 그들을 설득하기도 했었다.

그 당시 독재자는 군을 정권안보의 방패막이로 삼고 민주인사를 탄압하며 정경유착을 유지 해나갈 때였다. 기업에 비자금을 조성시켜 대형 비리의 온상으로 만들어 나간 것이 오늘날까지 한국 대기업의 병폐로 남아 신문 사회면을 차지하곤 한다.

택사스에 온 부대를 대상으로 민주화 운동을 전개하는 것이 한국 정보부에 알려지자 부대원들의 외출을 금지시켰고 현지 지휘관은 면직당하고 말았다.

1976년 말엔 최덕신 장군이 미국으로 망명해 '구국향군'에 합류했다. 최장군은 독재정권 하에서 외무부 장관까지 지내던 인물이라 그의 망명은 쉽게 이해되지 않는 일이었지만 그는 구국향군에 흔쾌히 합류했고 북한까지 방문해 김일성을 면담하기도 했다.

1979년 7월 30일 민주주의를 위한 장군회의를 D.C 16가 토마스 서클 라마다 인에서 열었지만 장도영 장군 이용훈 장군은 청와대 방해공작으로 참석을 하지 못했고 최홍히 최덕신 최석남 김재준 임창영 전충림 최도식 이근팔 일본의 고노 상원의원 미국 브루스 커밍스가 참석해 국제회의가 되었다. 한국 언론은 나타나지도 않았지만 미 언론은 상세히 보도 하여 미국 재야에 큰 반향을 불러일으켰다.

국내에서는 이세규 장군이 사단장을 사임하고 야당의원으로 정계에 입문해 유신반대를 하다 8개월간 감옥살이를 하면서 심한 고문을 당해 자리에 누워있게 되었다.

이 소식을 전해들은 프레이저 의원은 한국을 방문해 정보부 방해공작을 따돌리고 그를 만나 위로했지만 그는 고문 후유증으로 세상을 떠나고 말았다. 이세규 장군은 6.25 전투 지휘관이었음에도 독재로부터 고문을 당해 생명을 잃었던 것이다.

군사독재 정부의 말기 현상이 두드러지게 나타나면서 김재규 정보부장의 거사가 일어나 자 서울의 봄은 잠깐 찾아왔지만 또 다시 신군부가 들어서며 5.18 광주 의거가 발생하였던 것이다.

미국이 신군부를 인정하므로 한국 국민들은 미국에 대해 실망이 컸지만 워싱턴 한인 교회들은 침묵으로 일관하는 모습을 보였다.

'구국향군' 은 주미 한국대사관 앞에 모여 살인마 전두환을 처형하라고 데모를 벌였고 광주 성당 윤공희 주교에게 성금을 보내기도 했다.

그 후 전두환이 워싱턴을 방문했을 때는 백악관 앞에서 규탄대회는 물론이고 캐나다까지 가 원정 데모를 벌였다.

군대라면 독재자의 시녀노릇만 한 것으로 알기가 쉽지만 고세권 선생의 미주 구국향군사를 들어보면 모든 군인들이 독재자 하수인 노릇을 하지 않았다는 것을 알 수 있다.

민주화 운동을 한 것이 결국은 군의 명예를 지킨 결과이기도 하고 미주 한인사에 자랑스럽게 기록될 일이라 생각된다.

위 글들은 고세권 선생이 대담 후에 A4 용지 20매 분량을 김낙영기자에게 넘긴 것을 요약 발췌했음을 밝힌다.

Korea Monitor 2006년 6월 9일

코러스 문화가 산책

천상병 문화관 건립 기금을 위한 전시회

한국 문단의 3대 기인 중에 한 사람이었던 천상병 시인이 그의 시 제목 귀천처럼 하늘나라로 간지도 어언 16년이 지났지만 아직도 그의 시를 사랑하는 사람들은 그를 잊지 못하고 인사동에 모이고 있다.

그를 사랑하는 사람들이 모여 천상병 기념 사업회를 조직해 운영하고 있지만 기금은 거의 제로라고 한다. 생전에 그가 살던 행정구역이 의정부여서 그가 하늘나라로 가고 난 후 의정부시에서 그의 추모 행사를 해마다 해오다 천상병 문학관을 건립하기로 했다니 다행한 일이 아닐 수 없다.

이번 전시회는 천상병 시인의 미망인 목순옥 여사가 소장하고 있던 소장품들을 팔아 문화관 건립 기금에 보태기 위한 것이다.

전시장 중앙에는 천상병 시인이 남기고 간 유물들도 전시되어 있다. 그가 쓴 육필 원고와 안경, 라이터, 담배 재떨이, 트랜지스터 라디오, 볼펜, 평소에 습관처럼 들여다보던 시계, 그의 소지품으로서는 가장 고급스러워 보이는 인주곽 등이 사람들의 눈길을 끌었다.

그가 쓴 육필 원고 내용들 중에 그의 생활과 생각을 엿볼 수 있는 일기를 두 편 옮겨 보았다.

맞춤법이나 띄어쓰기가 제대로 안 된 원고 그대로 옮겼다

89년 8월 18일 맑음

새벽에 깨니 다섯시였다. 옆방으로 가서 꿀꿀 자는 아내의 백을 들고 와 살피니 六만 몇千원 있어 그 중에서 21000원

빼내서 5시 30분 밖으로 나왔다.

청진동 해장국 집으로 가고 싶어서였다. 6시부터 새마을 버스가 있으니 걸어가야 했다. 파출소까지 가는데 3번이나 길바닥에 앉아서 쉬어가야 했다. 마침 택크시이가 와서 나를 청진동까지 실어다 주었다. 경비는 4000원이었다. 청진동에서 1800원에 해장국을 사먹고… 하략

청진동 해장국 집에서 나와 어느 카페에 들어가 자리에 앉아 잠이 들었다가 마담에게 한 소리 들었다고 하는 것으로 끝나는 일기다. 이 일기를 보면 그가 얼마만큼 자신에 대하여 투명했는가를 알 수 있다. 그가 그의 마누라 핸드백만 뒤졌기에 다행이지 다른 사람 핸드백을 뒤지고 이런 일기를 썼다면 영락없는 도둑놈이 되고 말았을 것이다.

통일염원한 문익환 목사님 만세

온 누리에 모든 양식인들이여 문익환 목사님을 국가보안법으로 검찰에서는 구속한다는 방침으로 지금 있습니다. 저는 한갖 불쌍하고 가난한 시인입니다만은 책을 하도 많이 독서해서 최소한의 양식인으로 자처하고 있는데 그런데 어찌 우리나라가 검찰국가가 됐단 말입니까

그가 항상 막걸리에 취해 세상을 등지고 사는 것 같았지만 그의 의식은 살아 있었다는 것을 알게 해주는 글이다. 그가 얼마나 세상의 불의에 대해 분노하고 답답해하며 세상에 소리치고 있는가를 알 수 있다. 아무리 소리쳐도 귀를 막은 세상, 그리고 어떻게 해볼 수 없는 자신의 무기력을 한탄하며 자신의 의식을 몽롱하게 하는 벌을 스스로에게 내려 매일 막

걸리에 취해 살다 갔다는 것을 알 수 있게 해준다.

천상병 시인은 1930년 1월 29일(양력) 일본 효고현에서 출생해 1945년 일본에서 귀국, 마산에 정착했다. 1952년 유치환에 의해 "강물"이 추천되었고 같은 해 5월에 모윤숙이 "갈매기"를 추천해 추천이 완료되었다. 그 후 평론과 번역을 왕성하게 하였고 한때 김현옥 부산 시장 시절에는 공보비서를 하기도 했다. 동백림 사건에 연루되었다 하여 중앙 정보부에 끌려가 고문을 당하며 6개월간 옥고를 치르기도 했다. 그 고문으로 인해 걸음도 똑바로 걷지 못했고 정신적인 고통을 오랫동안 당했다.

그의 시어들은 단순하지만 모든 사물이나 인생의 깊이를 심도 있게 투사해 간단명료하고 맑게 여과시키는 힘으로 독자들의 영혼을 정화시켜 준다. 그의 시를 읽고 나면 쌓였던 눈물을 모두 쏟아내고 난 후처럼 맑고 개운해지는 맛이 있다. 난해하지 않으면서 우리의 의식을 단순화 시켜준다.

어떤 부류의 사람들은 그가 살아 있을 때 무위도식으로 놀고먹으며 아내에게 생계를 떠맡긴 무책임한 사람이라고 비난하기도 했다. 그러나 그는 항상 아내에게 미안해하고 있었다는 것을 알게 해주는 시를 남겼다.

아내

아내는
카페를 운영하고 있다.

돈 못 버는

남편 대신에
돈을 버는 것이다.

그렇잖아도
좋은 아내인데
돈도 버는 것이다.

참으로
감사하고
감사하다.

이번 전시회에 나온 그림들은 하인두, 이외수, 김지하, 이존수, 박광호, 이목일, 전수창, 중광 이외 다수의 화가들 작품이 걸렸다.

특히 전시장에 눈길을 끄는 물품은 장례에 쓰이는 수의다. 어느 장례 사업가의 아이디어로 천상병의 시 귀천을 수의에 금으로 새겨 넣었다고 한다. 장례 의식에서 귀천만큼 유족들에게 호평을 받는 시가 없어 선택되었고 천상병 기념 사업회 기금에 보탬이 되기로 했다고 한다.

주간 코러스 2010년 1월 9일

화가 장리규 전시회

만물이 결실을 맺는 계절.

해마다 이맘때면 인사동도 결실을 맺는다.

예술가들이 잠 못 이루며 익혀온 열매들을 인사동으로 가져와 선뵈는 가을.

자신만의 색깔과 자신만의 언어가 숨 쉬며 빛을 발할 때 예술가뿐만 아니라 그 시대를 사는 모든 사람들이 진정한 자유와 평화를 함께 맛볼 수 있다.

아무리 절망적이라 할지라도 예술가만은 최후까지 희망을 버려서는 안 되는 존재.

그래서 그 곁에 가면 다른 곳에서 찾을 수 없는 향기가 있다.

시련이 크면 클수록 그 향기는 진하게 퍼져나간다.

예술의 세계가 섣부른 흥이나 타고난 재주로만 완성되지 않음을 그 진한 향을 맡으며 알 수 있다.

예술의 위대성은 그 예술가 자신뿐만 아니라 모든 이들에게도 희망을 주기 때문이다.

추운 겨울에도 푸른 생명력을 지켜내는 소나무처럼 항상 푸른 꿈을 꾸고자 하는 초록 화가 장리규 화백의 소나무 그림전이 인사동에 있는 노화랑에서 열리고 있다.

물감은 유화이지만 그 기법은 수묵화 같은 기법이라 한 없이 평화롭다. 그의 그림 앞에 서면 너무 편하고 포근하다.

그림 속으로 뛰어 들어가 풍경에 어우러지는 소품이 되고 싶은 충동을 이겨내기 어렵다.

이만큼 화가의 땀과 예술성을 느끼게 해주는 작품도 대하기가 쉽지 않은 세상이다.

손재주나 부린다든지 타성에 젖은 게으름을 잔꾀를 부려 무슨무슨 기법이라고 얼버무리는 부류들도 너무 많기 때문에….

화가의 땀을 느끼게 해주는 그림은 우선 화가의 성실성이 화폭 가득히 배어나 좋은 것이다.

특히나 요즘처럼 땀 흘리지 않고 요행수나 바라는 세태에서는 그 성실성이 더욱 빛을 발한다고 할 수 있겠다.

화가가 지향하는 초록 생명과 평화가 깃든 전원(田園)은 바로 우리의 모국이며 조국이다.

그 안에서 평화를 구가하는 뭇 생명들이 서로 어우러져 꿈꾸는 세상.

그 세상을 사랑하는 화가의 정신이 이심전심으로 이어지니 어찌 흥이 나지 않을 수 있으랴.

Korea Monitor 2006년 9월 22일

주목받는 화가 최정은

사람들이 언제부터 그림을 그렸을까? 처음엔 무엇을 그렸을까? 왜 그렸을까? 현대인이라면 한 번쯤 이런 의문을 가져봤음직하다. 사람들이 처음 그린 그림은 음식이었고 후기로 오면서 동물을 그려놓고 그 동물을 사냥하는 의식을 하면 그 동물을 잡는 것으로 인식했다고 한다. 동굴 벽화에 나타나는 초기 그림들이 주로 그런 그림이었지만 차츰 죽은 자에 대한 의전으로 변해 지금까지 걸작으로 남은 것들이 현대인들에게도 많은 관심을 끌고 있다. 그 대표적인 것이 이집트 왕들의 묘에 그려진 그림, 부조, 조각들이고 고구려나 신라의 고분에도 남아있어 그 시대상을 알게 해준다.

평면에 실감 있게 그려오던 그림이 원근법으로 인해 그림의 깊이를 느끼게 해 사실적으로 보이게 했다. 르네상스를 거치며 발견된 원근법은 발견이 아니라 발명이라고 하기도 했다. 그만큼 원근법은 그 시대의 가치관을 완전히 바꿔놨기 때문이라고 한다. 원근법이 나오기 전까지는 인간의 청각을 가장 중요시했고 그 다음이 촉각, 시각 순이었지만 원근법으로 인해 시각이 첫 번째로 바뀌게 되었다는 것이다.

원근법의 위력을 세상에 떨친 사람은 성 삼위일체를 그린 마사초이지만 처음 원근법을 발견해낸 사람은 15세기 초 피렌체에서 조각가로 활동하던 빌립보 브루넬레스키로 알려져 있다. 빌립보 이전에도 원근법이 있기는 했지만 물체가 거리에 따라 일정한 비율로 작아지거나 커지는 것은 모르고 있었다고 한다. 빌립보는 교회 건물을 스케치하다가 소실점을 발견하게 되었고 그 발견은 원근법을 기하학적으로 해석하게 했다.

마사초를 비롯한 화가들이 원근법으로 그려내는 종교화를 통해 신의 세계를 청각으로 느끼던 것을 바로 눈앞에서 일어나는 현실로 바라보고 인식하게 되었다는 것이다. 그래서 원근법을 발견이 아닌 발명이라고까지 한다는 것이다. 또한 물감의 변화로 인해 실내에서만 그리던 그림을 야외에서 그릴 수 있게 되며 모네 같은 화가가 풍경을 본격적으로 그리게 되었다. 그리고 그는 인상파의 아버지가 되었고 칸딘스키는 모네의 그림을 통해 추상화에 대한 계시를 받았다고 한다.

이런 일련의 과정을 거치며 발전되어 오던 기법을 모두 부정하고 자기만의 기법을 새롭게 창안 한 화가가 세잔느다. 세잔느는 원근법이나 명암법도 무시하고 사물의 구도나 본질적 구조를 중요시하여 평면적이면서 입체적으로 그리겠다는 생각을 가졌다. 인상파 화가들이 빛의 반사를 통하여 사물을 이해했다면 세잔느는 사물의 본질적 구조를 이해하려 했다는 것이다.

그러나 고호 시대로 오면 사물이 그려지는 대상이 아니라 대상이 사람의 감정을 표현하는 도구로 변하고 그 절정에 도달한 사람이 피카소라고 할 수 있다. 피카소 이전까지는 사물을 얼마나 사실적으로 잘 그리느냐가 관건이었지만 피카소가 그린 아비뇽의 아가씨들은 그때까지의 기준을 모두 허물어 버리는 것이었다. 한 그림 안에서도 인물마다 기법이 다르고 르네상스 이후 쌓아 올렸던 모든 미적 기준을 날려 버렸다.

서양화의 이런 과정을 공부하면 서양 문화에 대한 우위 의식에 빠지게 되어 그들의 양식대로 그리며 어떤 열등감에 빠지기가 쉽겠지만 인사동에서 전시회를 열고 있는 최정은 화가는 서양화가이면서도 우리 것을 그리는 화가로 화제를 모으고 있다. 예술가로서 그림을 통하여 민족적인 긍지를 갖게 한다는 것이 최 화가에 대한 긍정적인 평가다. 미국에 건너가 미술 공부를 하고 온 사람이 어떻게 우리 것을 그릴 생각을 했는가. 이것이 그녀의 그림을 보면서 갖는 관람객들의 일반적 생각이다. 조선시대의 여인상을 전통 가옥의 건축미를 배경으로 그린 것이 많은 관람객을 감동 시키고 있다.

최 화가는 조선 여인들의 아름다움과 고요함, 맑고 깨끗함을 화폭에 담으며 생활상을 알 수 있게 했다. 집안에서 생활하는 조선 시대의 여인이 대문을 열고 밖을 내다보는 장면이나 규방에서 거울을 들여다보며 화장하는 여인을 그려 내밀한 여인의 규방을 들여다보게 했다.

한옥이 주는 안정감과 여인의 고요함이 화폭에 넘치고 여인이 입은 한복의 아름다움과 우아함이 관람객들의 시선을 끌면서 현대인들의 긴장을 풀어준다. 생존경쟁이 치열한 현대는 남녀를 구별하지 않고 어려서부터 경쟁에 내몰리다 보니 인간에 대한 존엄성이나 인간의 본성이 상실되고 있다. 문명이 발달하면 할수록 그 문명의 혜택을 더 많이 받기 위한 경쟁이 치열해지고 있다. 한참 뛰어 놀아야 할 아이들이 일찍부터 공부에 시달리고 과외를 몇 가지씩 해야 하는 것은 일찍부터 생존경쟁에 대한 훈련을 쌓는 것이나 다름없다.

우리가 본래 가지고 있던 여유와 성실을 잃어버리고 무엇이든지 빨리빨리 서둘러 해야 하는 성급함이 사회를 옥죄고 있는 것이다. 남보다 앞서야 하고 남보다 더 많이 가져야 하는 욕심이 우리를 하나로 묶지 못하고 서로 경쟁의 대상으로 만들고 있는 것이다. 최 화가의 그림이 현대인들에게 관심을 끄는 것은 우리 민족의 생활공간에 있던 여백과 우아함을 화폭을 통해 보여주고 관람객들을 그 안으로 끌어들였기 때문이라고 할 수 있을 것이다. 아직 젊은 화가가 어떻게 그런 것을 생각해냈을까 하는 궁금증을 갖게 한다. 그 궁금증에 대한 그녀의 답변은 간결했다. 조선 여인들의 고요함과 아름다움이 당당하게 보였다는 것이다.

서양화를 공부했지만 콤플렉스가 없다는 것이 그를 신선하게 해주는 대목이다. 최정은 화가는 캘리포니아 샌프란시스코에 있는 Academy of Art University 에서 공부했고 서울매트로 전국미술대전에서 입선했다. 아직 젊은 나이에 자신의 미술 세계를 개척해가는 그의 앞날에 많은 발전을 기대한다. 최 화가는 2010년 3월부터 상명대학에 출강할 예정이다.

한국 브레이크 뉴스 2010년 3월 23일

추억의 영화교실

메릴렌드 주 이조 식당에서 7월 5일부터 추억의 영화교실을 운영하기로 했다고 한다. 이민 1세들을 위로하고 추억을 함께 하기 위해 이번 행사를 준비했다고 주최측은 밝혔다.

마부, 피아골, 미워도 다시 한 번, 운명의 손, 자유만세, 양산도 등 한국의 올드 세대들의 뇌리에서 지워지지 않은 명화들을 선별해 상영할 예정이라고 한다. 이조 식당에서는 현재 석강 화백의 그림이 전시 중에 있다.

언론계 출신인 문무일 사장은 열린 문학회, 행복 클럽 등 문화에 관심을 갖고 지역민들의 정서 순화에 이바지하는 바가 큰 것으로 이미 평가 받고 있다.

이번 행사는 신뢰회복 연합(문무일 위원장)과 워싱턴 미주방송(박용찬 사장)의 공동 주최로 시행 된다.

앞으로 약 400여 편의 영화를 상영할 계획이고 입장료는 무료라고 한다.

이번 행사가 이뤄 질 수 있었던 것은 평생 영화를 사랑하며 한편 한편 수집해 온 안세환(70세)선생이 이민 1세들을 위로하는 뜻으로 필름을 내놓았다고 한다.

마부를 비롯한 피아골 같은 영화는 한국에서도 구하기 힘든 필름이 아닐까 생각된다.

고국도 아닌 미국에서 귀한 영화를 볼 수 있다는 것은 큰 행운이라고 할 수 있다. 마부는 그 예술성을 높이 평가 받았던 작품이고 미워도 다시 한 번은 한국 여인들의 눈물샘을 자극했던 작품으로 수많은 팬들로부터 재 상영 요청이 쇄도했던 영화였다.

해외에서 고국의 영화에 관심을 갖고 수준급의 수많은 영화들을 수집한 안세환 선생의 높은 뜻도 길이 기려져야 할 일이라 생각된다.

상영 시간 매일 오후 8시 30분
장소: 이조 식당
주소: 9137 Baltimore Ave College Park, MD 20740
전화: 301-345-6500

코러스 인물탐방 박원순 변호사

이명박 정부가 들어선 지도 벌써 2년여가 되어가지만 하루도 조용할 날이 없고 희망이 없다고 한다. 가장 큰 원인은 지난 정부의 모든 정책을 부정하고 이명박식으로만 하겠다고 해 혼란과 소란이 더하다는 것이다.

시국이 이러한 때에 순수한 사회운동가로 알려진 박원순 변호사를 만나보기로 했다.

김낙영 : 바쁘실텐데 이렇게 시간을 내주셔서 감사합니다. 모두들 희망이 없다고 하는데 희망 제작소를 운영하시는 입장에서 우리 사회가 어떤 희망을 가져야 한다고 생각하시는지요?

박원순 : 우선적으로 제일 먼저 해야 할 일은 개혁입니다. 노무현정부 김대중정부에서 개혁하려 했던 것들을 그대로 해 나가겠다는 철학이 있어야 합니다. 그간 개혁적인 정부가 하려던 것을 이어나가면 됩니다. 그런데 이명박정부는 거꾸로 가고 있습니다. 역사의 퇴보지요. 그동안 얼마나 많은 사람들이 역사의 진보를

위해서 희생했습니까. 그 희생을 물거품으로 만들어 버리고 있습니다. 그러니 저항이 있을 수밖에 없는 것입니다. 그리고 그 역사의 도도한 진행을 정부가 막는다고 해서 막아지는 것도 아니지요. 그러기 때문에 나는 이 정부는 실패하고 말 것이라고 하는 것입니다. 역사를 거스르는 정부는 절대 성공할 수 없습니다.

김낙영 : 신문보도를 보면 국정원과 불편한 관계라고 하는데 어느 정도입니까?

박원순 : 그 사람들이 형사로 고발하지 않고 민사로 고발을 했습니다. 그래가지고 시간만 질질 끌면서 방해 공작을 하고 있습니다. 형사로 해서 감옥으로 가라 하면 감옥으로 갈 준비를 하고 있습니다.

우리가 하던 사업이 사회에 무슨 피해가 간다고 그러는지 모르겠습니다. 오히려 장려하고 도와주어야 할 일을 방해하고 있으니 무슨 마인드를 가지고 있는지 모를 일이지요. 그들의 사찰로 인해서 사업자금이 줄어 한동안 애를 많이 먹었지만 오히려 전화위복이 되어 좋은 조건으로 토양이 조성되고 있습니다.

우리가 이 어려움을 극복하기 위해 회원 늘리기 운동을 했는데 약4천명으로 늘었고 자금도 월 6-7천만 원까지 들어오고 있습니다. 1억만 되면 사업을 추진하는데 아무런 어려움이 없습니다.

김낙영 : 신문 보도상으로는 변호사님이 정치에 참여하는 것으로 나오는데 정치에 참여하실 생각이 있으신지요?

박원순 : 이런 정부의 행태를 보고 그냥 있을 수 없다는 생각

에 선거가 임박하면 어떤 역할을 해야 하지 않을까 하는 정도입니다. 현재로선 정치적인 활동을 하겠다는 결심이 서지 않은 상태입니다.

김낙영 : 사회운동 단체로서보다도 직접 정치에 참여해 좋은 사회로 만드는 것이 더 효과적이고 빠르지 않을까요?

박원순 : 저를 아는 주변 분들의 말씀은 박변호사는 지금의 상태가 좋지 정치판으로 가는 것은 안 좋다고 합니다. 정치판이 어떤 곳인지 잘 아시잖아요.

김낙영 : 정치판 물이 안 좋으니까 피해야 한다는 것은 현실도피 아닐까요?

박원순 : 아직은 정치에 참여해보겠다는 생각이 별로 없습니다. 앞으로 여건이 조성된다면 굳이 회피해야 할 일은 아니라고 생각합니다.

김낙영 : 현 정부의 행태를 독선적이라고 합니다. 고 김대중 전 대통령은 독재정권이라고 규정했습니다. 변호사님 생각은 어떠신지…

박원순 : 이명박 정부는 귀를 닫고 누구의 말도 안 듣습니다. 그래서 실패 할 것이라고 하는 것입니다. 청와대 들어앉아서 뭘 알겠습니까? 실수를 하지 않기 위해서는 귀를 열고 많이 들어야 합니다. 애국의 충정어린 마음으로 하는 말이니 수정할 것은 수정하고 보완할 것은 보완하면 국가가 더 발전하는 것 아니겠습니까? 독재라는 게 별 것입니까! 남의 말 안 듣고 혼자 다 하는 것이 독재지… 내 아이디어만 고집하지 말고 다른 사람들의 말을 들어 소통을 중요시하여 함께 논의하는 틀을 마련해야 합니다.

김낙영 : 바쁘신 중에 시간을 내 주셔서 감사합니다. 마지막 으로 하실 말씀이 있으시면 한 말씀 해주시지요…

박원순 : 민심은 천심이라고 했습니다. 언론을 장악한다고 해서 진실이 묻혀지지 않습니다. 언론을 장악해서 정책을 선전하려고 하지 말고 좋은 정책을 만들어서 시행해 시민들과 함께 호흡하며 지지를 얻어야 할 것입니다.

이제 남은 기간을 정말 잘해서 성공하는 정부가 되길 바라는 마음입니다. 이대로 가면 성공하기 힘듭니다. 곧 레임덕도 닥칠 것이고 잘 할 시간이 별로 없습니다. 대한민국 국민으로서 다 잘 되길 바라지 누가 잘 못되길 바라겠습니까.

자기의 생각과 다른 사람들을 포용하는 것이 민주주의 아닙니까. 그리고 그것을 정책에 반영해 나가므로서 참여 민주주의를 실현해나가는 것이지요. 자기의 생각과 다른 사람을 마치 전선에서 싸우는 적을 대하듯 하는 것은 민주주의도 아니고 한 국가를 운영할 자격도 없는 것입니다.

박원순 변호사는 희망제작소를 운영하기 전에 아름다운 가게를 설립해 우리 사회에 새로운 형태의 시민운동을 보여주었다. 가정에서 쓰지 않는 물건을 기증받아 저렴한 가격으로 판 수입금을 불우 이웃 돕기 기금으로 마련했다.

그의 지명도와 사회적 신뢰로 인해 각계각층의 참여가 커 큰 반향을 불러 일으켰다. 그에 따라 그의 명성도 그만큼 높아졌고 신뢰도 쌓여 희망 제작소를 성공적으로 운영할 수 있는 동력을 얻었다고 할 수 있을 것이다.

희망제작소는 사회를 희망으로 바꾸자는 사람들이 모여 일하는 곳이고 희망제작소에 후원하는 기금은 출판, 지역연구, 컨설팅, 공공리더교육, 강연, 포럼, 소기업, 사회적기업, NGO, NPO, 시민 아이디어 발굴, 퇴직자교육에 사용되고 있다.

주간 코러스 2009년 12월 5일

통일운동 박남순여사 가족

반도를 힘차게 달리던 태백의 등줄기에서 떨어져나가 섬이 되어버린 땅. 육지를 향한 그리움은 밤낮으로 잠자지 않고 파도가 되어 손짓하지만 가까이 하지 못하는 안타까움만 더 쌓여가는 섬. 그 섬처럼 조국에 대한 그리움이 바다만큼 쌓여 조국으로 돌아온 여인, 박남순 여사는 제주도에 보금자리를 잡았다.

그녀는 1961년 브라질로 이민을 갔다가 다시 캐나다로 재이민을 했다. 그녀는 한국에서 도저히 살아갈 수 없는 환경이어서 해외 이민을 결심했었다. 그녀의 아버지는 일제 강점기 한국의 금광 왕이었지만 정치적 신념 때문에 자진 월북했다. 아버지가 자진 월북한 집안의 딸이 반공주의 땅인 한국에서 살아내기란 힘든 일이었다.

그녀의 아버지 이종만 씨는 28번 사업에 실패하고 29번째 성공한 신화적 존재였지만 그가 획득한 부를 독특하게 운영해 모범적인 경제인으로 세상에 알려졌었다. 그 당시 50만원 돈이면 현재가치로 5백억 원이라고 한다. 50만원으로 땅을 구입해 대동 농촌사를 설립하여 소작인들에게 파격적인 조건으로 내주었다. 그 당시 법으로 소작인들에게 소출의 50% 이상을 받을 수 없게 되어 있었지만 대개의 지주들이 70%

이상을 받고 있었는데 이종만 씨는 30%만 받겠다고 했을 뿐만 아니라 30년 후에는 땅의 소유권을 넘기겠다고 했다. 뿐만 아니라 자기가 소유하고 있던 157만평의 땅도 연천, 평강, 여흥에 살고 있는 153 가구에 똑 같은 조건으로 내주어 그 당시 신문 기사를 장식하여 장안의 큰 화제거리였다.

한국의 금광왕은 최창학, 방응모 등 1년이면 10여 명씩 금광으로 졸부가 태어났지만 이종만 씨처럼 부를 사회에 환원한 사람은 아무도 없었기에 더 사회의 주목을 받았을 것이다.

자본이 노동자 농민들을 노예화시키기보다 하나의 희망이 될 수 있다는 것을 보여 주었기 때문에 그는 월북하여 김일성에게 환영을 받았고 죽어서 자본가로서는 유일하게 열사능에 안치되는 대우를 받기도 했다. 그가 펼친 자본의 사회 환원 논리는 자본가가 손해 보는 것이 아니라 자본가에게도 이익이 된다는 것이었다. 소작인들에게 30년 동안 30%씩 받아도 부를 늘려가는 데 아무런 지장이 없고 소작인들이 잘 살면 그만큼 사회가 안정되어 자본가들이 자본을 늘려가는 데 좋은 환경이 된다는 경제관을 가지고 있었다.

이종만씨는 1885년 울산 대현면 용잠리에서 7남매 중 둘째 아들로 태어나 청년기에 부산으로 진출해 미역장사를 첫 사업으로 시작했다. 미역은 옥도정기의 원료로 사용되어 그 당시 러, 일 전쟁으로 인해 사놓기만 하면 불티나게 팔려나갔다. 재미를 보자 돈을 끌어 모아 미역을 창고에 가득 쌓아 놓았는데 갑자기 러, 일 전쟁이 막을 내려 미역은 산 금액의 3분의 1값으로 팔아야 해 그에게 남은 것은 빚뿐이었다.

그렇게 사업을 벌였다 실패 한 것이 무려 28번이었다. 좌절과 절망으로 인해 죽음을 결심하기도 여러 번이었지만 다시 일어나 도전을 거듭해 사업으로 성공했고 28번이나 실패

한 경험이 그를 사회에 대한 근본 구조를 연구하게 했을 것이다.

그가 꿈꾼 사회가 어떤 사회였을까를 알아 볼 수 있는 것이 부를 이룬 후의 그의 행적이다. 그는 농촌사를 설립했을 뿐만 아니라 대동출판사, 대동전문학교 등을 설립해 문화사업, 육영사업에도 관심을 기울였다.

이종만씨의 피를 이어 받은 박남순여사(박씨는 남편의 성을 따른 것임) 역시 세상을 살아가는 가치관이 평범치가 않아 남은 여생을 조국의 통일을 위해 일하겠다고 조국을 찾았다.

그 동안 살아오던 캐나다 생활을 정리하고 영구 귀국을 결심한 것이다. 아버지가 북한에 생존해 있다는 소식을 듣고 아버지를 만나고 온 후 토론토 교포 사회에서 친북 빨갱이로 몰려 영적 치유를 받았다.

박남순 여사는 86세의 고령이지만 친지들이나 아들의 승용차를 거부하고 꼭 대중버스를 이용하며 서귀포 아파트에서 혼자 생활을 하고 있다. 누구의 도움도 받지 않고 혼자 생활하며 캐나다 정부에서 나오는 연금을 모아 사회 운동 단체나 불우 이웃에게 내놓기도 한다.

그녀의 둘째 딸과 큰 아들은 하버드 대학에서 공부했고 막내 아들은 옥스퍼드 대학에서 공부한 수재들이다. 옥스퍼드 대학 출신인 막내아들 유진씨는 어머니가 살고 있는 제주도에 와 어머니 곁에서 생활하고 있다.

미국의 영적 단체인 에미서리에 소속되어 제주도에서 영적 수련단체를 이끌고 있다. 둘째 딸 반아씨는 어머니의 통일운동에 큰 관심을 갖고 북한을 세 번이나 방문했다. 이종만이라는 인물에 대한 북한의 평가는 대단해 김일성 전집에 기록될 정도라고 한다. 북한을 방문하면 특별 대우를 받는 것은 물론 통일을 위해 무슨 역할을 한다면 적극적으로 지지하고 후원할 분위기라고 한다.

조국 통일이라는 큰 명제 앞에 자신의 남은 생을 던지고자 찾은 조국이 그를 얼마만큼 이해하며 받아들일까… 이명박 정부가 들어선 후 과거 냉전적 분위기로 남북 관계가 돌아서 버려 박남순 여사는 깊은 시름에 잠겨있다. 통일의 길이 점점 멀어지는 것이 아닌가 하는 안타까움이 쌓여가고 있는 것이다. 노후에 찾은 조국에서의 생활이 좀 더 편안한 가운데 그녀의 소망이 이뤄지길 빌어본다.

평화재향 군인회

사회가 급변해가는 것에 비해 군대는 너무도 변하지 않고 있는 탓일까. 군대 내의 안전사고나 의문사, 자살이 늘고 있어 부모들이나 군 관계자들은 근심이 늘고 있다.

국가의 안보를 책임지는 군대가 제대로 관리 안 되고 있다는 것은 국가 보안법이 있고 없고를 떠나 큰 문제가 아닐 수 없다.

우리 사회의 급변하는 것 중에 가장 큰 변화가 민주의식과 자아의 확립일 것이다.

자유와 시민의식, 높은 교육수준에 맞는 군대, 즉 민주 군대로 변화하지 못하고 있다는 반증이 바로 군대 사고로 나타나는 것이 아닐까…

"평화재향군인회"란 간판을 들고 나온 단체의 상임대표 표명렬 예비역 장군(준장)은 군을 현대에 맞는 군대로 만들어야 한다고 강한 의지를 표했다.

우리 군은 해방되면서 광복군의 독립 정신을 이어받지 못하고 일본군 출신들이 주도하여 우리 아들들을 식민지 노예 훈련시키듯 해 가혹한 내무 생활과 폭력이 난무하고 있다고 지적했다.

이제 우리 군대를 민주 시대에 맞는 민주 군대, 우리 민족의 정기가 흐르는 민족 군대로 만들어야 한다고 강조했다.

지금까지 군에서 그런 일련의 노력을 안 한 것은 아니지만 그 노력이 너무도 미미하거나 형식적이고 군은 원래 비민주적이어야 하는 것으로 인식되어 있었고 몽둥이질을 해야만 하는 곳으로 되어있었다.

지금까지 잘못 되었던 군에 대한 인식의 혁명을 들고 나온 평화재향군인회는 많은 국민들의 관심과 기대를 모으고 있다.

또한 기존 재향군인회로부터는 이미 재향 군인회가 있는데 왜 비슷한 단체를 만드는가 반발을 사고 있다고 한다. 그러나 지금의 재향군인회는 실지로 도움이 필요한 제대 군인들에 대한 복지는 외면하고 각종 혜택을 누리면서도 부패해 간부들이 범죄에 연루되어 있다는 것이다.

표명렬 대표는 이러한 부조리를 개혁하고 군대 내 의문사 가족을 돕고 참전 용사들의 명예 고양과 복지 향상을 위해 일하겠다고 했다.

실질적으로 제대 군인들에 의한, 제대 군인들을 위한, 제대 군인들의 재향군인회를 만들어 가겠다는 것이다.

항일 무장투쟁사 정리와 12, 12 신군부 군사 반란 때 희생된 김오랑 중령, 정선엽 병장, 박윤관 일병 동상을 세워 참 군인 상을 후진들에게 보여줄 계획이라고 했다.

뿐만 아니라 북한의 군부와 교류를 통해 한반도에서 전쟁이 일어나지 않도록 협의 해나가며 북한 군부의 경직성을 안화 하는데 기여하겠다고 했다.

미국에는 재향군인회가 30여 개가 넘지만 아무런 문제가 되지 않고 있다고 했다. 오히려 한국은 그 동안 하나의 단체 밖에 없어 각종 혜택을 독식하면서 정작 도움이 필요한 제대 장병들에 대해서는 나몰라라 할 수 있었다는 것이다.

정부의 각종 지원이나 제대 군인들을 위한 수익사업의 이익금을 어떻게 사용하고 있는지 아는 사람은 극소수이고 간부들은 범죄에 연루되어 감옥에 가는 현실이라고 했다.

오는 8월 19일부터 13일까지 미 워싱턴 주 씨에틀 워싱턴 대학에서 열리는 Veteran for Peace 대회에 초청을 받아 참여할 예정이라고 한다.

"평화 재향 군인회"는 회원들의 회비로만 운영하는 것이 역부족이어서 표 대표의 사비로 사무실 운영비를 충당하고 있다고 했다.

권위적인 군부의 장군이라는 이미지보다도 시민 운동가다운 소탈하고 밝은 성품이 이 사회를 밝게 만드는 원동력이 될 것이라는 기대를 갖게 했다.

피스 보트(Pease Boat)

피스 보트의 시작은 일본 와세다대학 학생들이 제일 먼저 시작했다고 한다.

일본이 아시아에서 2차 대전 당시 어떤 악행을 저질렀는지 교과서에서 빼버리고, 언론은 제대로 쓰지 않기 때문에 진실을 모르고 있다는 것을 자각한 일본 대학생들이 기금을 만들어 배를 띄우면서부터 시작되었다고 한다.

일본이 점령했던 당사국을 직접 찾아가 자기들의 선조들이 무슨 짓을 했는가 확인하고 용서를 비는 것이 목적이라고 한다.

중국이나 필립핀, 한국, 미얀마 등을 찾아가 원폭피해 후손들의 생활, 종군위안부 실태를 눈으로 확인하고 그들에게 일본 정부를 대신해 사과하며 그들을 도울 수 있는 일을 찾아 실행에 옮기고 있는 것이다.

일본 정부의 파렴치하고 뻔뻔한 행위들 때문에 일본에 대한 감정이 안 좋다는 것을 알고 민간 단체가 나서서 대신 사과하고 미력하나마 그들의 주머니를 털어 돕고 있다고 한다.

피스 보트를 띄우게 된 발단은 1982년 일본 교과서에서 군사침략을 진출로 표기하면서부터 시작되었고 1983년 “너와 나의 참신한 발상, 함께 만드는 크루즈(cuise)”라는 슬로건으로 일본의 대학가를 신선한 충격으로 몰아넣었다. 젊은이들이 대형 여객선을 빌려 아시아의 현장과 세계를 방문하며 평화의 물결을 일으키는 배로 자리를 잡아가고 있다.

20여 년간에 걸쳐 11,300여명이 참여했고 50여 개국에서 700여명의 강사들이 승선하여 강좌를 열었다

한국 참가자의 첫 승선은 1998년 2월에 실시한 “Asian Spring Wind Cruise” 로서 NGO 활동가와 통역자를 포함하여 20여명이 22일간 함께 했다.

피스 보트는 지구대학을 기획해서 아시아국가 지역(한국, 싱가폴, 베트남, 홍콩)의 피스 보트 장학생을 모집하였다. 한국에서는 강사 2명과 4명의 장학생이 선발되어 제26회 북반구 지구 일주 크루즈에 참가했다.

한국 측 김용한 강사는 한국 내 미군기지 문제와 동북아 비핵지대 건설에 관해서, 강재숙 강사는 일본군 위안부 문제와 한국 민주화 운동의 과제, 한국군의 베트남 전쟁 개입에 관해 강의 했다.

지구대학(평화대학) 교과 과정은 평화문화와 평화교육, 인간의 안전보장과 평화, 인권, 지구 규모의 환경 지속 가능한 사회, 지역문제 및 진행 중인 분쟁에 관한 분석, 고찰 등이 주요 냉용을 이룬다.

2001년 8월 27일부터 9월 8일까지 남과 북을 방문하는 "남북 코리아 크루즈"가 실시되어 일본인과 재일동포 545명이 대거 참여하는 성과도 이뤄냈다.

이 피스 보트에 승선하여 한국의 문제를 알리고 한국 종군위안부들이 기거하는 나눔의 집에 일본인들을 안내하여 생생한 역사의 증언을 듣게 하는 강재숙 평화시민연대 대표는 1992년 일본 동경대에 유학하여 대학원에서 사회과학을 공부했다.

강재숙 대표는 아시아를 하나로 묶어 평화를 연대하고 아시아의 약자들의 권익을 위한 일을 해나가고 있다.

국내 문제와 아시아 지역 문제를 고민하는 강재숙 대표는 가냘픈 체구에 노동 현장에서 학생 신분을 속이고 일하다 폐결핵에 걸려 그 후유증으로 현재도 잔기침을 끊임없이 하고 있었다.

피스 보트에 관한 자료와 사진 제공을 하여준 강재숙 대표에게 감사의 마음을 표한다.

Korea Monitor 2006년 8월 11일

한인봉사 센터 기금마련을 위한 연주회

6월 24일 워싱턴 한인봉사센터 기금마련을 위해 버지니아 맥클린에 있는 Oakcrest School에서 연주회를 가졌다.

이날 연주된 곡들은 지휘를 맡은 김기영씨가 작곡한 곡들로서 이민 생활의 매마른 정서와 각박함을 촉촉히 적셔주고 외로움을 달래주기에 충분했다.

김기영씨는 자기가 작곡한 곡들 중에 가장 무게를 두는 곡이 Petite Requiem(작은 진혼곡)이라고 밝히며 죽은 자가 이 세상을 떠났다고 하여 그것으로 끝나는 것이 아니라 천국에서 행복한 삶을 살아간다는 의미가 담긴 곡이라고 간단히 작품 설명을 했다.

그의 열정적인 지휘아래 오케스트라와 워싱턴 쏠로이스트 합창단 단원들이 만들어 내는 아름다운 앙상블은 때마침 내리던 빗물과 함께 한인 사회를 부드럽게 적셔주었다.

한 곡 한 곡 끝날 때마다 열렬하게 터져 나오는 박수 소리가 우렁차게 워싱턴의 밤하늘로 퍼져나가며 내일의 삶에도 지치지 않겠노라고 다짐하는 듯 했다.

이날 피아노 반주를 맡은 고은애씨는 6개월여에 걸쳐 연습을 했다고 한다. 아름답게 차려 입은 무대 의상과 피아노 선율이 잘 어울려 무대를 한층 더 돋보이게 했다.

한인 봉사쎈타의 기금 마련을 위한 연주회라고 했지만 제반 소요 경비를 제하고 나면 기대에 못 미치는 행사가 될 것이라고 한 관계자는 밝혔다. 그러나 음악 연주회 자체도 매마른 한인 사회에 이바지 하는 바가 크다고 봉사쎈타 에스더 박 총무는 의미를 부여했다.

한인 봉사쎈타는 각 방면의 전문가들이 항상 문을 열어놓고 많은 한인들이 이용해주기를 기다리고 있다고 한다.

특히 이민에 관한 문제나 가정 폭력, 건강, 사회복지, 노인 아파트 입주, 저소득층의 주택구입, 콤퓨터 교육 등 다양한 프로그램이 있지만 한인 사회에 폭 넓은 이용이 잘 안 되고 있다는 평이 있어 아쉬움이 있다고 했다.

한인 봉사쎈타는 주정부로부터 보조금을 지원 받아 운영되고 있으므로 누구나 부담 없이 이용할 수 있다고 한다.

비용을 들여 변호사 사무실에 가기 전에 한번쯤 봉사쎈타의 문을 두들겨 보는 것이 지혜로운 이민 생활이 아닐까 생각된다.

버지니아 사무실

7700 Little River Turnpike Suite 406 Annandale, VA 22003

전화 703-354-6345 Fax 703-354-6391

메릴랜드 사무실

217 Muddy Branch Rd Gaithersburg MD 20878

전화 240-683-6663 Fax 240-683-8788

Korea Monitor 2006년 6월 30일

한화갑 전 대표

한국의 정치를 바라보는 시각은 제 각각이지만 일반적으로 밑바탕에 깔려있는 공통점은 불안하다는 것이다. 노무현 대통령을 지지했던 사람들마저도 등을 돌리고 있다는 증표가 선거의 연이은 참패로 나타나고 있다.

여당의 리더쉽 부재와 대거 야당인 한나라당의 무정책이

대한민국을 더욱 불안한 표류 속으로 몰아가고 있는 실정이다.

이러한 불안한 시국에 한국 정계의 한 축을 담당하고 있는 야당 지도자 민주당 한화갑 대표를 여의도의 조용한 장소에서 만나 보았다.

김낙영 기자: 많이 바쁘실텐데 이렇게 시간을 내주셔서 감사합니다. 요즘 국민들이 모두 불안해하고 있는데 정치 현장에 계시는 입장에서 현실을 어떻게 보시는 지 한 말씀 해주시지요.

한화갑 대표: 정치 현장에 있는 사람 중에 한 사람으로서 누가 잘 했다 잘 못했다 따지기 전에 먼저 책임감을 느끼고 있다는 점을 국민들과 외국에 나가 계시는 동포들에게 말씀 드리고 싶습니다. 그렇지만 분명한 것은 국정을 책임지고 있는 대통령의 책임이 크다고 말하지 않을 수 없습니다. 대통령이 말을 아끼고 국민이 좋다 나쁘다 하는 결론을 낼 때 까지 기다려야 하는데 앞서 발언을 해 찬반을 유발하고 편을 갈라 각을 세우게 하여 국민을 불안하게 하는 요인이 있습니다.

그리고 처음 정권을 잡을 때 인사 청탁을 하면 패가망신을 할 거라고 했는데 인사 청탁을 거부한 사람이 패가망신하고 있습니다. 선거를 치를 때 공약한 어떤 것도 성공한 것이 한 가지도 없습니다. 국민들은 더 이상 기대도 하지 않고 빨리 정권이나 끝났으면 하는 심정이라고 해야겠지요.

김낙영 기자: 정치도 불안하지만 국민들이 더욱 염려하는 것은 경제입니다. 경제에 대한 견해는 어떠신지?

한화갑 대표: 아주 잘 지적해주셨습니다. 우선 여러 가지 규제를 풀어야 하는데 풀지를 않고 있어 제조업에서 투자가 위축되고 있습니다. 그리고 돈 가진 사람들이 존경 받는 사회가 되어야 하는데 돈 가진 사람들이 죄인 취급을 받고 있는 실정입니다.

기업이 투자를 안 하니까 고용이 늘지 않고 소비가 안 될 수밖에 없습니다. 따라서 돈이 안 돌게 되고 그로 인해 빈부차가 심해져 양극화 현상이 일어나게 되는 것이지요. 현 정부 정책은 분배 정책인데 생산 없는 분배가 있을 수 없지요. 오랜 군사독재 시절 성장 정책으로 일관해 노동자들이 피해를 많이 보았다는 점을 들어 분배 정책으로 가야 한다는 당위성은 인정하지만 호흡조절이 필요하다는 생각입니다. 자본주의는 돈 벌기 경쟁 사회입니다. 투명하고 건전한 경쟁을 통해 백만장자가 될 수 있는 사회를 만들어야 하고 돈을 많이 벌었다는 것을 자랑스럽게 생각하는 사회가 되어야 합니다.

현 정부는 가진 자를 더 갖게 하고 없는 자를 갖게 하는 정책이 아니라 있는 자의 것을 뺐어다 없는 자에게 주겠다고 하는 좌파적 정책입니다. 그리고 부동산 정책도 시장 기능에 맡겨야 하는데 세금으로 조절을 하려고 하니까 건설업이 위축되고 활성화가 안 되는 것이지요.

김낙영 기자: 시국 불안요인 중에 남북문제가 큰 비중을 차지하고 있는데 이 문제는 어떻게 보시는지?

한화갑 대표: 김대중 대통령 시절엔 퍼주기라고 했는데 지금은 북한에 끌려가기라고 합니다. 줄 거 다 주면서도 화해협력은 퇴보를 하고 있습니다. 민주당 정책은 김대중 대통령 시절의 정책 그대로 이어갈 것입니다. 햇볕 정책은 한반도의 평화를 보장해 번영을 꾀하자는 정책입니다.

현 정부는 지원해주면서도 북으로부터 고맙다는 말을 못 듣고 미국과도 관계가 소원해져 고립을 자초하고 있는 실정입니다. 정부는 북한에 돈을 주고 싶어하고 미국은 그것을 반대하고 있어 대북과 대미 관계가 매끄럽게 풀리지 않고 있습니나.

김낙영 기자: 요즘 말썽이 일고 있는 전시 작전권 반환에 관환 견해는 어떠신지?

한화갑 대표: 지금 서두를 것이 아니라 다음 정부로 넘겨야 합니다. 현 정부의 업적으로 남기기 위해 무리를 해 작전권을 회수하려고 할 것이 아니라 국가안보를 먼저 생각해야 합니다. 전문가들에 의하면 2012년에라야 우리 힘으로 미군이 없는 공백을 메꿀 수 있다고 합니다. 전시 작전권을 회수하면 미군이 한반도에 주둔해야 할 이유가 없어지고 미군이 철수하면 그 공백을 메꾼다는 것이 현 시점에서는 불가능하다는 것이지요. 노무현 대통령 밑에서 일했던 안보관계 팀 전원이 모두 반대를 하고 있는 사안입니다.

김낙영 기자: 미국과 한국 관계에 대한 민주당 정책은 어떤 것인지?

한화갑 대표: 민주당 정책은 김대중 대통령 시절의 정책과 다른 것이 없습니다. 김대중 대통령께서 북한을 방문해 김정일 국방위원장을 만났을 때 김정일 위원장도 미군의 한반도 주둔을 찬성한다고 분명히 말했습니다. 꼭 미국이 좋아서가 아니라 힘의 공백에 대한 남북의 공동 인식이었지요. 미군의 한국 주둔에 대하여 남북이 합의 한 것입니다. 일본은 미국의 힘을 업고 우경화를 심화 시켜 우리를 불안하게 하고 있습니다. 미국과 동맹을 강화하지 않으면 미국의 협조 얻기 어렵습니다. 미국과 멀어지면 중국과 가까워진다는 환상을 버려야 합니다. 미국과 마찰이 있을 때 중국이 우리 편이 되어 준다는 보장을 어떻게 하겠습니까. 이번에 중국이 미국과 함께 북한을 유엔 안보리에 올리는 것을 보지 않았습니까. 미국을 점령군으로 생각하거나 미국에 종속된다는 생각을 버리고 미국을 활용하는 동맹으로 성격을 규정해야 할 것입니다.

현 시대는 한 국가 단독으로 안보가 보장되는 시대가 아닙니다. 서로 협조하고 보완하는 방위 시대입니다. 그런 의미에서 미국과는 더욱 동맹 관계를 공고히 해야 한다고 생각합니다.

김낙영 기자: 총체적인 민주당의 정책은 어떤 것인지?

한화갑 대표: 민주당은 김대중 대통령 시절의 정책을 그대로 계승 발전 시켜가는 것입니다. 시장경제, 참여,

생산적인 복지, 남북평화통일, 문화입국, 세계평화기여, 기술입국 등이라고 할 수 있습니다.

김낙영 기자: 각 당이 대통령 후보 문제로 조용하지 못한 실정입니다. 민주당에서는 누가 후보로 나설 것인지?

한화갑 대표: 때가 되면 후보를 낼 것입니다. 현재 어느 당도 공식적으로 후보를 낸 당은 하나도 없습니다. 단지 언론에서 후보를 예상하여 보도한 것을 가지고 말이 많은 것이지요.

김낙영 기자: 대표께서 직접 대선 후보가 될 생각은 없으신지?

한화갑 대표: 2002년 경선에서 도중하차 한 것을 후회하고 있습니다. 때가 되면 거취를 밝히겠습니다.

김낙영 기자: 해외에 나가있는 동포들에게 한 말씀 하신다면 어떤 말씀을…

한화갑 대표: 해외에 나가 있는 동포들은 한결같이 대한민국이 잘되기를 바라고 있다는 사실을 잘 알고 있습니다. 특히 미국에 계시는 동포들은 미국과의 동맹관계가 잘 유지되기를 바라고 있다는 것도 알고 있습니다. 대한민국에 일부 좌파적 성격이 있는 사람들도 있지만 국가의 기강이 흔들릴 정도는 아닙니다. 고국을 걱정해주는 것은 고맙지만 크게 염려 하지 않아도 될 만큼 한국은 좌우에 대한 균형 감각이 갖추워져 있다고 생각합니다.

김낙영 기자: 여러 가지로 스케쥴이 많으실 텐데 해외 동포들을 위해 시간 내주셔서 감사합니다.

격동하는 한국 정치 현장의 증인이라 할 만큼 한화갑 대표는 김대중 전 대통령과 함께 정치 노선을 걸었다. 그리고 우여곡절 끝에 노무현 대통령을 민주당의 대통령으로 만드는데 성공했지만 대통령이 당(열린우리당)을 따로 만들어 나가는 초유의 시련을 겪기도 했다.

흔히 정치는 살아있는 생물이라고 하듯이 앞으로 한국 정치가 어디로 어떻게 흘러갈는지 아무도 모르는 일이다. 한 정치가의 성공이 한 국가의 성공으로 이어질 때 역사는 그 정치가를 제대로 평가 할 것이다.

한화갑 대표 역시 역사 속에서 좋은 정치가로 평가 받기를 바라며 정치 일선에서 뛰고 있을 것이다. 지역주의를 넘어 전 국민들에게 희망을 주는 큰 거목의 정치가가 되기를 바라며 여의도를 뒤로 하였다.

(4) 코러스 인물탐방

사회개혁 운동가 김귀식

우리 사회의 변화를 꿈꾸는 김귀식씨는 43년간 교직 생활을 하는 동안 교육 개혁운동을 했고 은퇴 후에는 사회 개혁운동을 하고 있다. 그는 매주 목요일이면 사랑방 모임 형식으로 모여 우리 사회의 당면 문제를 주제로 토론을 주도해 나가고 있다.

그는 현직으로 있으면서 전교조 위원장까지 지낸 전력이 있어 그를 만나 전교조의 성격과 그가 사회문제에 천착하고 있는 이유를 들어 보기로 했다.

김낙영 : 교직 생활을 언제부터 시작하셨나요?

김귀식 : 1954년 서울사대 국어국문학과를 입학해 1958년에 졸업하고 그 해 교사 발령을 받았습니다. 그 당시는 이승만 대통령 때인데 학생들에게 공부만 가르치는 것이 아니라 정부 시책을 전달하고 따르게 하는 일까지 했습니다. 말하자면 학생들을 통제하고 감시하는 기능을 했던 것입니다. 왜정 때 일본인들이 학생들을 노예훈련 시키던 것에서 조금도 벗어나지 못했었지요. 그래서 저는 그런 것에서 벗어난 자율형 인간으로 키워보자 하는 내 나름의 교육 철학을 가지게 되었지요. 그러다보니 자연스럽게 꼴통 선생으로 지목되기도 했었습니다.

김낙영 : 전교조 위원장을 역임하신 것으로 알고 있는데 전교조를 하게 된 동기는 무엇이었나요?

김귀식 : 내가 하고 싶어서 한 것이 아니라 학생들한테 의식화 되어서 전교조 운동을 하게 되었습니다. 사람들은 선생들이 학생들을 의식화 시키는 것으로 아는데 내용을 알고 보면 그 반대입니다.

김낙영 : 학생들한테 의식화 된다는 것이 무슨 말인지….

김귀식 : 동대문 여고에 있다가 경복 고등학교로 갔는데 교장 선생님이 조회 시간에 공개석상에서 충격적인 발언을 했습니다. 변두리 학교에서 온 선생이니까 실력을 테스트 해봐야겠다는 거에요. 그 당시에 경복고는 1류 학교라고 했는데 소위 빽이 있어야 가는 시절이었지요. 아마도 나는 선배들이 힘을 써서 가게 된 것 같습니다. 정말 수업시간이 되니까 교장 선생님과 여러 선생님들이 수업 참관을 한다고 들어와서 끝까지 앉아 있었습니다. 그만큼 그 당시에는 같은 선생이라

도 변두리 학교는 무시를 당했던 것이지요.
수업 시간에 들어가면 정말 긴장되는 시간이었습니다. 1류 학교라는 곳이 어떤 곳인가 하는 것이 느껴지더군요. 개미 기어가는 소리가 들릴 정도로 조용하고 맑은 눈동자들을 반짝이며 수업을 듣는데 정말 등에서는 식은땀이 날 정도였습니다. 그리고 선생보다 실력이 좋은 학생들도 많고요. 그런데 어느 날 국회에서 유신 헌법이 통과 됐다는 뉴스가 나온 거에요. 몇 명의 학생들이 수업시간에 라디오 이어폰을 귀에 꽂고 있다가 그 뉴스를 들은 것이지요. 그 뉴스를 듣고 이어폰을 교실 바닥에다 패대기를 치면서 소리를 지르는 거에요. "그래 잘들 해쳐먹어라!" 하고요. 얼마나 내가 놀랐겠습니까. 거기서 내가 완전히 깨달았습니다. 아이들이라고만 생각했던 학생들이 아이들이 아니구나 하고요 그리고 정신이 번쩍 나더군요. 무얼 가르칠 것인가 어떻게 가르칠 것인가 고민하게 되었지요. 그러니 아이들한테 의식화가 되었다고 하는 것이 맞는 말이지요. 그때가 얼마나 살벌한 시절입니까. 모두 몸을 사리고 조심할 때인데 학생들이 말은 안하고 있었지만 그런 의식을 가지고 있다는 것을 알고 나니까 너무 부끄러웠지요. 때 묻지 않고 순수한 영혼을 가진 고등학생들의 눈동자를 바라보며 나 자신이 정화되면서 그들의 정신세계로 빨려 들어가게 된 것이지요. 그런 의식을 갖는 다는 것은 개인적으로나 사회적으로 나쁠 게 하나도 없는 것이지요. 군사독재 정부는 정당성이 없으니까 국민들이 똑똑해지는 것을 싫어했던 것입니다.

김낙영 : 전교조가 사회나 학교에 어떤 영향을 끼쳤다고 생각하시는지요. 역사적 의의라고 할까요.

김귀식 : 처음에 전교조 선생들이 수업에 들어가면 학생들이 박수치고 영웅 대우를 했었습니다. 우리 전교조 정신은 민족, 민주, 인간화입니다. 교육계에 아주 참신한 바람을 일으켰습니다. 촌지봉투 안 받기 운동은 대표적인 사례이고요. 전교조가 처음 깃발을 든 때가 1988년도이고 참 교육운동의 가장 선봉에 섰던 학교들 중 하나가 성동고등학교인데 그때 저도 그 학교에 있었습니다. 빨갱이 학교로 정평이 났었지요. 학생들을 의식화 시킨다 해서 툭하면 경찰서에 불려가 밤을 새우고 오곤 했지요. 그러면 학생들이 박수를 치고 대단했습니다. 학생들이 전교조의 정신을 잘 이해하고 있었지요. 역사적 의의를 찾는다면 학생들을 자율형 인간으로 키우고 학교가 정부의 간섭에서 벗어나 교사의 자율권과 민주주의 실현을 구현하자는 운동이었지요. 그 당시에는 학교도 감시를 많이 받았습니다. 경복고에 있을 때 있었던 일로 학생들이 교지를 만드는데 청와대를 찾아가 박정희 대통령의 붓글씨를 받아다 실었습니다. 교지 맨 앞에 박정희 대통령 붓글씨를 싣고 밑에 "박정희 대통령 휘호" 라고 설명을 붙였는데 그것이 말썽이 났습니다. 대통령 각하라고 하지 않고 대통령 휘호라고 했다 해서 학생들 중에 사상이 불순한 학생이 있다는 것이었지요. 학교가 벌집을 쑤셔놓은 것처럼 발칵 뒤집어졌습니다. 지금 생각하면 그게 뭐 대단한 일이겠습니까. 그때는 사회가 그만큼 긴장해 있었지요. 그 일로 해

서 학생들의 사상검열을 한다고 학교가 야단법석이었습니다. 지금도 그때 일을 생각하면 웃음이 납니다. 그러니 전교조 같은 단체가 생겨날 토양이 조성되어 있었던 셈입니다.

김낙영 : 전교조가 생겨날 수밖에 없는 필연성이 있었다는 말씀인데요. 그런데 왜 전교조에 대한 비판이 강해졌을까요?

김귀식 : 전교조에 처음 가입한 선생님들은 희생을 각오한 분들이었습니다. 그러나 전교조가 합법화가 되면서 많은 선생님들이 대량으로 가입하게 되었습니다. 양적으로 팽창되는 과정에서 전교조 정신이 많이 희석되고 소수 정예적인 조직구조가 약화되기 시작했습니다. 제가 전교조 위원장을 맡고 있던 때가 고 김대중 대통령 시절인데 국회 앞에서 1주일간 단식을 해가면서 전교조 합법화를 얻어냈습니다. 그때만 해도 전교조 정신은 살아 있었습니다.

김낙영 : 전교조 선생님들이 학생들에게 북한을 선전하고 붉은 물을 들인다는 비판에 대해서는 어떻게 생각하시는지요. 실제로 전교조 선생님들이 교단에서 학생들에게 사상 교육을 하고 있나요?

김귀식 : 그것은 완전히 잘못 알려진 것입니다. 학생들이 수업시간에 북한에 대해서 또는 통일에 관한 질문을 하면 자연스럽게 민족문제나 통일에 관해 이야기를 하게 되는 것입니다. 그런데 그 과정이 옛날처럼 냉전적이 아니고 평화적으로 통일을 해야 한다고 한다든가 한 민족으로서 싸우기 보다는 서로 평화를 유지하며 민족의 미래를 준비해야 한다고 말하면 친북

이다 종북이다 좌파로 모는 것이지요. 전교조 운동은 학부모들도 환영을 했던 운동입니다. 입시제도 개선이나 촌지봉투 안 받기 운동은 정말 신선했었습니다. 입시 위주의 교육에서 전인 교육을 하자는 것이 사회적으로 큰 반향을 일으켰습니다. 그리고 전교조의 덕을 본 분들은 학교 선생님들도 포함됩니다. 그만큼 교장의 권위가 약화되었기 때문에 교사들의 자율권이 신장되었던 것입니다.

김낙영 : 사립학교와 공립학교의 운동 차이가 있는지요?

김귀식 : 공립학교는 교사 신분이 보장되지만 사립은 개인이 운영하기 때문에 전교조 선생님들의 신분이 많이 불안합니다. 사립학교는 이사장이 어느 날 학교를 그만두라고 하면 어쩔 수가 없는 것이지요. 그래서 사립학교 선생님들이 전교조에 가입하는 숫자가 적었지만 전교조가 합법화 되고 나서는 많이 가입했습니다.

김낙영 : 전교조 선생님이든 아니든 교직자 상이 있어야 할텐데요. 조선시대 때 스승과 같은 교직자 상이라고 할까요.

김귀식 : 그렇습니다. 제가 주장하는 것이 바로 그겁니다. 교실에서 지식을 팔고 사는 지식의 전달자가 아니라 선생님이 가지고 있는 인격까지 전수되는 인간상을 가지고 있어야 한다는 것이지요. 학교 선생님들이 촌지 봉투나 받고 아무 교육철학 없이 시키는 대로 하는 것은 진정한 교육자 상이 아니지요. 전교조 운동은 왜정 때부터 있었던 정부 통제와 감시 기능을 빼고 순수한 교육의 현장으로 만들자는 운동이었습니다. 그래서 선생님들이 먼저 개혁되어야 한다고 강조

했습니다. 정부에서 정해주는 교과서에만 매달리지 말고 독자적으로 교과서를 개발, 주입식교육에서 토론방식으로, 각자의 교육목표와 방법을 찾아야 한다는 것이었습니다. 사실 교과서는 하룻밤이면 다 볼 수 있는 것 아닙니까. 교사가 아무 생각 없이 매일 교과서만 가지고 가르친다면 진정한 교육자라 할 수 없는 것이지요. 사회 현장에서 살아있는 과제물을 찾아 토론하고 이해하므로서 정신적으로 성숙하는 것입니다. 실제로 2-3개월만 해보면 금방 학생들이 달라지는 것을 알 수 있습니다. 따라서 실력도 쑥쑥 올라가고요.

김낙영 : 교직에 있으면서 촌지 봉투를 받아본 경험이 있었나요?

김귀식 : 처음 교사 발령을 받고 나서 난감한 순간들이 많았습니다. 받아야 할지 안 받아야 할지 하고요. 그 당시는 다 받는 것으로 되어 있을 때라서 저도 촌지를 받아보았습니다. 그렇지만 뒷맛이 영 안 좋았지요. 촌지를 받아본 것 중에 지금도 기억에 남아 있는 것은 어떤 학부형이 신문지에 눈깔사탕 세 개를 싸가지고 온 일입니다. 지금도 그 때를 생각하면 가슴이 뭉클합니다. 가난한 집 학생들은 학교에서 기를 못 펴고 외톨이로 지내는 것을 보면 교사로서 가슴이 아프지요. 그런 아이들도 건강한 사회인이 되도록 길러내는 학교가 되는 것이 바람직한 일이지요. 그러기 위해서 교사는 뚜렷한 교육철학을 가지고 있어야 합니다.

김귀식씨는 지식인은 자신의 신분 상승을 위한 도구로서만 지식을 사용하는 것이 아니라 사회를 위한 도구가 되어 사회를 끌어올리는 일을 해야 한다고 강조했다. 그리고 돈을 가진 사람들이 존경을 받는 사회가 되기 위해서는 돈을 정상적인 방법으로 벌고 사회 환원을 할 줄 알아야 한다는 것도 빼놓지 않았다. 그러한 가치와 실행의 정신을 길러주는 학교가 늘어나고 그런 교육을 받은 학생들이 사회에 진출하면 사회는 그만큼 성숙해질 것이 자명하다는 것이다. 그런 가치 구현이 바로 전교조 운동이라고 밝힌 김귀식씨는 힘닿는 데까지 사회운동을 하겠다고 다짐했다.

그것이 곧 그가 선택한 민족과 나라를 사랑하는 방식임은 두말 할 필요도 없을 것이다. 김귀식씨는 1997부터 1999년 4월까지 전교조 위원장을 역임했고 99년 8월에 교사직에서 퇴직해 서울시 교육감에 출마했으나 낙마했다. 교육감에서 낙마한 후 2003-4년 서울시 교육위원회 위원을 하던 중 교육위원회 의장에 출마해 당선되어 2005-6년까지 의장을 역임하기도 했다.

한국정치의 현장

한국의 정치 현실은 최근 몇 년 동안 예측 할 수 없는 격동기로 접어들어 있는 상황이다. 기존의 정치 틀이 깨지는 소용돌이 속으로 휘말려 들면서 정치인들의 부침이 있었고 각 당들은 변화의 몸부림을 쳤다.

정치 스타들이 하루아침에 사라지기도 하고 새로운 별들이 나타나 자신의 존재를 알리기 위해 빛을 발산하기도 한다.

서로 경쟁을 벌이기라도 하듯 거대 당사를 버리고 나와 허름한 건물이나 천막을 당사로 이용하는 쑈아닌 쑈를 벌이는 촌극을 보이기도 했다.

그것이 단순히 국민들의 눈을 속이기 위한 것이 아니라 진실해지기 위한 몸부림이라면 미래의 정치나 사회를 위해서 다행한 일이 아닐 수 없다.

기존의 보스 정치, 한 사람의 카리스마에 의해 돌아가던 정치판은 협의와 토론의 과정을 중요시하는 새로운 가치 질서를 만들어 내기도 했고 과거의 관행은 구시대의 유물로서 더 이상 사회에 발붙이지 못하게 되었다.

어느 쪽이 더 빨리 이 시대에 맞는 당으로 변신을 하는가 하고 경쟁이라도 벌이듯 바쁘게 돌아가는 정치판에서 빨리 대처하지 못한 쪽은 도태되어버리는 결과를 경험하기도 했다.

뿐만 아니라 과거에 힘께나 쓰던 곳이 이제는 오히려 더 몸조심을 해야 하는 곳으로 변해 행동거지를 잘 못하면 다른 어느 곳보다 시비에 휘말리게 되어 몸조심 입 조심을 하지 않으면 안 되게 되었다.

과거의 관행으로 각종 특혜를 받아 본 사람들은 옛날이 그리울지 모르지만 이제 그런 옛날을 그리워하다간 더 국민들에게서 멀어져 갈 것이다.

급변해 가는 한국의 정치 현실. 가장 그 중심에 가 있는 당이 바로 민주당이 아닐까 생각된다.

다수당으로서 정권을 창출하고도 집권초기부터 내부 분란으로 시간을 보내다 대통령을 중심으로 주류가 열린 우리당으로 분당해 나가버려 속 알맹이 없는 껍데기만 남는 꼴이 되었다.

또한 탄핵이란 풍랑 속을 거치며 치른 선거에서 소수당으로 몰락해버리는 운명을 맞기도 했다. 탄탄한 지역 기반이었던 호남에서까지 지지를 받지 못하고 말았으니 아마도 가장 허탈하고 억울한 감정에 빠져 잇는 곳이 민주당일 것이다.

난파선의 선장이 되어버린 것과 같은 민주당의 한화갑 대표를 만나면 한국 정치의 현실을 한 번에 읽어 낼 수 있다는 생각에 그를 만나 보았다.

그 암울하고 공포스러웠던 군사독제 시절을 거친 민주투사 같지 않게 항상 따뜻하고 부드러운 그를 만나면 금방 편안해지는 것을 느낄 수 있다. 때 묻지 않고 합리적인 그의 품성이 강력한 리더쉽이 없는 것으로 보일지 모르지만 변해 가는 현실을 보면 이 시대에 맞는 지도자 상이 아닐까 생각되기도 한다.

과거의 동지들이 열린 우리 당으로 가거나 선거에서 탈락해버려 외롭게 남아 당을 끌고 가는 그의 모습은 정녕 난파선의 선장과 같다.

국회의원수가 7명으로 줄어 교섭단체도 이루지 못해 국회 운영 참여도 못하는 당이 되어버린 현실. 이런 상황에서도 예전의 민주당으로 다시 재건시키겠다고 의지를 불태우는 그에게서 일말의 버거움을 느끼지 않을 수 없지만 그에게 격려를 보내고 싶어진다.

깨끗하게 현실을 인정하고 내일을 향해 가는 그에게서 내일의 대한민국을 예감할 수 있을 것 같다. 부정부패와 검은 뒷거래를 감추기 위해 목에 힘을 주는 위장된 권위의 시대를 청산하고 정의로운 대한민국을 건설하는 데 초석을 놓을 것이라는 기대감을 갖게 하는 것은 그의 꾸밈없는 언행에서 오는 것이 아닐까 생각된다.

지난 대통령 선거를 치르며 진 빚은 민주당이 그대로 떠안고 대통령을 비롯한 주류가 딴 살림을 차려 빈 껍데기만 남은 민주당…

당의 경제적 어려움을 타파하기 위해 당비를 내는 당원을 확보하고 지혜를 모으고 있다고 한다. 새로 창당하는 기분으로 마음을 다잡아 나가야 살아남는다는 것을 온 몸으로 말하는 그의 어깨가 결코 가볍게 느껴지지 않는다.

그것은 비단 그 뿐만 아니라 변해 가는 우리 정치 현실의 모두가 겪는 바람직한 과정이기도 하다. 국민들의 의식은 변하고 있는데 정치인들이 변하지 못해 국민들에게서 버림받았다는 것을 반성하고 새롭게 출발해 과거의 지지층들이 다시 돌아오도록 노력해야 한다고 말하는 그에게서 비장함을 느낄 수 있다.

대통령이나 열린 우리당에 섭섭함이 없지 않겠지만 열린 우리당이 성공해야 우리 국가가 성공하는 것이고 우리 정치가 국민들에게 신뢰를 받을 것이라고 말했다.

다만 모든 것을 짧은 시간에 고치려다 분열이나 반목이 있지 않을까 하는 점을 우려하고 있었다.

선거를 치르느라 진 빚을 고스란히 떠안은 것을 생각하면 억울하기도 하고 세상사 돌아가는 것이 기기묘묘하고 빨라서 정신을 차리지 못할 지경이겠지만 한국의 미래를 염려하는 그에게서 큰 정치인의 면모를 발견할 수 있다.

정치는 생물이라고 말하지만 너무도 빠르게 변하고 있는 한국의 정치현실.

거친 풍랑 속에 힘들고 버거운 항해를 하는 민주당이라는 배의 운명은 어떻게 전개될 것인지 사뭇 궁금하지 않을 수 없다. 민주당뿐 아니라 대한민국의 정치가 예측을 할 수 없다 해도 과언이 아니다.

사회적 이슈가 너무도 많은데다 국내 정치에 영향을 미칠

외부적 요인도 만만치가 않다.

정치, 경제, 사회 모든 분야가 안정되어 있지 못한 현실을 어떻게 타파해 나갈 것인가 모두 머리를 짜내야 할 것이다.

당리당략을 떠나 진정한 애국심으로 지혜를 모아 이 어려운 난관을 극복해가기를 간절히 바라는 마음이다.

워싱턴 트라우마와 뉴욕 불바다 위협

백악관이 있는 워싱턴 디시(washington district of columbia) 시가지에서 자동차를 몰고 다니다 흔히 볼 수 있는 광경은 사람들이 빌딩에서 허겁지겁 나오는 광경이다. 그야말로 그 광경은 금방 난리라도 난 것 같은 모습니다.

한 바탕 그런 소동을 피운 후 그 원인을 밝히고 보면 빌딩 안에 이상한 물건이 있다든가 믿지 못할 소문으로 인해 사람들이 그런 소동을 피운 것이다. 평소에 느긋하고 여유 만만한 대륙적 기질을 가지고 있던 사람들이 그런 광경을 보이는 것은 2001년 9월 11일에 발생했던 뉴욕의 무역센터 폭파와 디시에 있던 펜타곤 파괴에 대한 정신적 트라우마(trauma)가 있다는 것을 보여주는 것이나 다름없다.

미국이 관계된 전쟁은 남북 전쟁과 독립전쟁을 제외하면 모두 자국의 밖에서 행해진 전쟁들이었다. 그런 이유 때문에 전쟁에 참여한 사람들을 제외하면 전쟁의 참상이나 고통을 제대로 실감할 기회가 없었다. 전쟁을 하지만 그 참상을 모르고 살던 국민들이 미국의 심장이라고 할 수 있는 뉴욕의 무역센터와 워싱턴 디시의 국방부가 공격을 받았으니 당황하지 않을 수 없는 일이었을 것이다.

미국인들이나 제3 세계 국가들도 군사 최강국인 미국 본토 안에서 그런 일이 생길 것이라고 생각한 사람은 아무도 없었을 것이다. 그야말로 꿈에도 상상할 수 없는 일이 발생 했으니 기존의 군사전략이란 게 무엇인가 새로운 고민을 하지 않을 수 없는 일이었다.

막강한 화력과 정규군을 가진 군사강국이 그렇게 맥없이 당할 수 있다는 것은 많은 군사 전략가들이 자국을 위해서 어떻게 방어할 것인가 고민하지 않을 수 없었고 막강한 군사력보다도 정치력과 외교가 얼마나 중요한가를 생각하게 했다.

그런 일을 겪은 미국은 외국인의 입국이나 자동차 면허를 취득하는 문제가 까다로워지고 은행 계좌개설 등 옛날의 미국이 아니라고 할 만큼 많은 것이 바뀌었을 뿐만 아니라 그런 소행을 저지른 것은 알카에다를 뒤에서 조정하는 빈라덴이라하여 그를 지원하는 국가들도 그대로 둘 수 없다고 사담 후세인까지 제거했다.

그런 일련의 과정을 겪으며 미국의 경제 또한 바닥으로 추락하여 부시 전 대통령은 역대 대통령 중 가장 인기 없고 무능한 대통령이란 낙인이 찍혔다. 평소에 워싱턴 디시는 전원도시로써 평화로움과 아름다운 정취가 빼어난 곳이었지만 이제 그런 평화를 느끼기 힘든 도시가 되었다. 무엇보다도 돈으로 계산할 수 없는 안정감과 평화로움을 잃어버렸다는 것이 큰 손실일 것이다.

북한의 위협과 거기에 대응하는 남한의 당국자들보다도 미국이 더 민감하지 않을 수 없는 것은 바로 미국의 중요 거점이 북한의 공격 목표에 들어 있다는 것이다. 서울 불바다라는 말은 흔히 들어서 국민들이 불감증에 걸려 있다고 할지라도 미국의 입장은 그렇지 않다는 것이다.

알카에다 공격이 있을 것이라는 풍문이 있었지만 그것을 무시하고 있다가 상상도 하지 못했던 공격을 받았기 때문에 미국은 우리와는 다른 입장에 있다. 평화로운 도시에서 갑자기 사람들이 우 쏟아져 나왔다가 빌딩 안으로 다시 들어가는 일이 흔한 것은 정신적 트라우마가 있다는 것을 말해주고도 남는 일이다.

어느 나라고 전쟁을 좋아할 나라는 없겠지만 한국과 미국은 지금 전쟁이냐 평화냐 선택의 기로에 서 있는 것이 엄연한 현실이다. 이미 군사력은 준비되어 있다. 그 군사력을 쓸 것인가 아니면 외교로 풀 것인가 이것이 숙제다. 국제 사회에서 전쟁도 외교라고 하지만 그것은 최악의 외교로 국가와 국민들의 희생이 따라야만 한다.

좋은 외교를 할 것인가 나쁜 외교를 할 것인가가 한반도의 운명을 좌우할 것이다.

박근혜 정부에 대화를 주문하는데 그것을 받아들이지 않아 미국은 불만이다.

아무쪼록 뉴욕을 불바다로 만들겠다는 말이나 영상을 올리지 말아달라고 미 당국은 북한에 요구하고 있다.

그만큼 미국 국민들은 불안 해 하고 있다는 것이다.

시대정신

요즘 한국의 정치가들이 시대정신이란 말을 많이 하고, 그 말이 꽤 큰 비중으로 가슴에 와 닿는다.

어느 시대나 그 시대가 가져야 할 시대의 정신이 있었고 그 정신을 실현하려는 노력이 있었기에 오늘날 우리 인류가 이만큼이라도 민주주의를 근간으로 한 자유와 인권을 누리고 있다고 해야 할 것이다.

우리가 주일이면 교회에 나오는 것은 예수님께 복을 달라고 나오기보다 예수님께서 그 시대에 맞는 시대정신을 선언했고 그것을 실천하시려다 십자가에 못박히셨기 때문에 그 피의 고귀함을 잊지 않고 예수님의 길을 따라 가겠노라는 다짐을 하기 위해 교회에 나온다고 해야 맞는 말이 될 것이다.

예수님께서 그 당시 세속적으로 잘 먹고 잘 살겠다고 했다면 얼마든지 잘 먹고 잘 살며 행복하게 살 수 있었을 것이다. 그만한 지혜와 총명함이었다면 그 당시 고관대작은 물론, 그럴듯한 율법학자가 되어 호의호식 할 수 있었지 않았을까… 그 당시 목수 일만 해도 아마 첨단의 기술직으로 먹고사는데는 아무 이상 없었을 것이다. 그러나 예수님은 자신의 영달보다도 세상을 염려했고 그 염려로 인해 새로운 시대정신, 새로운 패러다임(paradigm)을 선언 했던 것이다.

죄 진자는 어김없이 돌로 쳐 죽여야 했던 그 율법 시대에 새로운 시대정신인 사랑과 용서를 말씀하셨고 그것은 우리 인류에게 복음이 되어 우리의 가슴을 지금까지 때리고 있는 것이다.

당장에 달려가 귀싸대기를 한 대 때려야 속이 시원할 일이지만 용서하고 사랑하라는 그 말씀. 하지만 말이 그렇지 그 용서라는 것이 그렇게 쉽지가 않으니 어쩌랴.

그래서 용서할 수 없는 것을 용서하는 것이 진정한 용서다. 또는 참을 수 없는 것을 참는 것이 참으로 참는 것이다. 하는 말을 하게 되는 것이다.

성경에서도 의를 먼저 구하라는 말씀이 나오지만 그 의인이 된다는 것이 그렇게 쉽지 않다는 것을 소돔과 고모라를 멸망시키는 대목에서 엿볼 수 있다.

안중근 선생께서 일본인들에게 잡혀 감옥에 계시는 동안 썼다는 글 중에 자신에게 이익이 되는 것을 보거든 먼저 의를 생각하라(見利思義)하는 글 옆에 손가락이 한 개 잘려나간 손바닥을 먹물에 묻혀 도장처럼 찍어 놓은 것을 보면 웬지 비장한 마음을 갖세 된나.

손가락 한 개가 잘려나간 손. 그 손을 통해서 의인이 된다는 것이 그렇게 쉽지 않다는 것을 짐작케 하는 것이다.

지금 이 시대의 시대정신. 새로운 패러다임은 무엇이어야 할까?

로마병정의 채찍을 등에 맞으며 무거운 십자가를 짊어지고 골고다 언덕까지 가셨던 예수님의 고난의 길. 새로운 시대정신을 실행하려는 데서 오는 반동에 의해서 예수님은 그렇게 십자가를 질 수밖에 없었다.

지금 이 순간에 예수님께서 지구상에 재림하신다면 범인류적으로 이 시대의 시대정신을 무엇으로 규정하시고 시행하실까…

한국의 정치가들은 정파들 간에 정권 다툼으로 인하여 아무리 좋은 일, 이 시대의 시대정신이라 할 수 있는 일을 하여도 정파가 다르면 헐뜯기에 바쁘다. 자기가 하면 사랑이요 남이 하면 불륜이라는 잣대를 들이대는 것이다.

과거 박정희 대통령이 7.4남북 공동성명을 발표했을 때를 생각해보자. 그 남북성명에서 강조한 것은 이제 남과 북은 적대적 관계를 청산하고 민족 공동체로서 외세의 간섭 없이 평화적으로 통일을 해야한다는 것이었다.

박정희 씨의 7.4남북 공동성명 정신과 김대중, 노무현 정권의 화해 정신의 차이점이 크게 다르지 않건만 정파가 다르다 하여 친북이내 반미내 해가며 헐뜯기에 바쁘다.

똑 같은 일인데도 자기가 하면 애국이요 남이 하면 역적이라고 하는 이중 잣대와 애국은 자기만 해야 하고 자기만 할 수 있는 것으로, 착각하는 애국 착각증, 애국 독점증을 갖고 있는 현실이다.

조국을 떠나 남의 나라에 와 살고 있지만 마음으로는 한결같이 조국이 잘 되길 바라는 마음을 누구나 갖고 있기에 정치가들이 말하는 시대정신이란 단어가 가슴속으로 깊이 울림해 올 것이다.

한국의 시대정신은 누가 뭐래도 한반도 평화 유지와 통일을 위해 한 걸음씩 앞으로 나아가는 것이라고 해야 할 것이다. 그런 민족적인 일을 하는 데 있어 어찌 네편 내편 가를 수 있으랴… 한국인이면 모두 동참하고 힘을 합쳐 나가야만 할 것이다.

평화가 정착되고 통일을 이루어 강대국에 의한 역사가 아닌 우리 민족의 힘으로 역사를 창조하고 기록해 가는 민족이 되길 희망하는 것이 단지 희망으로 끝나지 않기를 바라는 마음 간절하다.

한국일보 2011년 4월 27일 플로리다 주 한겨레 저널

대화 마당

4월 3일 워싱톤 디시 맥아더 거리에 있는 승리의 모후 천주교회에서 종파를 초월한 모임이 있었다.

이날의 행사는 사회학을 전공한 권오균씨가 출간한 영문판 "한국 이주민들의 불교와 기독교" (Buddist & Protestant Korean Immigrants)의 출판 기념을 겸한 토론의 장으로 아주 뜻 있는 자리였다.

자리에 참석하기 전 모임 내용에 대해 참석할 인사들에게 E 메일로 안내를 해준 탓인지 각양각색의 사람들이 모였지만 조금도 어색함 없이 시종일관 화기애애한 분위기 속에서 행사를 마칠 수 있었다.

권오균씨는 수년 동안 현장을 확인하며 통계를 내고 불교신자들이 이민을 와서 기독교 신자로 개종을 왜 하는가 비신자였던 사람들이 왜 종교생활을 하는가? 왜 더 적극적으로 신앙에 몰두하는가하는 의문을 풀고자 이 방면의 연구를 시작했다고 한다. 그리고 이 원고가 마무리 될 때쯤에 미국 출판사 "LFB Scholarly Publishing LLC"에서 출판 제의를 해와 책을 출간하게 되었다고 한다.

권오균씨가 현장 탐사 과정에서 확인 한 것들 중에 중요한 것은 미국 내 불교신자들의 2세들에게 전교 되지 않는다는 것이었다. 현재도 기독교에 비교하면 교인 숫자가 아주 미약한 편인데 앞으로 시간이 갈수록 그런 현상이 두드러질 것이라고 예측했다.

이러한 상황을 들은 참석자들 중에 미주한인재단에 임원으로 있는 채영창씨는 불교뿐만 아니라 기독교도 2세들에게 그런 현상이 일어날 것이라고 독일의 경우를 예로 들었다.

개척시대 초창기 필라델피아로 이주한 독일 사람들은 아주 거대한 교회를 지어 자신들의 신앙심과 민족적 자긍심을 표현했지만 2세들이 미국에 동화되어가면서 미국인들의 교회로 이동해버려 나중엔 그 큰 교회를 관리조차 할 수 없게 되어 결국은 한국인들이 교회 건물을 찾는다는 말을 듣고 단돈 1 달러에 팔아 넘겼다고 한다. 채영창씨는 그런 예를 보아서 한국인들도 너무 큰 교회를 지을 것이 아니라 한국의 정신을 살리고 전통을 살린 작고 아담한 교회를 짓는 것이 내일을 위한 현명함이라고 지적했다.

천주교 신부, 교회 목사, 불교 승려, 원불교 교무, 일반인들 여러 유형의 사람들이 이 행사에 참석했지만 자신의 종교를 대변하기보다도 공동의 일치점을 찾고자 양보와 상대에 대한 존중을 아끼지 않았다.

원리주의에 빠지면 자칫 독선에 빠질 수 있다는 점을 각 종파들이 자각하고 있다는 것을 대화의 장에서 확인 할 수 있었다. 그만큼 종교인들의 생각들이 유연해지고 종교의 궁극적 목적은 평화와 사랑을 실현시키는 것으로 서로를 인정해야만 얻을 수 있음을 확인하는 자리였다.

십여 년 전 한국에서도 강원용 목사가 아케데미 하우스에서 각 종파 간 대화를 나눈다고 해 필자가 참석했었다. 그 자리에서 당시로서는 아주 파격적인 말을 강원용 목사가 하는 것을 들었다. 이제 일원주의, 원리주의에서 벗어나 다원주의로 가야한다. 그래야만 평화로운 세상이 될 수 있다고 했다. 기독교만 제일이다 하는 생각을 버리고 타 종교를 인정해야 한다고 폭탄적인 발언을 했다. 기독교가 표방하는 유일신 사상을 버려야 한다는 것이었다. 그 자리에 참석했던 사람들이 그 말에 충격을 받았던 기억이 아직도 생생하다.

우리는 일제 강점기를 거치며 우리의 토속 종교, 전통종교가 거의 파괴되어 그 명맥마저 잇기가 힘든 지경에 이르러 있다.

연로한 분들이 우리의 역사는 새까맣게 모르면서 이스라엘 역사는 죽 꿰는 것을 보면 너무도 슬픈 희극을 보는 것 같다. 그리고 기복신앙 수준에서 벗어나지 못한 일부 기독교의 행태는 샤머니즘의 대체 역할을 하고 있다는 것을 확인하게 한다.

기독교인들의 실천적 모범 모델인 예수는 사회적 모순에 대한 투쟁이었지 현실 안주가 아니었다.

어떤 종교를 갖느냐가 중요한 것이 아니라 그 종교가 지향하는 핵심적 교리, 사랑과 용서, 화합을 어떻게 실천해나가느냐가 중요한 일일 것이다.

영국의 철학기 토마스 칼라일은 종교의 내상이 어떤 것인가, 누구인가가 중요한 것이 아니라 신앙인의 성실성이 더 중요하다고 갈파했다.

흥사단 공개강좌

워싱턴 지역에서 활동하는 한인 단체들 중 운영이 잘 되는 단체로 평판이 나 있는 흥사단은 중앙문화쎈타에서 4월 16일 한동대 허종옥 교수(사회학)를 초청해 "유태인과 한국인의 자녀교육 비교"란 주제를 가지고 강좌를 열었다.

흥사단 단원들을 비롯해 자녀 교육에 관심을 가진 학부모들이 다수 참석해 유태인들의 가치관, 인생관에 대한 강의를 들었다.

자녀들의 교육열이라면 대한민국의 부모들도 세계 어느 나라에 지지 않을 것이다. 어떤 희생을 치르더라도 자식들을 학교에 보내겠다는 자식 사랑이 지나쳐 어떤 어머니는 노래방에 나가 매춘까지 하다 법망에 걸리기도 했다.

과연 그렇게까지 하면서 학교를 보내야 할 이유가 있는 것일까… 교육이 사람 만드는 것이 목적이라면 그 어머니부터가 사람 되는 일에서 벗어나는 것이니 너무나 슬픈 자화상이 아닐 수 없다.

일본의 나까야마 스께루(국제정치학) 교수가 쓴 여대생 망국론이란 책을 보면 제 2차 대전이 끝나고 일본의 여대생들이 미국에 유학 와 학비 지원을 제대로 받지 못해 대개가 술집에서 일을 하며 학비를 조달했다고 한다. 나까야마 스께루 교수가 지적하는 것은 술집에서 일하는 직업관을 가지고 하는 말이 아니라 일본의 여대생들이 그곳에서 너무나 쉽게 미국인들을 만나고 쉽게 아이를 가지게 되는 것을 목격하고 일본에 돌아가 여대생 망국론이란 책을 쓰게 되었다.

나까야마 쓰께루 교수의 책이 시중에 나가자 여성계에서 들고 일어나 일본 열도가 떠들썩하게 되었다. 여성차별이 아닌가 하고….그러나 일본 여성들이 이성을 되찾고 나까야마 교수를 초청해 그의 강연을 듣게 되었다. 왜 여대생 망국론인가 하고… 나까먀마 교수는 인간이 사회적으로 어떤 기능을 갖는가 하는 목적도 중요하지만 우선 인간이 되어야 한다는 점을 강조하였다. 그리고 미국에서 대학까지 나왔지만 양말도 하나 제대로 꿰매지 못하고 된장국도 제대로 끓이지 못하는 여성들이 늘어난다면 일본에 무슨 도움이 되겠는가 하는 점을 지적했다.

또한 여성도 하나의 인격체인데 너무 쉽게 아이를 임신하고 그 사실을 숨기며 사회생활을 하는 것이 도덕적으로 문제가 되는 것이 아닌가 하고 자기가 미국에서 본 사실들을 그대로 여성계 지도자들 앞에서 쏟아냈다.

요즘 같으면 피임약이라도 있어서 임신까지 가는 것은 막을 수 있겠지만 그 시절에는 일본 여대생들이 노란 머리와 파란 눈의 아이를 안고 귀국하거나 임신한 체 비행장에 내리니 지각 있는 사람이라면 누구나 한숨을 쉬었을 것이다.

나까야마 같은 교수의 노력이 있어서인지 모르지만 일본 여성들의 자존심이나 긍지는 대단하다고 한다. 어느 여성이 가장 아름다운가를 뽑는 미쓰 코리아 같은 행사가 일본에서는 인기를 많이 끌지 못한다고 한다. 왜 여성들이 아슬아슬하게 중요한 부분만 가리고 많은 사람들 앞에 서야 하는가! 이것은 여성들을 하나의 상품으로 취급하는 것이고 많은 남성들의 눈요기가 되는 여성 모욕적인 이벤트다 하고 여성들의 참여율이 높지 않다고 한다.

맹목적인 교육이 아니라 어떤 가치관을 가지고 사는 인간이 되어야 하는가를 나까야마 교수는 고민했고 그 결과로 미국에서 일어나고 있는 여대생들의 현실을 숨김없이 사회에 고발했던 것이다.

여대생 망국론이란 책은 그 후에 재판까지 찍어 일본 열도를 사색에 잠기게 했다.

허종옥 교수의 유태인들의 교육관도 나까야마 교수의 교육관이나 별 차이가 없다는 것을 느끼게 했다.

유태인들은 하던 일이 실패하면 자기 잘못으로 돌리고 성공하면 자기가 속한 단체로 그 공을 돌린다고 한다. 동양의 가치관으로 본다면 대인이나 군자의 도를 따른다고 할 수 있을 것이다. 그리고 이 세상을 떠날 때 자기 재산을 사회에 환원하는 것을 원칙으로 한다고 한다. 만일 이 불문율을 지키지 않으면 사람 취급을 받지 못하고… 요즘 한국에서는 대 재벌들이 상속세를 안 내려고 갖은 술수를 다 부리고 있는 것을 보면 너무나 대조적이다.

개인의 성공 여부를 유태인들은 그 근본 원인이 가정에 있다고 생각하는 것에 반해 한국인들은 사회 탓으로 돌린다고 한다. 잘하면 제 탓이요 잘못하면 조상 탓을 한다는 말이 괜히 있는 것이 아니다.

유월절은 이스라엘 민족이 이집트에서 탈출한 것을 기념하는 날인데 아버지는 아이들에게 민족의 정체성을 심어주기 위해 유태인들의 문화, 전통, 종교, 언어의 중요성에 대해 말해주고 어머니는 가난한 사람을 도와주라, 정직하라, 남에게 책임을 전가하지 말라고 교육 시킨다고 한다.

유월절이 단순한 기념일이 아니라 자녀들에게 민족의 중요성과 참다운 인간이 무엇인가를 교육하는 날인 것이다.

한국의 어머니들은 아이들이 학교에서 돌아오면 점수를 얼마나 받았냐에 관심을 갖는 반면 유태인들은 선생님에게 무엇을 질문했는가에 관심을 갖는다고 한다.

유태인들은 아이가 단순히 무엇을 얼마나 기억했는가를 테스트하는 시험보다도 얼마만큼 자기 생각을 주관적으로 갖고 있는가를 중요하게 생각하는 것이다.

13세가 되면 성인으로 인정해 자기 진로를 자기가 알아서 가도록 하는 것도 유태인들의 이른 자립심 교육이라고 할 수 있을 것이다. 이미 언론을 통해 잘 알려진 일이지만 유태인들은 전쟁이 나면 이스라엘로 돌아가고 한국은 군대 안가기 위해 온갖 방법을 다 동원하고 있다.

열심히 공부해서 자기 자신과 자기 식구밖에 모르고 산다면 그 많은 시간을 들여 공부한 가치가 무엇일까? 남대문 지

계꾼도 자기 식구를 사랑하고 구두닦이도 자기 가족을 사랑하며 열심히 살고 있다. 사회에 대하여 아무런 고민도 없이 그냥 살기만 한다면 단순 기술자와 뭐가 다른가. 단순히 공부만 많이 했다 해서 그들이 사회로부터 특별한 대우를 받아야 할 이유가 없다.

사회 정의와 큰 도량을 키우는 유태인들의 교육관, 그리고 그 바탕 위에 애국심을 갖게 하는 유태인들의 교육 철학을 한국의 부모들도 가지면 좋겠다.

거창 국제 연극제

산수 좋고 풍광이 수려한 경상남도 거창에서 7월 31일부터 8월 17일까지 국제 연극제가 열리고 있다. 이번 행사는 16번째 행사로 회를 거듭할수록 참가하는 연극단체나 관람객들이 늘어나고 있다고 한다.

거창에서 이처럼 성공적으로 국제 행사를 해낼 수 있는 이유는 무엇일까. 아마도 자연경관이 빼어난 수승대라는 장소와 지역 주민들의 문화예술에 대한 열정이 있기에 가능한 것이 아닐까 생각된다.

집행위원장인 이종일 씨는 전직 교사출신으로서 극작가와 연출을 겸하고 있다.

학창시절부터 연극에 열정을 가지고 있던 이종일 씨는 거창 국제 연극제를 불란서의 아비뇽 수준으로 만드는 것이 꿈이라고 한다.

이제는 지역 축제로 완전히 자리를 잡아 군의 지원과 중앙의 지원을 받는 행사로 자리 잡았지만 만족할만한 행사로 자리 잡기까지는 20여 년의 세월이 더 흘러야 가능하지 않을까 생각된다고 했다.

산수가 수려한 자연경관을 배경으로 한 야외무대에서 자연과 인간의 어우러짐을 목표로 하는 야외 연극축제는 발상부터가 독창적이다.

이번 행사에 참석한 해외 극단은 일본의 "스토어하우스" 프랑스 "듀오" 루마니아 "디아" 일본 "해체사" 영국 "피안비" 독일 "스타피큐렌" 세네갈 "세네갈" 페루 "그룹트리부" 콜롬비아 "현대댄스" 와 국내 31개 단체가 참가하고 있다.

해외에서 참여하는 단체는 항공료와 숙박비를 제공하고 경비의 일부를 지원한다고 한다.

더 많은 해외 단체들을 유치하기 위해선 예산이 필요한 사항이지만 해마다 국제 행사로서 면모를 갖추기 위해 일정 수의 단체를 초청하고 있다.

비가 내리는 속에서도 비를 맞으며 행사를 진행하는 행사요원들이나 연극단체들, 그리고 봉사요원들의 성실과 예술인들의 근성이 어우러진 연극축제는 마치 군대의 돌격대를 연상시킬 만큼 열기가 대단했다.

깨달음의 길(법륜)

인생이란 무엇인가?

누군가 이런 의문을 깊게, 지속적으로 갖게 된다면 그야말로 인생의 큰 늪에 빠지는 것이나 다름없을 것이다.

그 물음에 대한 답이 그리 간단치 않으니 그 누가 쉽게 답할 수 있으며 그 누가 쉽게 그 답을 얻어 낼 수 있을 것인가?

그 답을 얻기 위해 깨달음의 길을 걷겠다고 나서서 사회 현실과 동떨어진 길을 가는 사람들도 많지만 그 해답을 찾기가 그리 쉽지 않을 것이다.
석가모니는 모든 사람이 부러워하는 영화와 부귀를 버리고 갠지스강을 7년이나 배회하다 깨달음을 얻었다고 했지만 브라만으로부터 이단으로 몰려 시련을 겪어야 했다.

불교가 한국에 들어와 대중들과 함께 하기보다 힘있는 자들과 함께 하며 민중의 고단함을 외면한 시간이 너무도 길었다. 명분은 호국불교라는 것이었지만 실상은 힘있는 자 편에 붙어서 부귀영화를 꾀했으니 석가모니 부처의 본 뜻과는 너무도 거리가 먼 것이었다.
(기독교 목사들이 예수님의 십자가에 못 박힘의 본뜻과 그 고통을 외면하고 독재자들의 비위를 맞추기 위해 조찬 기도회를 가졌던 것과 같이)
민중의 아픔과 함께 하지 않는 깨달음이 과연 진정한 깨달음일까?
만해는 일제시대 민중이 당하는 고통을 외면하지 않고 일제에 대항해 싸웠고 사명당은 임진외란 때 승병을 조직해 싸웠다. 뿐만 아니라 대종교의 나철 선생은 대종교 신도들을 이끌고 만주로 건너가 독립군의 70%가 대종교 신도들이었을 정도로 민중 속에서 그 본뜻을 찾으려 했다.
진정한 깨달음이란 무엇일까?
고요한 산사에서 신도들에 둘러싸여 그들의 보시를 탐하거나 불사를 일으켜 절이나 크게 지을 궁리를 하는 승려들이 깨달은 자의 길을 가는 것일까…
(신도들의 고통은 외면하고 교회나 크게 지을 망상에 빠

져 있거나 외국에 선교사나 많이 파송하려는 허영심에 빠진 목사들도 똑 같은 물음을 받아야 할 것이다.)

진정 깨달은 자라면 만해나 사명당, 나철처럼 현실에 뛰어들지 않을 수 없는 상황이다.

빡빡 머리에 승복을 입고 워싱턴에 자주 나타나는 법륜에게서 만해나 사명당, 안창호 선생, 서재필 선생의 숨결을 느낄 수 있으니…

승복을 입은 법륜.

법륜은 만해나 사명당의 길을 이어가는 승려요 불가에서 말하는 지장보살의 뜻을 실현하는 실천가가 아닐까…

지옥불에 떨어진 모든 중생을 다 구하고 나서야 성불하겠다는 지장보살.

피안의 세계로 가기 전 이승을 먼저 구하는 것을 소명으로 알고 행하는 것이 바로 지장보살이 말한 대승적 불교가 아닐까…

(예수가 현실을 외면하지 않고 십자가에 못 박히심과 같이)

법륜은 민중들 앞에서 부처님 말씀을 전하는 승려가 아니라 우리 민족이 어떻게 해야만 이 위기의 상황을 넘길 것인가를 말하고 있다.

불교 전도 운동을 하는 것이 아니라 민족의 평화와 세계평화를 전도하는 평화 전도사로 나선 것이다.

또한 북한 인민들의 배고픔이나 북한의 붕괴가 어떤 상황을 불러 올 것인가 하는 그 나름의 예측을 설파하는 민족문제 연구가이기도 하다.

그의 현실 진단은 참으로 설득력이 있다. 일제 강점기 친일파와 독립운동가들의 갈등과 6.25를 거치며 같은 민족끼리 서로 죽이고 죽는 과정에서 생긴 원한의 치유를 말하기도 한다.

추상적 개념으로 현실감이 멀기만 한 그 깨달음이란 모호한 인식에 갇혀서 저 홀로 고고한 척하는 산사의 유희적 삶보다도 얼마나 생동감 있으며 실질적 중생 구조 활동인가.

그럴듯한 언설을 일삼아 깨달음이란 실체를 보여주지도 못하며 중생들을 현혹하기보다 명징스러운 언행으로 이 시대적 과업을 수행해 가는 그의 행적에서 진정 깨달음의 실체를 발견 할 수 있으니 이 시대의 보배라 아니 할 수 없다.

깨달음이란 추상적 모호성으로 중생들을 현혹하여 생동감을 잃게 하는 것은 이승의 삶을 오히려 피폐하게 만들뿐이다.

우리의 삶과 동떨어진 깨달음이 이 세상에 무슨 도움이 될 수 있을 것인가… 인간이 종교에 의해 희생되는 것이 아니라 종교가 인간을 위해 무엇을 할 것인가 결론을 낸 사람이 가는 길이 바로 법륜이 가는 길일 것이다.

이승의 삶에서 깨달음의 진정성이란 바로 중생들에게 은혜로운 길잡이가 되어야만 할 것이다.

무슨 죄를 그리도 많이 지으며 사는지 매일 같이 죄 타령에 세월이 다 가고, 복을 얼마나 받아야만 하는지 복 타령으로 시간을 다 보내는 종교가 되어서는 안 될 것이다.

예수님이 말씀 하셨듯이 각자의 가슴속에 천국이 있음을 상기한다면 천국타령도 싱겁기만 한 것이다. 천국이 없다고 해서 막 살 것도 아니요, 지옥이 없다 해서 되는 대로 살 것도 아닌 것이 참인간의 길이 아니겠는가.

밥상 살리기 운동

자연을 지키자는 운동이라든가 환경을 보호하자는 운동은 흔히 들어보았지만 밥상 살리기 운동이란 말은 우리 귀에 익숙하지 않은 말이다.

땅이 죽고 물이 죽은 환경에서 나는 농산물로 음식을 만들어 상에 올리면 죽은 밥상이므로 유기농 농산물로 밥상을 살려야 한다는 운동이 사회에 파장을 불러일으키고 있다.

학교에서 학생들을 가르치는 것만으로 만족하지 못하고 생활현장에서 몸으로 실천하는 권광식 교수를 만나 밥상 살리기 운동에 대해서 들어 보았다.

권교수가 농촌 운동에 관심을 갖게 된 것은 최근에 일이 아니고 박정희 전 대통령 시절 새마을 운동을 할 때부터였다고 한다. 정부에서는 새마을 운동을 한다며 급격하게 농촌을 인위적으로 바꾸며 생산 증대와 통계 숫자 높이기에 여념이 없을 때 그는 헌 마을 운동을 했다는 것이다.

정부 시책에 반하는 운동을 줄기차게 하다가 정보부에 끌려가 김대중 내란 음모 가담자란 누명이 씌워지고 심한 고문을 당해 몸이 다 망가졌던 인물이다.

한 번도 만난 적이 없는 사람 이름을 들이대며 김대중으로부터 공작금을 받지 않았느냐고 다그치고, 아니라고 하면 사정없이 두들겨 패며 모욕을 주는 것이 반복되어 너무나 분통이 터져 자신도 모르게 취조하는 사람의 손가락을 물어뜯어 더 심하게 고문을 받았다고 한다.

뿐만 아니라 대학에서도 쫓겨나 휴직 교수 생활을 오랫동안 하기도 했다.

엄혹한 시절에 지행일치의 철학을 보였던 지식인들이 당해야 했던 시대의 상흔을 안고 있는 인물이다.

비료나 농약을 쳐 농사를 지으면 당장 몇 년 동안은 생산이 증대되지만 오래지 않아 생태계가 파괴되고 지력이 없어져 농작물에 면역이 약해지기 때문에 생산성이 떨어질 뿐만 아니라 사람들도 그 피해를 보게 된다는 것이다.

농사를 잘 지을 수 있는 땅이 되기 위해선 자연적으로 풍화작용을 거치며 2천년이란 긴 세월이 필요하다고 한다.

그 긴 세월을 거치며 농사짓기에 좋은 조건이 된 것을 몇 푼의 돈과 하잘 것 없는 통계숫자를 위해서 파괴 시켜 놓으면 다시 원상복구 하는데 비용이 더 들고 시간이 얼마나 걸릴지 모른다는 것이다.

비료나 농약으로 땅이 죽으면 물이 죽고 공기가 죽어 사람이 살수 없는 땅이 된다는 것이 권교수의 지론이다.

그 죽은 밥상을 살리기 위해서는 유기농으로 농사를 지어야 한다는 논리다. 비료나 농약을 치지 않고 자연농법으로 지은 농산물만이 사람을 살릴 수 있는 진정한 농산물이란 것이다.

권교수는 도시인들이 마음 놓고 먹을 수 있는 유기농 농산물을 공급하는 것이 실질적인 밥상 살리기 운동이라고 동지들을 모아 유기농 농산물을 판매하는 매장까지 운영하고 있다.

믿고 먹을 수 있는 유기농 농산물을 공급할 수 있고 유기농에 대한 철학은 확고하지만 매장을 운영하는 마케팅에는 경험이 없어 매장은 적자운영을 면치 못하고 있다고 한다.

농부들에게 유기농 농사에 대한 필요성을 전파하는 강의와 환경에 대한 저술을 펴내느라 정신없는 가운데 매장까지 운영하는 행동파 지식인.

대학에 복직되어 학생들에게 환경교육을 하며 행동으로 모범을 보이는 권 교수가 언제쯤 시간적으로 여유 있는 생활을 하게 될지 모를 일이다.

플로리다 한겨레저널 2004년 12월 16일

남해 독일인 마을

매끄럽게 깔린 남해 아스팔트길을 달리다보면 푸른 바다가 오랜 옛날이야기처럼 펼쳐지고 지나가던 나그네는 그 이야기에 취해 잠시 휴식을 갖고 싶어진다.

고향을 잃어버린 사람들이 있다면 누구에게나 따뜻한 고향이 되어 주겠다고 손짓하는 작은 섬들.

뜨겁게 요동치는 대지의 열정을 밤낮 없이 차가운 파도로 식혀주는 바다.

어떤 아픔이라도 어떤 서러움이라도 다 털어놓게 하는 바다.

대지에서 떠 밀려오는 모든 상처와 통한들을 쉼 없이 파도로 어루만지는 바다의 자비로움이 우리의 지난한 모든 것들을 벗어놓게 한다.

그리고 호흡을 길게 가다듬게 한다. 억울한 인생이었거나 환희에 찬 인생이었거나 모두 숨을 길게 들여 마시고 지나온 길을 돌아보라고 자신의 가슴을 열어 보인다.

아무것도 감추지 않는 바다의 가슴으로 하여 우리 또한 아무것도 감출 수 없어 그 위에 모든 것을 내려놓을 수밖에 없다.

물안개가 피었다가 스러지는 동편에 붉은 태양이 계속 떠오르는 것은 우리를 지치게 하려는 것만은 아닐 것이다. 그래서 나그네는 길을 떠나고 우리는 그를 끊임없이 배웅하며 당부하는 것이다.

인생은 지치는 것이고 지치면 쉬어 가는 것이라고…

여기 대지의 끝 남해.

남해군 삼동면 물건리에 자리잡은 독일인 마을.

쉴 때가 되었음을 알고 찾아온 사람들이 있는 곳.

멀리 고기잡이 나간 어부를 기다리며 하염없이 바다를 바라본 수많은 시간들이 녹아 흐르는 곳.

이국적 정취를 한껏 풍기며 지나가는 길손들의 호기심을 불러일으키는 독일인 마을.

오밀조밀 꾸미고 색칠한 서구 풍 건물들이 시선을 끄는 독일인 마을은 펼쳐진 포구와 어우러져 한 폭의 그림 같다.

젊은 청춘을 다 보내고 고향으로 돌아가려도 돌아 갈 고향이 없게 된 사연이 남해 바다에 녹아 우리의 가슴을 적신다.

파도나 알려나! 바람이나 알려나!

떠나 갈 때는 온 나라가 떠들썩하지 않았던가.

우리의 굶주린 배를 채워주려고, 우리의 부족한 외화를 벌어주려고, 간호사로 광부로 떠나간다고… 눈물을 흘리며 보냈던 그 사람들이 바다가 되어 돌아 왔다.

부모는 저 세상으로 가시고 형제들은 뿔뿔이 흩어져 찾을 길도 막막하다.

몸뚱이는 찾아진다 하더라도 너무도 오랜 세월 단절되었기에 다시 잇기가 헤어져 있기보다 더 아픈 것이다.

보낼 때는 팡파르를 울리며 보냈건만 돌아오고자 할 땐 돌아올 곳이 없는 조국이 되었다.

보릿고개도 없어졌고 산천이 기름기로 넘치지만 허전하기만 한 조국이다.

젊은 청춘에 독일 땅에 와 독일을 위해 일해 준 것이 고마우니 이제 남은 인생은 당신의 나라, 당신의 조국에 가서 함께 살아주리다 하고 따라온 독일인 남편 앞에 조국의 각박함이 부끄러워 밤마다 바다와 함께 이야기를 나누는 여인들.

김두관 군수시절 독일에 거주하는 교포들의 친목회와 접촉되어 고국으로 돌아오고 싶은 오랜 꿈을 실현시켜주기 위해 군청 차원에서 그들의 영구귀국 사업으로 독일인 마을 건설을 하게 되었다는 사연을 갖고 있는 마을.

독일에 살고 있는 교포들 중 300명이 한국으로 영구 귀국해 보금자리를 잡을 계획으로 102동을 건설해 입주 신청을 받기로 했지만 현재는 12동을 건립해 5가구가 입주했다고 한다.

처음 귀국을 계획하고 독일인 마을을 건립할 때는 독일 빵집이나 토산품 점, 또는 맥주 집을 할 계획이었지만 도중에 모든 것이 취소되었다고 한다.

뿐만 아니라 의료 시설을 확보해 자신들이 가지고 있는 경험을 살려 지역 사회에 기여하고자 했던 꿈이 있었지만 실현되지 않아 많은 아쉬움이 있기도 하다.

고국에 대한 그리움으로 설래이는 가슴을 안고 귀국했다가 일관성 없는 행정과 고답적인 공무원들의 사고방식에 답답해 하는 곳.

그들의 꿈은 물거품이 되었고 고국에 대한 사랑도 짝사랑이 되어버렸다.

인생의 황혼기에 쉴 곳을 찾아 온 이들에게 따뜻한 가슴이 살아있는 조국이었으면 좋겠다.

한겨레 저널 2004년 11월 18일 유자나무

3.1절과 민족정기

자녀들이 대학에 들어가면 앉혀놓고 일장 연설을 하는 것이 정의니, 민주니 아무리 떠들어도 대모에 참여하지 말고 너는 두 눈 꼭 감고 공부해서 취직해야 한다는 것이 부모들의 훈계이고 살아남기의 간곡한 부탁이기도 했다.

그 결과 민족정기라는 말은 사전 속에나 있는 말이 되어버리고 어떻게든 살아남는 게 미덕이요 어떤 부정을 저지르더라도 잘 먹고 잘 살면 수완 좋은 사람으로 사회의 추앙을 받게 되었다.

이제 사회 구석구석 썩지 않은 곳이 없고 정상적으로 돌아가는 곳은 한군데도 없다는 것이 사회 공동인식이다.

뿐만 아니라 민족의 스승이요, 민족의 지도자라고 입이 닳도록 칭송하는 김구선생을 들먹이면서도 선생을 암살한 안두희가 천수를 누리며 사는 모순 속에서 살아왔다.

진정으로 우리나라 법관들 중에 단 한 명이라도 대쪽같은 법조인이 있었던들 그가 천수를 누리지는 못했을 것이다.

얼마 전 어떤 법조인이 대쪽으로 상징되어져 대통령후보가 되어 있을 때 참으로 대한민국에서 코미디다운 코미디가 연출되고 있다고 생각했다.

법에 기대어 세상이 어떻든 간에 생존을 잘해온 사람인 그가 어떻게 대쪽 법조인이 될 수 있단 말인가.

진정 대쪽같은 법조인이 단 한 명이라도 있었다면 안두희는 법에 심판을 받았어야 한다. 김구선생보다 못한 사람을 살해해도 법의 심판을 받고 있다.

김구선생이 진정 민족 지도자로 인정되고 법이 있었다면 안두희는 거기에 상응하는 법의 심판을 받아 사형에 처해졌어야 옳을 것이다.

그러나 안두희는 끝까지 살아남아 대한민국에 법이 없다는 것을 증명하고 있었고 그 수많은 법조인들이 있었지만 문제 제기를 하지 않으므로 생존이 가능했던 것이다.

모순과 부조리에 눈을 감고 그 큰 부조리의 원흉들의 눈치를 살피며 비겁하게 잘 먹고 잘 살아온 사람이 어느 날 갑자기 대쪽 법관이라고 칭송되는 것을 볼 때 대한민국이 얼마나 허약한 국가인가를 노출시킨 셈이고 외국인들에겐 웃음거리가 된 일이다.

결과적으로 대한민국에는 사법부나 법은 없고 무전유죄 유전무죄와 정치적 시녀부가 존재하고 있었을 뿐이다.

뿐만 아니라 요즘 논쟁거리가 되고 있는 친일인명사전을 만들겠다는 것을 국회 법사위원회에서 부결시켰다는 것은 무엇을 말해주는 것인가. 아직도 친일분자들이나 그 후손들이 민족정기의 발목을 잡고 있다는 증거를 보여준 것이다.

그런 부류들이 자신의 본 모습을 감추기 위해 보수라는 가면을 쓰고 있다.

진정으로 보수가 되려면 우리의 역사 속에 있는 정신적 가치를 지켜는 것이어야 할 것이다. 단군 시조의 홍익인간 사상이라든가 신라통일의 원동력이었던 화랑도 정신, 조선시대 때 화두였던 성리학이라든가 또는 일제하의 3.1만세운동의 독립정신, 그도 아니면 이 시대에 넘쳐나는 기독교도들이 말하는 사랑의 정신이든가…

작금의 보수에겐 아무런 정신이 없다.

보수라는 가면의 뒤에는 흉악한 친일파의 얼굴이거나 그의 후손들, 군사독재에 부역했던 자들이 먹던 뼈다귀를 감춰놓고 빼앗기지 않을까 전전긍긍하고 있을 뿐이다. 보수라는 가면 뒤에 숨어 부패와 억지, 역사적 퇴행을 감추며 철 밥통을 지키고 있는 것이다.

그들은 오늘도 편을 갈라 그 속에 제 얼굴을 숨기고자 친미니 반미니 편 가르기를 하고 있다. 친미를 한다고 해서 친미가 되고 반미를 한다고 해서 반미가 되는 세상이 아니다.

이제 제 나라의 이익이 된다면 어느 나라하고든지 외교관계를 맺고 있다. 적대국이었던 중국이나 러시아, 월남하고도 외교관계를 맺으며 사는 시대가 아닌가. 이런 시대에 하물며 반미를 한다고 해서 반미가 될 일인가. 반미를 들먹이는 사람들은 반미를 하는 자들은 공산주의나 하는 능식을 만들고 사회를 긴장된 분위기로 만들어 옛날에 누렸던 주도권을 잡아 다시 한 번 부정부패의 광란을 펼치고 싶은 것 외에 아무것도 아니다. 공산주의의 종주국이었던 소련이 해체된 이 마당에 누가, 얼마나 그 공산주의를 하겠다고 나서겠는가…

사업가들이 사업을 한다며 은행돈을 자기 자본의 600배 700배까지 갖다 쓰는 일은 사유재산을 인정하지 않는 사회주의 국가에서도 있을 수 없는 일이다. 자기 자본의 몇 백 배씩 갖다 쓰는 기업들 뒤엔 보수의 탈을 쓰고 정치자금이란 명목으로 강탈을 하던 세력들이 결탁하고 있었기에 가능했던 일이다. 우리 보통 사람들은 아이엠에프가 터질 때까지 그런 사실조차도 모르고 살아 왔다. 귀 막히고 입 막히고 눈 가리어진 세상을 살아왔던 것이다. 지금 이 시대에 진정 빨갱이가 있다면 자기 자본의 몇 백 배를 갖다 주무르고 그런 일이 가능하도록 했던 세력들이 아닐까. 사회주의가 표방하는 국가경제, 통제경제가 아니면 있을 수 없는 경제논리가 행해졌다. 시장경제 논리, 자본주의에서는 있을 수 없는 일이 대한민국에서 일어났지 않았는가.

3.1절을 맞아 이제 좀 정신을 차리자.

모든 정파와 종파를 초월하여 하나로 뭉쳐 대한 독립만세를 외쳤던 그 시간으로 돌아가 힘을 모아야 할 때이다. 잘 못했던 사람들은 자숙하고 있으면 그만이다. 오늘의 모든 사회적 혼란은 자숙하고 있어야 할 사람들이 오히려 더 기승을 부리고 다니는데서 확대 재생산되고 있다.

민족정기. 이 척박한 현실에서 그래도 민족정기를 세워야 한다고 외롭게 싸워온 사람, 권중희 선생이 워싱톤에 와 3.1절 행사를 갖는 기적 같은 일이 일어났다.

사회와 사법부가 외면하고 있는 일을 민족정기 차원에서 안두희를 다섯 번이나 응징한 것은 국가나 사회에 잘 못을 저지른 자는 반드시 응징된다는 것을 보여주기 위한 대의의 정신이었던 것이다.

선생은 오늘의 모든 부정부패의 원인이 역사적인 청산이 이루어지지 않은 데 있다고 진단했다.

그리고 안두희는 법의 심판을 받기는커녕 군납업자가 되어 강원도에서 첫째, 둘째가는 부를 누리며 살았고 그 지역에 부임해 오는 군장성이나 행정관료는 그에게 잘 보여야만 했다고 한다.

군납하는 물품이 정상이 아니거나 수량이 부족하더라도 가격을 다 쳐주었다고 한다. 안두희는 국가의 공권력에 의해 처벌을 받은 것이 아니라 보호를 받으며 살았던 것이다. 결국 그는 한 버스 운전사 선생의 방망이에 맞아 죽었다. 결국 우리나라의 정의와 민족정기는 버스 기사 선생의 방망이에 의해 지켜진 셈이다. 우리의 현실이 이러할 진데 어디에 대쪽 법관이 있고 사법부가 있었단 말인가!

잘 먹고 잘 살면 그만인 돼지들이 사는 나라가 아니라 인간들이 사는 나라를 하루빨리 건설해야 할 시점이다.

한겨레저널 2004년 3월 10일

빌라도의 고백

지난 10일 워싱톤 수도권에 있는 맥클린 교회에서 모노드라마 빌라도의 고백이라는 성극(聖劇)을 공연했다.

모노드라마 배우 이영식씨는 세계 25개국을 순회하며 문화 선교를 하는 문화 선교사로서 매너리즘에 빠지는 신앙생활에 활기를 불어넣기 위해 이 사역을 담당하고 있다고 한다.

작은 체구의 어디에서 이런 에너지가 나올까싶을 정도로 외모하고는 다른 힘이 무대를 꽉 채우고 관객을 압도했다.

다른 배우가 한 사람도 등장하지 않고 단지 혼자서 극을 소화해내는 그의 연기는 분명 어느 경지에 도달해 있었고 조그만한 얼굴에 유난히 빛나는 눈빛에서 어떤 신비감마저 내비치는 듯 했다.

국내외를 합쳐 1300여회를 공연하는 동안 쌓인 경륜과 신앙심이 영혼과 몸에 축적되어 예수를 재판했던 빌라도가 마치 다시 살아나 고백하듯 실감 있게 관객들을 사로잡았다.

빌라도가 예수를 처음 만나는 장면에서 빌라도는 알 수 없는 어떤 힘에 압도되어 자기가 총독이면서도 오히려 기가 죽어 쩔쩔매었노라고 고백했고 수많은 민중이 예수를 죽이라고 아우성이었지만 빌라도가 보기에 예수가 잘 못한 게 없어 될 수 있으면 죽이지 않으려 했노라고 고백하고 있었다.

민중들의 광기가 예수를 죽였다는 것이었다.

그 민중들을 뒤에서 선동하고 민중 심리를 조작한 세력들이 죽였지 빌라도 본인이 죽이지 않았다는 것이었다.

꼭두각시가 되어버린 민중들이 저지른 그 결과는 너무도 엄청난 사건이 된 것이다.

결국 예수를 죽인 사람은 빌라도가 아니라 유태인들이며 끓어오르는 광기에 휩싸인 민중이었던 것이다. 그리고 그 광기는 총독의 이성도 어쩔 수 없게 했던 것이다.

왜 예수는 어리석은 광기의 희생물이 되어야 했을까.

왜 피하지 않았을까.

그로 인해 그 십자가는 어떤 의미를 갖게 된 것일까.

끊임없는 의문을 갖게 한다.

빌라도는 미쳤다는 말도 있고 자살했다는 설도 있지만 극에서는 빌라도가 모든 고백을 끝마치고 독약을 먹고 자살하는 것으로 끝을 맺었다.

극중에 빌라도가 객석을 향해 손가락질하며 예수는 당신이 죽였다고 할 때 오늘도 민중은 어떤 오류를 범하고 있음을 암시하기도 했다.

민중이 깨어 있을 때만이 올바른 역사를 기록할 수 있다는 것이 아닐까…

불란서에 혁명이 일어났을 때 루이 16세는 감옥에 갇혀서 종이와 잉크를 원망했다고 한다. 종이 기술이 발달하고 좋은 잉크가 나오므로서 사상가들이 민중을 일깨우는 사상을 퍼뜨려 혁명이 일어났다는 생각에서였다. 뿐만 아니라 볼테르나 루소도 원망의 대상이었다.

그들의 계몽사상이 민중들 정신세계를 파고들어 봉건 영주에 속한 부속물이었던 민중들에게 평등사상과 자유사상을 주입시켜 민주 시민으로 탈바꿈시켰기 때문이다.

왕과 왕비는 단두대에 세워졌고 로베스삐에르의 공포 정치를 거쳐 5인 집정정치로 권력을 분산하며 분열이 일어난 틈에 나폴레옹이 등장하지만 공화정이라는 새로운 물결이 유럽을 휩쓰는 역사적 전기를 열었던 것이다.

혁명의 주체가 민중이 되어 혁명의 대상이었던 왕과 귀족들, 부패한 성직자들을 몰아내고 민중이 역사의 주체로 새롭게 탄생했던 것이다.

그 민중을 일깨운 것은 광기가 아닌 자유와 평등사상이었던 것이다. 스스로 생각하고 결정하며 거기에 따른 책임을 지는 시민으로 거듭난 역사적 사건이었다.

그러나 예수를 십자가에 매달리게 한 사건은 대중 조작에 의해 민중이 이용되었음 말하고 있다.

그 민중을 조작한 세력들은 그 시대의 기득권층이었고 로마인이 아닌 유태인이었다는 사실이다.

우리의 민중은 역사적 시간의 어디쯤에 서 있는 것일까.

우리의 동학 혁명이 성공했다면 어떻게 되었을까를 생각해보지 않을 수 없을 것이다.

동학 혁명을 탄압하면서 일본군을 끌어들여 동학군을 괴멸시키고 전봉준 장군을 사형한 것은 그 당시의 기득권층이 일제 36년의 압제를 스스로 자초한 셈이다.

또한 해방 후 나타나는 독재자들은 민중들이 깨어나는 것이 불안해 계속 우민정치를 펼쳤고 거기에 세뇌된 일부 민중은 아직도 광기에 빠져 스스로 민주 시민이 되는 것을 두려워하고 있다. 그리고 민중에 의한 평등과 자유의 실현을 이해하지 못하므로서 민주주의의 역사적 대의를 깨닫지 못하는 무지를 드러내기도 한다. 그 결과가 정치꾼들이 조작해내는 지역주의와 이념이란 프레임에 갇이는 것으로 나타난다.

빌라도는 끝까지 예수를 죽일 수 없어 살인강도인 바라바와 예수 중 누구를 죽일 것인가를 민중들에게 물었다고 고백한다. 그러면 틀림없이 살인강도를 죽이라고 할 줄 알았다는 것이다. 그러나 그의 예상은 빗나가 민중은 예수를 죽이라고 아우성을 쳐 별 수 없이 예수를 십자가에 매달리게 했다는 고백을 하고 있다. 아마도 이 부분이 역사적인 하이라이트 부분일 것이다.

기득권층에 의해 세뇌된 오류의 역사를… 오늘날은 독재자와 싸워 민중의 권리를 찾아주려고 하면 기득권자들이 빨갱이라고 선전하여 민중들은 자신들을 위해 싸운 사람들을 자신의 적으로 생각한다.

2천여 전 이스라엘에 있었던 민중의 어리석음이 한국의 현실에서 일어나고 있다. 민중이 구원되는 것은 스스로 깨달을 때만이 기능하다는 것을 증명하고 있다.

아직도 민중이 깨어나는 것을 두려워하고 과거의 시간에 잠자고 있기를 바라는 자들이 있다. 바로 그들이 예수를 십자가에 매달리게 했던 2천여 전의 기득권자들과 무엇이 다른가.

한국일보 2004년 4월 15일 한겨레저널 2004년 4월 21일

건국절

언제부터인가 우리 사회에 광복절을 건국절로 해야 한다는 주장이 나와 파장을 불러일으키고 있다. 8.15 해방의 날을 건국절로 해야 한다는 측의 주장은 이승만 대통령이 남한단독으로 정부를 수립해 오늘날까지 국가가 존립을 하니 광복절이 아니라 건국절로 해야 한다는 것이다. 이 주장을 반대하는 민족진영이나 진보진영에서는 그 의도가 의심스럽다고 할 뿐만 아니라 도저히 인정할 수 없다는 입장이다.

이제 와서 왜 광복절이 건국절이네 광복절이네 사회의 논란거리가 되는 것일까.

새날 희망연대에서는 민족연구소 소장 임헌영 선생을 강사로 초청해 그 저변의 역사적 고증이나 건국절을 주장하는 사람들의 배경을 들어보았다.

이승만은 이미 3.15 부정선거로 인해 4.19 혁명을 초래해 수많은 시민들과 학생들에게 발포를 하여 국민들의 생명을 살상한 독재자라는 오명을 얻어 하와이로 망명까지 한 인물이고 박정희는 군사 쿠데타를 일으켰을 뿐만 아니라 장기 독재를 하기 위해 3선 개헌은 물론 유신헌법까지 만들고 거기에 저항하는 민주인사나 학생들을 용공으로 몰아 온갖 탄압을 다 한사람인데 동상을 세우고 광복절을 건국절로 하자고 하니 어불성설이라는 것이다.

이승만 본인도 건국절로 하자는 말을 하지 않았고 있던 나라를 다시 찾았기 때문에 당연히 광복절로 하자고 했던 것인데 이제와서 뜬금없이 건국절을 들고 나오니 그 저의가 의심스러울 뿐이라고 했다. 이유는 간단하다. 일본이 항복하고 미군정이 들어서면서 일제에 부역한 친일파들을 정부요직에 불러들여 대한민국은 다시 친일파들의 세상이 되었기 때문에 그 친일파들이 상해임시정부의 독립운동가들을 인정할 수 없다는 것이 곧 건국절을 들고 나오는 이유라는 것이다.

상해임시정부의 정통성을 부정하고 이승만을 국부로 모시며 8.15 해방을 건국절로 바꿔야만 자기들의 기득권을 지킬 수 있고 역사적으로 정당성을 찾을 수 있다는 속셈이 숨어있다는 것이다. 해방이 되면서 반민특위를 구성하고 친일파들을 응징하고자 했지만 이승만의 방해로 친일파들을 척결하지 못하고 오히려 독립운동가들이 친일파들에게 해방된 조국에서 핍박을 받았다. 그로인해 국가의 정통성이나 사회정의가 바로 서지 못하고 혼란을 초래하고 있다는 것이 민족문제연구소의 결론이다.

미국 같은 경우는 역사가 짧고 영국에서 1776년 7월4일 독립을 해 건국절이라 할 만하지만 건국절이라 하지 않고 독립기념일로 하고 있다. 전쟁에서 이겼거나 독립 한 나라들이 그 날을 건국절로 하는 나라는 찾아보기 힘들고 전승기념일이나 혁명기념일로 하고 중국 모택동의 경우는 국경절로 하고 있다.

모든 국가들이 민족의 기원이 있고 역사가 장구한데 새로운 국가의 틀거리를 만들었다해서 그 날을 나라를 건국한 날로 한다면 그 민족 역사의 뿌리를 자르는 것이나 마찬가라는 것이다. 좀 자숙을 하고 조용히 있어야 할 사람들이 더 설치고 다니니 모두가 뻔뻔스럽고 사회적으로 부정과 부패가 만연하지 않을 수 없는 환경이다.

민족문제연구소에서 만든 영화 백년전쟁이 고발당했다는데 그 결과가 어떻게 되었냐는 질문이 나왔다. 그 동안 영화감독이 9번 조사를 받았고 임헌영 선생 본인도 1번 조사를 받았지만 사실에 근거해서 만들었기 때문에 문제 될 것이 없다고 했다.

민족문제연구소에는 그 어디에서도 찾을 수 없는 수많은 자료들이 있기 때문에 보수측 기관에서도 자문을 해온다고 한다. 보수나 진보를 떠나 민족문제에 대한 올바른 연구는 다음 후손들을 위해서도 필요한 것이 아닐 수 없다. 그로 인해 올바른 역사를 써 나가도록 길잡이 역할을 하는 것이 바로 국가와 민족을 사랑하는 근본이 될 것이다.

주간 워싱턴 2015년 2월 20일

십자가가 없는 교회

전북 익산시 주현로에 자리 잡고 있는 허름한 건물은 겉모양으로 봐서 옛날 가난한 시절에 있었던 작은 수공업 공장건물 같이 보였지만 깔끔하게 페인트칠이 되어있었고 실내도 깨끗하게 정돈 되어 있었다. '이교부 그는 누구인가'라는 소책자를 보고 전국 각지에서 수많은 사람들이 찾아오는데 기자도 그 중에 한 사람이 되어 찾아갔다.

누구든지 찾아와서 있고 싶은 만큼 있다가 가는 곳이라고 했다. 오고갈 곳이 없는 사람들이 제 집처럼 편안히 있다가 가고 싶으면 가는 곳.

왜 왔느냐 묻지 않고 왜 가느냐 잡지 않는 곳, 그리고 돈을 받지 않는 곳이라고 했다.

있는 동안 무엇을 하든지 상관하지 않고 자기가 하고 싶은 대로 하는 곳, 돈을 벌어 독립을 해도 되고 아니면 있고 싶은 만큼 있다가 떠나고 싶을 때 떠나는 곳. 세상에 이런 곳이 있다니.

많을 때는 5백여 명이 머물기도 했지만 지금은 나라에서 노숙자들에 대한 정책이 시행되어 많은 사람들이 시설로 떠나고 소수의 사람들이 머물고 있다고 했다. 이곳에 머물다 사망하면 장례도 치러주니 의탁할 곳이 없는 사람들에겐 마음 편안히 머물 수 있는 곳이다.

누가 지시하는 사람도 없고 조직화 되어있지도 않지만 필요한 것이 있으면 필요한 만큼 조달 되고, 일을 해야 할 것이 있으면 모여서 일을 한다고 했다. 누가 돈을 얼마 내고, 그 돈을 어떻게 쓰는가 정리도 하지 않으니 회계장부 자체가 없다고 한다.

중요자원은 부안 평야에 논이 약 3만여 평이 있어 그곳에서 생산되는 쌀로 식구들을 먹이고 남는 것은 필요한 사람들에게 나눠준다고 한다. 그 땅은 뜻을 같이 하는 사람들이 십시일반으로 돈을 갹출해 오래전에 장만한 땅이라고 했다.

'이교부 그는 누구인가'에 소개된 것을 보면 이교부 선생은 일찍이 기독교에 관심을 갖고 목사가 되려 했다고 한다. 그래서 신학교에 입학해 공부를 하는데 물건이나 돈이 없어지고 시험 때는 컨닝 하는 것을 보고 이런 곳에서 신학을 공부해 목사가 된다면 진정한 목사가 될 수 있을 것인가 회의가 들어 신학교를 나와 독자적인 신앙의 길을 걸었다고 한다.

그리고 종교가 오히려 인간 세상에 해를 끼치는 것으로 생각하고 종교가 없어져야 한다고까지 생각하게 되었다는 것이다. 사람은 누구나 양심이 있는데 그 양심대로 살면 되는 것이지 굳이 교회에 나갈 필요가 없다고 생각해 모임 장소에 십자가가 없고 성화가 없다는 것이었다.

매월 첫째 일요일 사람들이 모이는데 헌금을 걷지 않고, 성가를 부르지 않고, 성경을 읽지 않았다. 아무리 선행을 많이 해도 예수를 믿지 않으면 천국에 가지 못한다는 말도 없고, 아무리 바빠도 교회에 꼭 와야 한다는 말도 없다. 더구나 천국이니 지옥이니 하는 말도 없고 꼭 자신을 따라야 한다는 말도 없다. 자신이 하는 것을 보고 깨달았으면 아무 곳에나 가서 자기처럼 행하면서 살면 된다는 것이었다. 집회라는 것이 이런 형편이니 이단이라고 비난을 받고 심한경우에는 빨갱이로 몰려 감옥에도 갔다왔지만 이교부 선생을 따르는 사람들은 전국각지에서 몰려들었다고 한다.

정보부에 끌려가 조사를 받을 때 자신이 가난하고 의탁할 곳 없는 사람들과 사는 것이 공산당이라고 해도 어쩔 수 없고 자신을 빨갱이로 몰아 진급을 할 수 있다면 김일성 만세라도 부르겠다고 했더니 조사관이 다른 죄목으로 감옥살이를 시켰다고 한다.

이교부 선생의 기본 정신은 배고프지 않고, 자는 곳에 비가 새지 않으면 된다는 것으로 남는 것은 이웃에 나누라는 것이다.

집이 있으면 집을 팔아 남을 돕고 먹고 남는 것이 있으면 이웃을 도우라는 것이다. 아끼고 부지런히 일해서 남을 돕고 살아라. 하는 것이 이교부 선생의 가르침이라고 했다.

김○○씨는 고등학교 때 이교부 선생을 알게 되어 40여 년 동안 그 가르침대로 살았다고 한다. 사업도 너무 크게 하면 이웃을 생각할 시간이 없는 것이니 적당히 하라고 해 조그맣게 하고 시간을 내 서울에서 익산을 자주 찾는다고 했다.

양심에 거스르는 일은 조금도 하지 못하게 해 잘 나가는 사업을 거둔 적도 있다고 했다. 외국에서 수입하는 무역업을 했는데 급행료를 주어야 빨리 통관을 시켜주던 시절이라 급행료를 주는 것이 양심에 걸렸는데 양심에 거스르는 일을 하지 말라고 해 사업을 접었다고 했다.

오○○씨는 헌병 상사로 오랫동안 군 수사관 생활을 하면서 술과 여자로 세월 가는 줄 몰랐고 목에 힘주고 살다가 제대를 한 후 사업을 하다 완전히 망했다고 한다. 어떻게 하면 자살을 쉽게 할 수 있을까 그런 고민을 하다 이교부 선생을 알게 되어 엿 장사를 10여 년 동안 하면서 양심을 한 번도 속이질 않았다고 했다.

이교부 선생을 알고 새사람이 되어 엿 장사를 하면서 큰돈은 못 벌었지만 아이들 다 키우고 살 만큼 살게 되었다고 인생역정을 털어놓았다.

한 때는 따르는 목사들이 60여명이나 되었지만 가난한 신도들이 헌금하는 돈으로 먹고 살 생각하지 말고 노동을 하든지 엿 장사를 하든지 직접 돈을 벌어 먹고살면서 목회를 하라고 해 모두 떠나고 남은 사람이 없다고 했다.

사람이 살면서 양심대로 살기가 얼마나 어려운가. 아침에 집에서 나올 때 양심을 집에 두고 나와야 세상살이가 된다고 하는데 양심을 지키며 살자고 하니 참으로 어려운 삶이 아닐 수 없다. 그러나 그 양심을 지키자고 하는 것이 진정한 신앙이라고 모이는 사람들이 많다니 의외가 아닐 수 없다. 아무리 어두운 세상이라 하여도 진실의 길은 통하는 것일까.

내방객이 머무는 방에 성경 구절이 한 구절이라도 있을 법하지만 한 구절도 없고 오직 강희남 목사가 '평화의 집' 이라고 쓴 붓글씨만 표구되어 있었다.

변화를 꿈꾸는 교회

서울 강남구 신사동에 자리 잡은 Art space no교회(주희현 목사)는 새로운 바람을 일으키고 있는 교회다. 설교시간은 짧고 음악연주나 전위예술, 시낭송을 많이 하여 파격적인 교회의 모습을 보여주고 있다. 목회시간에 모이는 사람들도 대부분 음악인이나 미술, 다른 장르의 예술을 보여주고 있어 예술을 예수님 말씀과 접목시키는 실험을 하는 교회의 모습을 보여주고 있다.

특히 미술을 보여주는 조영주씨는 불란서 유학파로서 기존의 미술 개념을 완전히 타파하고 있어 파격적이라는 평을 받고 있다. Avant-garde(전위파)예술의 진수를 유감없이 창작

해내고 있어 그의 예술세계가 얼마나 독창적인가를 보여주고 있다.

기존의 미술 개념인 색감이나 구도를 캔버스라는 공간에 보여주는 것이 아니라 이 세상의 모순을 깨거나 무심히 지나치고 있는 일상을 지적하는 행위를 함으로서 캔버스의 공간을 우리가 살고 있는 삶의 현장으로 넓혔다는 평가를 받고 있다. 캔버스에 갇인 아름다움이 아니라 세상에 모순을 벗겨내므로 사회를 풍요롭게 하겠다는 것이 그녀의 예술정신임을 말해 주고 있다.

전위예술이라는 것이 본질적으로 기존의 것을 깨는 것에서 새로움을 찾자는 것이므로 Vandalism(예술문화파괴)적 요소가 있을 수밖에 없지만 거부감이 없는 것이 바로 아름다움을 새로운 각도에서 보기 때문일 것이다. 캔버스에 갇혀있는 예술이 아닌 행위를 통해서 세상을 새롭게 하는 것이 전위예술이 추구하는 미학임을 말해주고 있다.

전위예술가들이 한때 인사동에서 많은 실험을 했지만 그 맥이 이어지지 않아 끊긴 것이 아닌가 하는 때에 조영주의 활동은 전위예술계에 새로운 바람을 일으키리라 생각된다.

전위예술가의 대가로 알려진 무세중(무용)은 추운 겨울에 태백산에 올라 옷을 벗는 연기를 보여주었는가 하면 강용대(미술)는 독재 시대의 자유의 억압을 표현하는 행위예술을 하기도 했었다.

Art교회에서 전위예술이라고 할 수 있는 장르를 볼 수 있다는 것 자체가 실험적 교회라고 할 수 있을 것이다. 각박한 현실을 살아가며 상처받는 현대인들에게 성경만으로 부족한 부분을 예술을 통해 치유의 시간을 갖는다는 것은 아주 큰 은혜의 시간이라고 신도들은 말하고 있다.

현대를 살아가자면 어떤 형태로든 상처를 받지 않을 수 없는 환경이다. 성경말씀이나 설교로 다 치유되지 않는 마음에 아름다운 음악은 말로 표현할 수 없는 치유의 힘이 있고 고정관념을 깨는 전위예술은 우리의 주변을 새로운 시각으로 보게 한다. 교회 안에서 하는 예술이기 때문에 상업적 요소가 있을 수 없으니 치유의 힘은 더 클 수밖에 없고 음악인이나 성도들이 마음을 열고 하나가 될 수 있어 좋다고 했다.

Art 교회가 꿈꾸는 새로운 변화가 기독교계에 새로운 바람을 일으키지 않을까 많은 사람들이 기대와 관심을 갖고 있다.

주간 워싱턴 2014년 4월 4일

아! 눈물의 팽목항

세월호 참사가 일어난 지 벌써 1년이 다 되어가지만 대한민국의 총체적인 문제가 압축된 사건이었다는 것을 보여주었을 뿐 그 총체적인 문제를 정확하게 진단하고 푸는 동력은 아직도 작동되지 않고 있다.

우여곡절 끝에 세월호 특별법이라는 것이 만들어졌지만 시작부터 삐거덕거리고 제대로 시동도 못 걸고 있는 형편이다. 세월호 참사가 일어나면서 제 1성으로 터져나온 말이 '이게 나라냐'라는 자조적인 말이었다.

세월호 특별법을 운용하는 시작부터, 하는 꼴이 '이게 나라냐' 하는 말이 또 나올 형편이니 대한민국은 제대로 된 나라가 아니고 유사나라형태를 취하고 있는 것일까.

대통령이 오죽하면 국가를 총체적으로 개조를 해야 한다고 했을까. 대통령이 국가를 개조해야 한다고 한 말이 그냥 말로서 끝나고 말 형편이니 대통령의 말에 아무런 권위나 신뢰가 없다는 것을 보여주고 있다.

이 시대를 살아가는 사람으로서 팽목항(彭木港)을 방문해보지 않는다면 살아있는 동안 어떤 부채감을 느낄 것만 같아 진도의 팽목항을 찾아가보기로 했다.

안산시 화랑유원지에 자리 잡고 있는 합동분향소에서 분향을 하고 아침 9시에 출발하는 버스를 탔다. 진도를 방문하는 사람들이 많을 때는 오전 9시, 오후 4시 하루에 두 번 운행을 했지만 지금은 사람들이 많지 않아 아침 9시에 출발하는 차만 운행한다고 했다. 오전 9시에 정확하게 출발했고 승객은 4명이었다. 진도에서 서울로 올라오는 사람이 있을지도 모르기 때문에 승객이 없어도 버스는 출발한다고 한다. 버스 요금은 무료로 운행되고 있었다.

버스가 도심을 벗어나자 평화로운 산과 들, 논과 밭이 겨울의 적막 속에 누워있다.

사람들이 어떻게 살아왔고 어떻게 살아야 하는가를 보여주었던 논과 밭, 일할 때는 일하고 쉬어야 할 때는 쉬어야 한다고 누워 쉬고 있다.

뜨거운 햇살을 받으며 한 여름내 만물을 키워냈던 땅들이 죽은 듯 쉬고 있는 산하는 그저 평화롭기만 하다. 땅과 함께 일하고 쉬었던 사람들이 언제부턴가 땅을 내던지고 기계와 함께 일하면서 이웃을 잃었고 노동의 노래를 잃어버렸다.

아차하면 손가락이 잘리고 팔이 잘려나가는 기계와 일하며 기계의 속도에 맞춰 손을 놀리고 몸을 놀려야하는 기계의 부속품이 되었지만 자신이 마치 기계의 주인으로 착각하며 사는 세상이 되었다.

논과 밭에서 함께 일하며 불렀던 노동의 노래는 저 혼자 싸늘한 허공을 떠돌고 사람들은 자취도 없다. 굵은 팔뚝과 믿음직스럽던 장정들은 모두 어디로 가버리고 가냘픈 몸에서 힘없이 내밀어진 하얀 손이 더듬이가 되어 기계에 매달려 있다.

믿음직스러운 몸에서 성실한 내음을 풍기며 솟아올랐던 땀방울은 이제 전설이 되어 산하를 떠돌고 서로가 서로를 속이는 하얀 더듬이가 힘없이 거리와 빌딩들 사이를 염탐한다. 빌딩들의 주인들이 먹다가 남긴 것들을 서로 먹겠다고 아우성치는 도시는 더 많은 인간들을 경쟁시키기 위해 길을 넓히고 지하에 길을 낸다.

더 몰려들면 몰려들수록 인간들은 제 값 받기를 포기하고 빌딩 주인들의 처분만 바란다. 집이 없고 먹을 것이 없으면 내가 못나서 그런 것이려니 하고 누구를 탓할 줄도 모른다. 굵은 팔뚝과 믿음직스러운 장딴지를 잃어버린 사람들은 도시의 유령들이 되어 넓게 닦여진 길을 목적지도 모르며 달려간다.

서로를 부추겨주며 함께 걷던 사람들이 이제는 서로 적이 되어 낙오자를 만들어야만 살아남는 세상이 되었다. 서로의 손을 잡고 서로의 땀에 의지하며 살았던 땅을 버리고 방안에까지 컴퓨터란 기계를 들여놓고 신처럼 믿으며 산다.

산과 들에 넘쳐나던 노동의 노래대신 산골짜기마다 자동차가 눈을 부릅뜨고 달리며 앞에 가는 자를 밀쳐내야만 살아남는다. 속도를 더 빨리하고, 더 많은 물건을 만들어내는 기계가 새로운 신으로 모셔진다.

땅을 버리고 도시로 모여든 자들이 도시에서 패배자가 되거나 버림을 받고 노숙자라는 이름을 새기고 거리를 헤맨다. 콩 한쪽도 서로 나누워먹던 사람들이 이제는 고층 건물을 더 높이 짓기 위해 누군가 콩 한쪽 가진 것을 알아내 그것을 뺏는다.

버스는 진도에 들어서서도 한 시간이상을 달린다. 그때서야 진도가 대한민국에서 세 번째로 큰 섬이라는 것을 알게 되었다.

팽목항 주변에는 각종 펼침막이 펼쳐져있었다. 누군가 들어주어야 할 사람이 들어주지 않아 바다를 향하여 외치고 있었다. 수많은 구호를 들어주어야 할 사람은 누구일까. 억울하고 슬픈 사연을 들어 줄 사람이 없다는 것이 더 가슴 아프다. 여기서 또 '이게 나라냐'하는 자조의 소리가 터져나오고 있었다.

세월호 참사가 일어난 날부터 지금까지 계속 상주하고 있다는 유가족을 만났다. 학생들의 부모들은 거의 알콜중독자가 되어가는 중이라고 했다. 너무 괴로워 술이라도 먹지 않고는 배겨낼 수가 없어 그렇게 술과 담배를 피운다고 한다. 건강을 생각해 자제를 하라고 하면 빨리 죽고 싶다고 한단다.

시중에 떠도는 말들을 확인해보았다. 유가족들이 10억씩 받았다는 말이 있는데 사실인가?

선박회사를 통해 보험금 1억 받은 거 외에는 없다고 한다. 그마저도 안 받은 사람이 있다고 했다. 지금까지 가슴이 너무 아파 자식이 죽었다고 사망신고도 하지 않은 사람이 있다는 것이다.

돈과 기계를 신처럼 믿으며 살던 어른들이 어린 학생들에게 그 자리에 꼼짝하지 말고 가만히 있으라고 하고서 자신들은 모두 빠져 나와버렸다. 참으로 기가 막힐 일이다. 이게 있을 수 있는 일인가. 그보다 한심한 것은 1년이 다되어가지만 뭐 한 가지 속 시원히 밝혀진 것도 없고 해결된 것도 없다.

해상사고든 교통사고든 사고는 매일 일어나고 있다. 사고가 나면 구조대가 최대한 빨리 달려가고 신속히 구조를 하는 것이 상식이 아닌가. 그런데 바다에서 사고가 났는데 해경은 승객들은 그냥 두고 선장만 구조를 해서 쪼르르 집으로 데려가 잠을 재웠다. 그 뿐인가 왜 이명박 정부는 청와대에 있던 콘트롤 타워를 없애버렸는지. 언딘이라는 회사는 무슨 회사인지. 왜 통영함은 출동 명령을 받고도 출동을 안 했는지. 왜 해경은 일사불란하게 구조 활동을 안 했는지. 왜 언론은 정확하게 보도를 안 해, 기자 쓰레기란 말을 듣는지. 국정원과 세월호와는 무슨 관계가 있는지. 유병언이는 안 잡은 것인지 못 잡은 것인지. 그가 진짜로 죽었는지 안 죽었는지. 의문스러운 것이 한두 가지가 아니다.

아직도 9명은 실종상태로 있고 차가운 겨울바람이 세차게 몰아치는데 파도는 원혼들을 달래지 못하는 안타까움으로 혀를 널름거리고 있다. 하늘에서는 원한에 잠들지 못하는 넋들이 팽목항을 떠나오는 방문객에게 '이게 나라냐' '이게 나라냐' 계속 회치고 있었다.

주간 워싱턴 2015년 2월 13일

연극의 메카 동숭동에서 만난 여배우

동숭동은 서울 문리대가 있던 곳으로 한국 지성의 중심지였지만 서울대가 관악산으로 옮겨간 후 언제부턴가 연극의 메카로 떠올라 정부에서 지원하는 극장을 비롯해 소극장이 200여 곳에 이르게 되었다.

군사독제 시절에 표현의 자유가 제약받을 때부터 젊은 예술인들이 하나 둘 둥지를 틀며 자유에 대한 갈증을 그들 방식으로 풀었고 난해한 언어와 몸짓을 이해하고자 했던 사람들이 모여들었던 곳이다.

민주화가 되어 교육부장관까지 역임했던 김명곤씨는 아리랑극단을 통해 활동을 했고 그 시대를 함께했던 임진택, 이영만, 안찬모를 비롯해 많은 젊은이들이 열기와 분노를 함께 삭이는 동지를 만나는 곳이기도 했다.

대학에서 서구 지향적인 지식을 익히는 풍토 속에서 열등감에 빠진 민족의 현실을 인식하고 우리의 혼을 찾고자 했던 것이 탈춤이나 판소리 사물을 치는 것으로 나타났다고 할 수 있을 것이다. 학교라는 제도권을 벗어난 젊은이들이 자유롭게 열정을 분출하는 곳으로 자리를 잡을 때 신촌에는 사물놀이를 교육하는 우리마당이 생겼다. 수많은 대학생들이나 일반인들이 우리마당을 거쳐갔다. 얼마 전 리퍼트 미 대사를 공격한 김기종씨가 바로 우리마당을 최초로 설립한 주인공이다.

200여개에 이르는 극장이 생긴 동숭동은 청춘의 열기가 녹아있는 곳이고 청춘의 추억들이 잠들어 있는 곳이다.

뉴욕의 브로드 웨이나, 런던의 에덴버러, 프랑스 아비뇽, 독일 베를린 연극 축제가 역사적으로 오래된 곳으로 알려져 있지만 동숭동처럼 극장이 많지는 않다. 우리 국민들이 그만큼 끼가 많고 열정이 많다는 것을 말해주는 것이 아닐까. 세계 어느 곳에 이렇게 밀도가 좁은 공간에 극장이 200여 곳이나 있는 곳이 있을까.

오늘도 수많은 배우들이 드나들고 그들의 고달픈 삶과 예술을 함께하고자 관객들이 골목을 메우고 있다. 오늘도 지치지 않는 열정의 주인공들이 무대에 서고 그들 또한 자신의 청춘을 동숭동에 묻을 것이다.

90여 편이 넘는 연극에 출연했고 때로는 영화에 출연하며 청춘을 불사른 중견 여배우 윤예인씨는 학교에서 연극을 지도하기도 한다. 연기자 생활에 한 번 빠져들면 마약과 같아서 좀처럼 벗어나지 못한다는 말이 있는 것처럼 그녀 또한 무대를 떠나지 못하고 평생을 맴돌고 있다.

그러나 평생 가난한 배우의 삶을 살아온 것 같지 않게 밝은 모습을 보여주었다. 가끔은 무대를 떠나 돈을 벌겠다고 나서 보았지만 결국 자기도 모르게 무대로 돌아오곤 했다는 그녀는 밝고 명랑한 성품을 타고 났나보다.

배우생활을 하는 여성으로서 자유분방할 것이라는 선입견을 깨기라도 하듯 그녀의 생각들은 균형이 잡혀있고 여가 시간을 건전하게 보내고 있었다. 시간이 나면 락 크라이밍을 하거나 여행을 떠난다고 한다. 그녀와 짧은 인터뷰를 하는 시간에도 까페 앞으로 수많은 사람들이 흘러가고 있었다. 문화라는 혈관에 피가 흐르듯이…

윤예인씨가 출연한 대표적인 작품들은 안톤 체홉의 '갈매기' 유고베티의 '욕망의 섬' 살롯 키틀리의 '엄마가 절대 하지 말랬어' 등이다.

워싱턴에 온 김지하 시인

조지 워싱턴 대학 강당에서
김지하 시인을 만났다

그런대
생뚱맞다는
생각이 드는 것은 어쩐 일일까

인사동에서
김지하 서예전을 할 때
장안의 유명 인사들은
다 온 듯 했는데…

사회자가 신경림 시인께
한 말씀 해주십사 청했지만
사양하시며 국회의원을 지냈던
박석무 선생에게 대신 하라고 하셨다

박석무 선생 하시는 말씀이
지하가 없었다면 문학한다는 사람들이
어떻게 얼굴을 들고 다닐 수 있겠는가
이 말씀에
모두 몸이 굳었었다

그 무섭고 엄혹했던 시절
모두 몸조심하고
눈을 땅에 깔며
비겁해져 있을 때

지식인이란 작자들이
모두 그 모양이었을 때

지하가 있었기에 문인들이 고개를 들고
다닐 수 있었다는 그 말씀이
화살이 되어 뇌수를
관통했었다

그런
김지하 시인을 워싱턴에서 만나다니…
다른 인간들이 다 미국에 와도

김지하만은 미국에 오지 않을 것 같았는데…

김지하가 군사 강국 미국에 오다니…

하바드 대학 대빗교수가
그의 시 오적을
우리나라 판소리 가락에 맞춰
통역을 하며 흥을 내는데…

남사당 얼음사니,
남사당 땅재주보다 더 재미있어
노랑머리 미국인들이 모두 배꼽을 잡는다

호랑이 같던 김지하 시인이
지친 모습으로 생명 사상을
하노라고 하는데…

인생 황혼에 바라보는 생명들,
어떤 생명인들 아름답지 않은 것이
있으랴…

사람이 늙는다는 것은
생명만큼 아름다운 것이 없다는 것을 깨닫기 위한 것

아름다움을 모르며 늙는다는 것은
헛늙는 것…

그래도 김지하 시인은
박정희 식 배부름,
배부르기 위해
짐승 되는 삶은
옳지 않다고 했다

아름다운 생명이라도
짐승같은 삶은
옳지 않다고 했다

칠월 칠석

한국여성향토문화연구원(차옥덕원장)에서는 전통적으로 내려오던 여성들의 행사인 칠월칠석제를 현대인들에게 알리고 전통을 이어가고자 칠월칠석제를 갖기로 했다고 한다.

칠석제는 모계 시대에 최초로 여성들이 하늘에 올린 제사로 남성들은 배제되고 여성들이 중심이 되어 하늘에 제사를 지낸 행사다.

양화교 중간에 있는 선유도에서 강바람을 맞으며 제사를 올리는 여성들의 제사는 아름답고 화려할 뿐만 아니라 제사 내용도 다체로웠다.

너무나 욕심을 부려 이것저것 다 하려다보니 좀 산만한 감이 있었지만 추구하고자하는 그 정신만은 높이 평가 할만 했다.

세 명의 여자 제관이 제사를 주관하는 물 제사. 술 제사. 차 제사를 지내는 정자에는 바람이 끊임없이 불어와 촛불이 꺼질 듯 꺼질 듯 했지만 음식을 진설하는 여인들의 진지한 모습은 말 그대로 선녀들이 땅에 내려온 듯 장중하고 신선했다.

이 행사를 주관하는 단체에서는 요즘 젊은이들이 서양 풍속인 발렌타인을 우리의 명절 이상으로 열광하는 것을 안타까이 여겨 우리의 칠석제를 한국의 발렌타인으로 만들자는 슬로건을 내걸기도 했다.

그 의도나 연원의 뜻도 모르며 서양의 의식을 받아드려 초콜릿 장사꾼들의 배만 불리는 발렌타인 데이는 맹목적인 서양문화의 맹종을 보여주는 것이라고 했다.

행사의 하이라이트는 견우와 직녀가 오작교에서 만나 사랑의 춤을 추는 장면이었다.

은하수에 가로막혀 서로 애만 태우며 만나지 못하는 안타까운 사랑을 결실 맺게 해주는 까마귀와 까치는 그리스 신화에 나오는 큐피드 같은 존재일까.

은하수를 건너지 못하고 애를 태우던 견우와 직녀는 까치들이 다리를 놓아줄 때를 기다렸다가 서로 만나 춤을 추며 사랑의 희열을 발산하였다.

참가자들은 자기의 소원을 적은 등을 서로 교환하고 발렌타인데이에 선물하는 초콜릿 대신에 견우직녀의 열쇠고리와 은행, 칠석파이를 선물하는 행사도 계획했다.

둘이서만 몰래 만나는 것이 아니라 공개적으로 만나 서로가 짝이 되었음을 알리고 사랑을 확인하는 날로 하자는 취지인 것이다.

그리고 이혼한 부모가 있는 사람은 부모들이 재결합 할 수 있는 방법을 찾아보자는 것도 이 행사의 바램이다.

신세대들이 컴퓨터를 가까이 하면서 책을 멀리 하고 있는 현실을 감안해 옛 선비들이 책을 가까이 하며 생활하다 장마 후 습기 찬 책들을 말렸던 책 말리기 행사와 서로 책을 선물하자는 메시지도 전달했다.

우리 민족의 단합과 화해를 상징해 각 종파들의 대표와 고구려 시조인 주몽의 어머니 유화 부인, 명성황후로 분장한 무속인 등이 횃불을 들고 북두칠성 별자리를 형상화하기도 했다.

이런 행사가 전국적으로 확산된다면 민족적 전통도 찾고 한국인이란 긍지도 회복되리란 생각이다. 뿐만 아니라 외국인들에게 보여줄 좋은 관광자원도 되지 않을까 생각된다.

행사 초반부터 비가 내렸지만 많은 사람들이 행사를 끝까지 함께했고 막걸리가 준비되어 있었지만 소란을 피우거나 과음하는 사람도 없었다.

칠석 노래

칠월 칠석 오늘밤은 은하수 오작교에 견우직녀 일 년 만에 서로 반겨 만날세라 애야애야애야 좋네 칠석놀이 좀 더 좋네 까치까치 까막까치 어서 빨리 날라 와서 은하수에 다리 놓아 견우직녀 상봉시켜 일 년 동안 맛본 설음 만단설화 하게 하소 닭아닭아 우지마라 네가 울면 날이 새고 날이 새면 임은 간다 이제 다시 이별하면 일년 삼백 육십 일에 임 그리워 어이 살지 우지마라 우지마라 무정하게 우지마라 원수로다 원수로다 은하수가 원수로다.

직녀에게

이별이 너무 길다 슬픔이 너무 길다 선 채로 기다리기엔

세월이 너무 길다

말라붙은 은하수 눈물로 녹이고 가슴과 가슴에 노둣돌을 놓아 그대 손짓하는 연인아 은하수건너 오작교 없어도 노둣돌이 없어도 가슴 딛고 다시 만날 우리들 연인아 연인아 이별은 끝나야 한다 슬픔은 끝나야 한다 우리는 만나야 한다.

한겨레 저널 2004년 9월 1일

한글날 기념식

미국에서 소수 민족이 자기나라의 언어를 기념하는 민족은 하나도 없다고 한다.

그러나 10월 9일 한글날을 맞아 메릴랜드 대학 Robert Ramsey 한국어과 주임교수와 김영희 교수가 주도하는 한글날 기념식에 학과장 짐 헤리씨를 비롯해 매리랜드 한인회 손순희 회장단과 취재진이 참석했다.

한때 대학 재정난으로 한국어과를 폐쇄할 지경에 이르기도 했었지만 그런 사정을 전해들은 한인회에서 기금을 전달해 다시 활기를 찾았다고 한다.

지금은 70여명으로 수가 늘어난 한국어과는 다양한 국가 학생들로 이루어졌고 특히 동포사회의 자녀들이 대부분이라고 한다.

한국어에 대한 중요성을 늦게 깨달은 부모들의 권유도 있지만 학생들이 고국에 대한 관심이 그만큼 커지고 고국에서 일 할 기회를 원하는 학생들이 늘어나는 현상이기도 하다.

한국은 지금 세계 무대를 향해 개방되어 영어를 능통하게 할 수 있는 인재를 필요로 하는 시점이다. 영어에 익숙한 학생들이 한국어를 배워 한국에서 일할 기회를 갖는다면 그것은 조국에 기여하는 바가 크다 할 수 있을 것이다.

또한 한국에서 아나운서로 활약하던 김영호선생이 한글의 우수성과 기원에 대해 발표했고 서예가 묵제 권명원씨의 시범이 있었다.

사람 머리보다 더 큰 붓으로 행사장 안에 준비해 둔 대형 화선지에 아리랑이라는 글씨를 쓰는 이벤트가 많은 사람들을 감동시켰다..

그리고 이 대학 졸업생인 미국인 대빗씨가 아리랑을 트럼펫으로 연주하였고 모두 다 아리랑을 합창하며 한국의 얼과 넋을 되새겼다.

한글의 우수성이야 이미 세계에 다 알려져 있지만 중국인들이 자기네의 글자와 백화로는 전 인민들이 의사 소통을 하는데 어려움이 많다 하여 우리 한글을 자기네 글로 쓰는 것을 연구 검토하고 있다는 사실은 아직 잘 알려져 있지 않은 일이다.

우리 선조들이 써 오던 한문을 알아야 선조들의 지적 세계를 통과 할 수 있고 우리 이웃나라들(중국이나 일본)과 소통할 수 있다는 점을 유념해야 할 것이다. 또한 한자가 꼭 한족이 만들어 썼다는 것도 증명이 안 되고 있을 뿐만 아니라 오히려 우리 선조들이 만들었다는 학설이 나오고 있다는 것을 가볍게 지나쳐서는 안 될 것이다.

세종대왕께서 한글을 만드신 정신도 한문만이 통용되던 그 시기에 많은 학자들의 반대에도 불구하고 한글을 만들었다는 것 자체가 다양성을 부르짖은 상징이라 해야 할 것이다.

(한글은 세종대왕이 만들기 전 약 4000년 전에 만들어져 '가림토 문자' '가림다 문자'로 사용되었다는 학설도 있다.)

훈민정음 어디에도 꼭 한글만 써야 한다는 대목은 없고 단지 불편한 것을 해소하기 위해 만드셨다고 했다.

우리가 한글을 쓰다가도 뜻이 막히면 한자를 쓰고 한자를 쓰다가 한글을 써야 할 때 한글을 쓴다면 그것이 세종대왕의 뜻을 따르는 것이 아닐까…

한명숙 전 총리

워싱턴 DC 수도권 동포들과 만남의 시간

지난 5월 11일 한명숙 전 총리가 사사세(사람사는 세상 워싱턴 회장 서혁교) 사무실에서 워싱턴 지역 진보 성향의 동포들과 만남의 시간을 가졌다. 한 전 총리는 워싱턴에 와 동포들을 만나는 기분이 마치 친구들을 만나는 것처럼 마음이 편하다고 했다.

노무현 대통령이 사망했을 때 너무 슬퍼 마음의 고통이 컸는데 이번 선거에 패배해 그 때 못지않게 허전하고 힘이 많이 빠졌다고 심경을 토로했다. 이럴 때일수록 서로 격려하고 희망을 잃지 않도록 하자는 말도 빠트리지 않았다. 정치계에 발을 디디고 당 대표와 총선을 겪다보니까 주관적일 수밖에 없는 입장이 되었는데 오늘 여러분들의 솔직한 비판과 객관적인 시각으로 바라본 민주통합당의 허점을 말해달라고 주문했다.

모바일 투표해서 압도적으로 표를 얻어 대표에 당선되었지만 선거 패배에 대한 책임을 지고 사퇴했다. 다음 대선에 꼭 승리해 민주통합당의 새로운 역사를 만들어야 한다고 역설했다.

이번 선거를 들여다보면 패배 의식에만 빠질 일은 아니라는 것이다. 야권이 140석 여권이 150석으로 10석을 누가 가지느냐가 초점인데 우리가 10석을 가져왔다면 우리가 이기는 것이 아닌가. 그 10석이 뼈아픈 패배를 안겨주었지만 좌절하지 말고 다음 대선에서 싸워볼만한 패배라고 긍정적으로 생각할 것을 주문했다.

한국 서민들의 고통이 날로 커지고 있는 것은 이명박 정부의 친 부자 정책 때문인데 그 핵심은 박근혜 위원장의 줄푸세 정책과 똑 같은 것이다. 줄푸세는 부자들의 세금을 줄이고 대기업들에 대한 규제를 풀고 질서를 세우자는 말을 줄인 것인데 그 결과가 지금 중소기업은 힘들고 골목상권까지 침해를 당하고 있어 구멍가게 하기도 힘들게 되었다고 지적했다.

이명박 정부가 출범하면서 내건 747은 완전히 공염불이 되어 허구 정당이 되었다. 그럼에도 박근혜 위원장이 자신은 거기에 아무런 책임이 없다고 당명 바꾸고 당 색깔 바꾸어 위장하는 위장정당을 만들었다고 비판했다.

이번 선거에서 예상외로 투표율이 낮아 우리가 패배했다. 다음 선거에서는 투표율을 높여 꼭 승리하도록 해외 동포들도 힘써달라고 했다. 또한 230만 해외 유권자들이 아주 중요한 변수가 될 것이다. 여러분들의 끊임없는 조국의 민주주의에 대한 지원과 격려를 부탁드린다고 당부했다.

정부는 국민의 생명과 재산을 지키고 국민들이 마음 놓고 살 수 있는 환경을 만들어 주어야 하는데 가계부채는 1000조에 이르고 국고는 강바닥에 쏟아 부었다. 뿐만 아니라 지난 정부에서 힘들게 이룩해 놓은 남북 간의 평화분위기를 깨버려 전쟁의 불안 속에 살게 되었다고 비판했다.

동포들은 투표방식을 개선해 많은 사람들이 투표에 참여해 줄 것을 주문했다. 현재는 재외 거주자 신고를 하러 영사관에 오고, 선거 당일 날 투표를 하러 와 두 번 씩 오는 번거로움이 있으니 우편이나 인터넷 투표가 가능하게 해달라는 것이었다. 영사관에서 멀리 떨어져 살고 있는 사람은 4-5시간씩 걸리는 거리를 오간다고 했다.

동포들과 간담회 시간에는 여러 가지 이야기들이 오갔고 개중에는 쓴 소리도 있었지만 싫은 내색 없이 경청하고 반성할 것은 반성해야 한다고 받아들였다. 한 여성 정치인으로서 얼마만큼 내공이 쌓여 있는가를 가늠해보는 좋은 시간이 되었다. 당에서 자기가 할 역할이 많이 있지만 특히 해외 유권자들에게 관심을 갖고 일을 해보겠다는 생각을 밝혔다.

동포들이 각자 준비해온 음식으로 저녁을 먹은 후 화기애애한 분위기 속에서 토론이 이어졌다.

한.몽 국제 학술대회

지난 2월 29일 단국대학 서관 국제 회의실에서 한,몽 학술대회가 있었다. 이번 학술대회는 한국 몽골학회(회장 신종환 단국대학교 교수)가 주최해 “현대 몽골어 연구의 현황과 전망” 이란 주제로 열렸다. 1990년 한국과 몽골이 수교되기 전에 소수의 학자들이 몽골어를 연구해오다 양국이 수교를 하게 되면서 학회를 창설해 올해로 18회 째 학술대회를 갖게 되었다.

학술회에 참석한 한국주재 몽골대사(페.우르진데브)는 인사말을 통해 15년 동안 여러 방면에서 훌륭한 성과를 얻게 된 것은 양국의 학자들이 협력했기 때문이라고 치하했고 자신도 몹시 기쁘다고 했다.

몽골측에서는 체.어너러바양 교수(몽골 국립사범대) 엠.바자르락차 교수(몽골 국립대) 요.멍흐암갈랑 교수(몽골 국립대) 옥영 교수(玉榮 내몽고대) 데.얼지바트 교수(몽골 국립대)가 참석해 몽골어의 문장 구조 및 속격어미, 몽골어 통사, 몽골인을 위한 한국어 교육의 방법 등을 주제로 기조강연을 했고 한국측에서는 김기선 교수(단국대) 김기성 교수(단국대) 김학선 교수(단국대) 김선호 교수(부산대) 김문숙 교수(서울대) 박환영 교수(중앙대) 류병재 교수(단국대)가 현대 몽골어의 합성 및 복합시제, 온라인 속의 몽골 외곡의 우려, 내 몽고 집령로에서 출토된 원대의 복식, 몽골의 질병에 관한 어휘 등을 가지고 기조연설을 한 후 회원들 간에 열띤 토론을 가졌다.

회원 중에는 초대 몽골 대사를 역임한 권순현 선생도 참석해 학회에 대한 기대가 남다름을 보여 주었고 한국에 유학하고 있는 몽골 학생들은 본국의 명성 높은 학자들을 만나 마음껏 의문사항을 질의하는 바람에 정작 한국 학생들이나 회원들은 충분한 시간을 갖지 못하는 아쉬움을 남기기도 했다.

한국 몽골 학회는 학술 세미나뿐만 아니라 해마다 몽골을 방문해 유적지를 탐사하기도 하고 한국과 몽골의 친선 도모에도 크게 기여하고 있다.

독일이나 일본에서도 몽골을 연구하는 학자들이 있다는 것을 알고 있지만 비용 부족으로 독일 학자와 일본 학자들을 초대하지 못한 것을 아쉬워하기도 했다.

신종환 회장은 해가 갈수록 학회가 발전하고 있는 것은 여러 회원들의 협조 때문이라고 회원들의 협조와 노고에 고마움을 표했고 더욱 발전해 사단 법인으로 등록 할 수 있기를 바랬다. 앞으로 5년이나 10년 단위로 몽골을 답사하고 거기에 따른 학술지를 만들 계획을 가지고 있고 현재 많은 학생들이 몽골어 학과를 지원하고 있어 반갑기는 하지만 한때의 유행같이 가벼운 마음으로 하는 것에 우려를 표명했다.

국가가 표방하는 동북아 정책에도 일정부분 기여 할 수 있는 한, 몽의 폭 넓은 교류는 바람직한 일이 아닐 수 없다.

많은 한국인들이 몽골에 진출해 있기도 하고 또한 많은 몽골인들이 한국에 들어와 경제 활동을 하고 있어 두 나라는 이미 깊은 유대관계를 맺고 있는 실정이다.

아직 개발되지 않은 국가로서 자연환경이 잘 보존되어 있는 몽골은 남한 넓이의 약 15배 면적에 인구는 약 3백만 밖에 안 되는 국가이다.

금, 송 시대에 중국을 정복하고 그 여세를 몰아 인도와 유럽까지 지배했던 민족.

그들이 아직도 영웅으로 숭배하고 있는 징기스칸은 로마시대보다 더 넓은 영토를 정복했던 정복자였지만 그 때의 영광은 찾을 길이 없고 그의 후예들 대부분은 황량한 벌판을 유랑하는 유목민으로서 생활하고 있다.

자존심이 강하고 아직 때 묻지 않은 유목의 나라.

내몽고 학술원에서 발표한 논문에는 징기스칸의 12대 조상이 고구려 사람이었다고 발표되었다는 사실을 생각하면 무심히 지나칠 수 없는 유목의 땅이요 민족인 것이다.

거란족, 말갈족, 만주족, 여진족이 우리와 한 핏줄이라는 학설이 그저 공허한 학설이 아니라고 한다. 몽골 초원에서 시원스럽게 말을 타고 달리며 잃어버린 선조들의 대륙적 기상을 경험해보는 것도 바람직한 일이 아닐까?

여로(旅路)

(1) 천섬 나이아가라

나이를 먹을 만큼 먹은 사람도 어딘가를 가기위해 짐을 꾸릴 때는 어린아이가 된다. 모든 것으로부터 벗어나는 해방감과 자유로움. 이 자유로움을 얻기 위해 너나 할 것 없이 거기에 상당하는 대가를 치루지만 여행이 끝나면 아쉬움은 없어지게 마련이다.

아직 여명이 남아있는 새벽, 출발지를 찾아가는 마음은 벌서 새로운 세계를 향하고 있다.

혼자 떠나는 여행이 아니라 단체로 떠나는 여행, 대형 버스를 타고 가이드가 길 안내를 하는 여행이 있는가 하면 혼자서 스케줄을 짜고 목표를 정하며 지도 한 장을 동반자로 하는 배낭여행도 있다. 배낭여행은 긴장의 연속이고 외로움과 불안이 따르는 여행이다. 그러나 모험심을 즐기려는 사람들은 혼자 떠나는 배낭여행을 선택 할 수밖에 없다.

엘리코트 시티 롯데 앞에서 출발하는 버스는 가히 대륙을 횡단하는 버스답게 육중한 모양새지만 날렵한 분위기를 풍긴다. 그러한 모습에서 믿음직스러움과 안전감을 느낄 수 있었다.

가이드의 인원점검이 끝나자 우리의 목적지인 천섬과 나이아가라를 향해 서서히 움직이기 시작했다. 가이드와 드라이버를 합해 51명이 동행하는 여행.

서로가 서로를 선택하지 않았지만 우리는 여행의 동반자가 된 것이다. 아마도 시간이 흐르면서 서로를 알게 되겠지만 여행의 동반자가 있다는 것이 얼마나 든든한 일인가.

버스가 도심을 벗어나 외곽으로 빠지면서 시야가 넓어지고 진한 초록빛이 펼쳐진다. 초록빛이 가득한 대지를 뚫고 달리는 버스. 점점 속도를 낼수록 길가의 풍경들은 한 편의 파노라마가 되어 머릿속을 씻어낸다. 일상의 권태로움과 나른해졌던 것들이 저 멀리 가물거리는 지평선으로 사라져가고 있다.

안녕! 내 영혼 속에 정체되어 나를 어둡게 했던 것들과 유효기간이 끝나버린 사색의 편린들이여! 안녕! 내 능력 밖의 사안들로 나를 힘들고 아쉽게 했던 것들이여! 안녕! 안녕!

일신일신우일신(日新日新又日新) 나날이 새로워져서 싱그럽게 살아보자고 옛사람들도 경구로 써온 말이지만 새로워지는 삶을 산다는 것이 어디 쉬운 일이던가. 대자연이 품어내는 초록의 빛깔, 호연지기를 맛보며 어린 동심이 되어 하늘의 흰 구름에 뛰어 오르고 싶은 마음.

이런 마음이라면 벌써 여행의 진수를 맛보는 것이 아닐까…

북쪽으로 두어시간여를 달렸는데 날씨는 시원한 가을 날씨로 변했다. 사람이 만물의 영장이라지만 두 시간 거리의 시원함, 그만한 자연 환경의 간격을 좁히지 못하니 인간으로서의 한계를 느끼지 않을 수 없다. 쾌청한 날씨에 선선하게 불어오는 바람을 맞으며 여행사에서 준비한 점심을 먹는 시간은 또 다른 행복감을 가질 수 있는 시간이었다.

제 각각 다른 모양으로 떠 있는 구름들은 새로운 세계에 와 있는 분위기를 자아내게 했지만 갑자기 강한 파도의 모습으로 변한 구름들은 마치 반 고호의 강한 터치로 그려진 그림 같았다.

낮게 뜬 구름들 밑에 푸른 나무들이 가까이 있다가 시야를 열어주면 산 능선들이 멀리서 가물거리기도 하고 버스가 애팔래치아 높은 산맥을 달릴 때는 평화로운 숲과 마을들이 저 아래 한 폭의 수채화로 스쳐 지나간다.

이렇게 황혼이 지는 시간, 멀리 황혼이 붉게 타오르는 시간엔 박목월 시인의 나그네가 머리 속을 스쳐가기도 한다. 우리는 분명 이 세상에 잠시 왔다가 가는 나그네인데도 그것을 잊어버리고 살지 않는가. 집착과 집념, 아집에서 벗어나지 못하고… 아 그 부질없는 굴레… 결국엔 나의 다르마(업보)가 될 그 허상들…

나그네

박목월

강나루 건너
밀 밭길을

구름에 달 가듯
가는 나그네

길은 외줄기
남도 삼 백리

술 익는 마을마다
타오르는 저녁노을

구름에 달 가듯
가는 나그네

이미 태어났으니 그 길은 벗어날 수 없는 외줄기일 수밖에 없다. 그래도 얼마나 다행스러운 일인가 저녁이면 술이 익어 가는 마을에 들어 한 잔 걸칠 수가 있으니…

갑자기 박목월 시인이 나타나 동행을 하자고 한다. 이렇게 푸르른 초원을 어찌 내 아니 갈 수 있겠는가! 하면서 금방 마신 탁배기가 입가에 묻어있는 것을 닦으며 따라 나서는 시인.

바로 뒤에는 천상병 시인도 나타나 함께 가자고 한다. 그 파행의 걸음걸이로…

굳이 청록파 시인이 아니라하더라도 동행이란 얼마나 좋은 일인가. 시인이 어디 따로 있겠는가! 시심을 가지고 이 아름다운 대 자연에 취하면 시인이 되는 것이지… 모두 시인이 되어 청록의 계절을 찬미하는 시인이 되어보자꾸나…

아! 싱그러운 8월의 여로라니!!

아! 8월이 이렇게 싱그러울 수도 있단 말인가. 푹푹 찌는 더위 속에서 짜증만 내지 말고 한 번 나서 볼일이다. 2시간만 달리면 이렇게 시원한 세계가 있는데 떠나지 않는다면 자기 자신에 대하여 해야 할 일을 안 하는 직무유기나 다름없는 일이 아닐까. 한 사람이 행복해진다는 것은 이 사회의 기초 단위인 한 사람이 행복해지는 것으로 이 세상이 행복해지는 시작이 아닌가.

천개의 섬, 말만 들어도 신비로움이 넘치고 호기심이 동하지 않을 수 없다. 실제로는 천개의 섬이 아니라 1800여개의 섬이라고 한다. 이곳 원주민들은 신의 정원이라고 불렀다고 하니 인디안들의 상상력이 훨씬 풍부했다고 해야 할 것이다. 이 정도라면 신화나 전설이 있음직한데 없다는 것은 무엇을 말하는 것일까. 자연을 정복의 대상으로 생각했던 사람들이니 당연한 일인지도 모른다.

세인트로렌스강에 떠 있는 천개의 섬, 그 천개의 섬마다 다 주인이 있다고 한다. 그리고 저마다 제 취향대로 집을 지었다. 원주민들의 말대로 신의 정원으로서 신선들이나 선녀들이 살았을 법한 섬들.

섬과 섬 사이에서 출렁이는 물결과 제 각각 다른 모습의 얼굴을 한 천섬.

유람선을 타고 천섬들의 사이를 돌아보는 시간, 인생을 살면서 이런 기분을 느껴보는 순간들이 얼마나 될 것인가. 신들도 질투를 할 것 같은 시간이다.

어느 섬에서든 편안하게 며칠 묵어가라고 잡는 친지가 있다면 얼마나 좋을까마는 상상 속에서나 가능한 일… 돈을 내고라도 며칠 쉬어간다면 세속에서 찌들린 모든 것들이 씻겨질 것 같다. 중세풍으로 지은 건물, 또는 유럽의 어느 작은 성을 옮겨다 놓은 것 같은 건물, 갖가지 모습의 건물들이 있는 천 섬은 갑부들이 여름이면 쉬러 오는 휴양지.

하트 섬에 지어진 볼트 성은 슬픈 사랑의 사연이 전설처럼 사람들 사이에 옮겨지지만 그 이야기는 실제로 한 남자가 한 여인을 사랑한 이야기다. 사랑하는 아내에게 선물로 주려고 건물을 짓기 시작했지만 그 건물이 완성되기 전에 사랑하던 아내가 죽어 건물을 짓던 3백여 명의 일꾼들은 일손을 놓고 떠나 돌아오지 않았다는 볼트 성.

사랑했던 아내에게 선물하려 했던 집은 한참 세월이 흐른 후 완성되어 슬프게 끝난 두 사람의 사랑 이야기를 세상에 전해주고 있다. 두 사람의 영혼이 세인트 로렌스 강 파도가 되어 출렁이다 지치면 쉬고 있는지도 모른다.

그리고 그들은 사람들에게 속삭여 줄 것이다. 사랑을 할 때는 망설이지 말라고… 망설이고 있을 시간이 없다고… 볼트 성을 찾는 사람들이 모두 그 소리를 듣는다면 인생에 대하여 더 진지해지지 않을 수 없을 것이다.

나이아가라 폭포

나이아가라는 원주민들 말로는 천둥소리라고 한다. 일 년 내내 쉬지 않고 천둥소리를 내는 폭포. 곤두박질치기 전에는 마치 폭풍의 전야처럼 고요하다가 마침내 폭포로 쏟아지고 마는 강물. 뒤에서 밀고 앞에서 끌며 흘러 온 물들이 서로 헤어져 어디인지 모를 곳으로 떨어지는 순간. 서로 이름을 부르며 조심하라고 소리치지만 그 소리는 순간이다.

완전한 강물, 위대한 강물이 되기 위해서는 이런 과정을 거쳐야 한다고 서로 격려하며 피하지 않는 강물들.

이제 나이아가라에서 떨어진 물은 어재의 물이 아니다. 수많은 강물들과 호수들은 나이아가라 이름만 들어도 고개 숙여 경의를 표 할 것이다. 폭포에서 서로 손을 놓친 일부는 구름이 되어 하늘로 올라가는 나이아가라.

나이아가라까지 오기위해 얼마나 많은 시간을 긴장했던가! 인내하고 긴장했던 시간들은 내공이 되어 주저 없이 뛰어내리게 했고 나이아가라는 하나의 전설이 되어 바다까지 전해질 것이다.

물의 나라에서 전설이 된 나이아가라, 수많은 강과 호수를 거치며 그 전설은 널리 퍼져 바다까지 이를 것이다. 강이라고 해서 다 똑 같은 강이 아니요 물이라 해서 다 똑같은 물이 아니란 것을 알 것이다. 얼마나 위대한 나이아가라인지를 안다면 모두 머리를 숙이고 경의를 표하지 않을 수 없을 것이다.

나이아가라가 되기 위해서 얼마나 많은 시간을 준비했던가! 물의 벽, 물의 문이 되었다 결국은 깨지고 엎어져 흐르는 물들,

잠시 동안 혼절하여 깨어나지 못하는 사이 어디선가 수많은 갈매기들이 날아와 물들을 깨우면 함께 손을 잡고 왔던 친지들이 구름이 되어 하늘로 올라가는 것을 보게 된다.

이별이 아쉬어 느리게 느리게 흐르는 나이아가라.

떨어져 깨어졌던 아픔에 이별의 아픔이 더해 푸르게 멍이 든 강물.

나이아가라

물의 아우성,
밤낮으로 쉼 없는 아우성

하늘에서 쏟아져 내리는
정령의 군대가 내지르는 함성

이 세상을
정화 시키는
정령군(精靈軍)이 된
나이아가라

하늘이 내리는
세례(洗禮)

근심 걱정
과도한 욕망
부질없는 교만

모두 씻어버리는
하늘의 세례
나이아가라

이만한 경관이라면 정자를 지어놓고 시인 묵객들이 한 수씩 읊어 편액을 붙여 놓았으련만 그런 풍류가 보이지 않는다. 하느님을 찬양하는 사람들이라면 하느님의 걸작품도 찬양해

야 하는 것이 아닐까 이 세상 모든 것이 자연의 섭리, 하늘의 섭리 아닌 것이 어디 있으랴,

이 위대한 걸작은 바로 하느님이나 할 일이지 어찌 인간들이 만들어 낼 수 있을 것인가. 이런 장엄한 경관을 통해 하느님을 느끼고 찬양할 때 진정으로 하느님을 만나는 것이요. 하느님을 기쁘게 하는 것이 아닐까…

갑자기 천상병 시인이 소리친다.

아니 이렇게 좋은 곳에 와 막걸리 집이 없노! 길가에 포장마차를 차리면 얼마나 장사가 잘 되겠노!

살았을 때 그렇게 마셨으면 됐지 아직도 술타령인가?

빈대떡에 막걸리 한 잔 걸치면 얼마나 좋겠나! 운치를 모르는 사람들인기라.

영국 여왕 엘리자베스가 인사동에 왔을 때 자네 부인에게 한 번 청원을 넣어보라고 그러지 그랬나 나이아가라 길 가에 포장마차 하나 차리게 해달라고 말일세.

그 문딩이가 말을 듣나 막걸리 때문에 내가 빨리 죽었다고 절대로 그런 청원을 안 할 걸세.

이 사람아 살았을 때도 마누라보고 문딩이 가시나 문딩이 가시나 하더니 죽어서도 문딩이라고 하나.

목월이 자네는 시 썼다는 사람이 문딩이라는 말이 극진한 애정 표현이라는 것도 모르나 아무한테나 문딩이라는 말을 쓰는 것이 아니라 진정으로 사랑하는 여자한테만 문딩이 가시나라고 한단 말이라.

시 썼다는 사람이 그것도 모르다니 그것도 모르다니 그것도 모르다니…

막걸리가 없는 나이아가라는 분명 싱겁기 그지없는 명승지다. 사람들이 이렇게 운치를 모르다니… 중국인이나 한국인이라면 분명 한 잔 걸치고 홍취가 도도한 기분으로 시를 한수씩 읊었을 텐데… 참으로 아쉬운 일이 아닐 수 없다. 백낙청이나 이백 도연명 방랑시인 김삿갓 이런 인물들이 나이아가라를 알았다면 밥을 굶는다 할지라도 기어이 와보고 한 수 읊었을 텐데…

버스는 강물이 느리게 흐르는 하류를 따라 내려갔다. 강 양옆으로는 수 억년동안의 세월이 침전되어 만들어졌다는 것을 말해주는 암벽이 떡 시루를 자른 것처럼 그 속을 훤히 다 보여주고 있다. 바람과 물결들이 어떻게 흘렀는가를 다 기록해 놓은 암벽. 암벽 앞에 서면 인간의 한 평생이 얼마나 보잘 것 없이 짧은가를 알게 해준다.

강가 마을에는 포도 양조장에서 포도주가 익어가고 포도밭에는 포도나무가 쉬지 않고 일을 하고 있다. 한 여름의 햇빛과 바람이 농축된 포도 알맹이는 적당히 발효되어 우리가 지쳤을 때 또는 살아 있다는 것에 기쁨이 없을 때 새로운 활력소가 되어 줄 것이다.

winery와 vineyard가 있는 마을, 푸른 강물이 느리게 흐르는 마을.

이런 마을이 있다는 것이 얼마나 낭만적인가. 이런 마을에선 나그네가 되는 것이 더 풍요로워질 것 같다.

푸른 포도밭이 이어지는 마을을 지나면 젯트 보트를 타는 선착장이 나타난다. 젯트 보트를 타고 나이아가라 폭포까지 갔다 오면 젊어진다는 뱃놀이다. 배를 띄어놓고 악공이 연주하고 기생이 노래하는 뱃놀이가 아니라 말 그대로 젯트 보트의 속도와 험한 강물의 파도를 거슬러 올라가는 모험을 즐기는 뱃놀이다. 노는 것도 어찌 우리의 정서와 이렇게 다를 수가 있단 말인가.

온타리오 호수에서 발원한 강물이 폭포로 떨어졌다가 흘러 들어가는 곳이 에리 호수다. 그 에리 호수 입구에서 젯트 보트를 타고 나이아가라 폭포 쪽으로 거슬러 올라가는 튜어인데 안 해보면 후회하는 유람 코스다.

나이아가라 강을 건너오는 다리 이름은 레인보우. 그 무지개다리 중간이 미국과 캐나다 국경이다. 젯트 보트를 타러 가기위해 캐나다 비자를 이미 다 받았으니 세계에서 가장 높다는 탑을 보려고 버스는 토론토로 방향을 잡아 어두워지는 캐나다의 밤거리를 달린다.

세계에서 가장 높다는 탑은 이미 어둠 속으로 상단의 모습을 감추어버리고 보이지 않지만 일행들은 버스에서 내려 고개를 젖히고 올려다본다. 탑의 끝이 어디인지 보이지 않지만 세계의 제일 높은 탑 밑에까지 와본 이 기분은 오랫동안 남아 있을 것이다.

시간이 지나면서 거리감이 자연스럽게 사라진 일행들은 서로 카메라 셔터를 눌러주며 마음의 문을 조금씩 넓힌다.

자연 경관들을 보는 것만이 여행이 아니다. 밤이 되면 호텔에 들어 휴식을 취하는 시간도 여정의 일부로 이국적인 분위기에 빠지게 한다. 강한 악센트의 캐나다 인이 서비스하는 호텔 바에서 한 잔 걸치는 맛 또한 여행가의 빼놓을 수 없는 낭만이다.

한 낮에 나이아가라에서 간절했던 한 잔, 그 목마름을 달래는 시간, 삶의 행로에서 이런 시간을 가져본다는 것은 인생의 여백을 넓히는 것으로서 호연지기를 아는 사람만이 즐길 수 있는 시간이 아닐까.

인생의 성취 목표를 항상 높게 잡는 사람들은 이런 시간을 가질 수 없을 것이다. 내가 조금 여유를 갖는다는 것은 세상에 공간을 만들어 함께 살아가는 배려의 장을 만드는 것이나 다름없을 것이다.

2박 3일간 일정의 마지막 날, 이제 돌아가는 일만 남은 시간이다. 푸른 하늘과 초록의 대지, 뱃놀이를 즐긴 시간들이 권태로움과 나른했던 일상들을 말끔히 씻어냈다는 것을 말해주듯 일행들의 얼굴이 출발할 때와 달리 밝고 싱그러워졌다.

이런 시간을 갖는다는 것은 인생을 풍요롭게 하는 것이요 바로 삶의 질을 높이는 요체가 될 것이다. 차를 직접 운전하며 다니는 여행도 묘미가 있겠지만 여러 사람이 동행이 되어 버스 여행을 하는 것도 색다른 맛이 있는 여행길이다. 운전을 직접 하면 풍경들을 느긋하게 바라볼 수 있는 여유가 없을 뿐만 아니라 자신의 내면을 들여다보며 반추해볼 수 있는 시간을 가질 수 없으니 아쉬운 일이 아닐 수 없다.

일행들이 한 버스를 타고 함께 음식을 먹으며 함께 잠을 자다보면 자연히 정이 들어 새로운 친구를 사귈 수 있는 기회가 되는 것이 아닌가. 이 또한 여행에서 덤으로 얻어지는 것이니 여행에서 얻는 특별 보너스나 다름없다.

대자연과 호흡하며 진솔하게 자신의 내면을 들여다본 3일간의 일정이 꿈 속 같이 지나갔다. 짧은 시간이었지만 그 시간들은 아침 햇살이 조용히 숲 속으로 스며들 듯 우리의 삶에 새로운 활력소로 작용할 것이다.

중앙일보 2010년 9월 9일~16일 (Top 여행사 고문 직함으로 기고)

여로(旅路)

(2) 모홍크 산장 화이트 마운틴

산 정상에 연못이 있는 산은 우리나라에도 한라산과 백두산이 있어 그렇게 낯선 것만은 아니다. 한라산에 있는 연못은 백록담이요 백두산에 있는 것은 천지.

백록담, 흰 사슴들이 와 물을 먹는 연못이라니 그 이름이 얼마나 고아하고 아름다운가. 하얀 사슴들이 뛰어놀다 목이 마르면 와서 물을 마시는 연못.

이 세상의 풍경이 아니라 신선들이 사는 선경(仙境)이라고 해야 하지 않을까. 신비한 세계에 대한 동경(憧憬)을 그려 넣은 이름이 아니고서야 이렇게 아름다울 수가 없다.

물은 위에서 밑으로 흐르는 것으로 되어 있어 물을 찾으려면 계곡으로 가야하겠건만 산 정상에 물이 있으니 신비롭지 않을 수 없는 일이다. 그러니 당연히 신성한 곳이요. 일반인이 쉽게 범접할 수 없는 곳이었을 것이다.

오늘날 같으면 그 이유를 명쾌하게 밝혀서 백두산은 칼데라 호수(화산이 폭발할 때 화구가 함몰하여 만들어진 호수)요 백록담은 화구호(화산이 폭발한 화구에 만들어진 호수)라

하지만 그 당시는 그렇게 인지가 발달하지 않아 그저 신비의 대상이었고 그 신비를 품고 살았으니 아마도 행복지수가 우리보다 훨씬 높았다고 할 수 있지 않을까…

모홍크는 인디안 말로 하늘 호수라고 한다. 서정적 감정이 묻어나는 이름으로서 우리의 백록담이나 천지와 정서적으로 같다. 천지를 우리말로 바꾸면 바로 하늘 연못이니 인디언들이 가지고 있던 감성이나 우리의 조상들이 가졌던 감성이 하나도 다를 것이 없다.

몽골리아 바이칼호에서 함께 살다가 한 부류는 빙하시대 얼음 위를 걸어 아메리카로 이동했고 한 부류는 반도로 이동했다는 말을 더 실감나게 하는 감성의 동질성, 표현의 동질성을 발견 하게 된다.

하늘 호수, 하늘 호수는 아무데서나 쉽게 발견될 수 없었기에 분명 신성시 했을 것이다. 그리고 하늘 호수는 아무나 함부로 갈 수 없는 곳으로 하늘에 제사를 지내거나 의식을 행할 때 가지 않았을까… 그리고 그런 의식을 행한 후에는 영혼의 정화와 심신의 평안을 가질 수 있었을 것이다.

현대적 휴양지로 개발을 한 산장 주변에 인디언들이 만들어 놓았을 법한 목조 정자 모형들을 여기저기 만들어 놓았다. 본래의 땅 주인들인 인디안들의 향수를 느껴보라고 해놓았을 것이다. 인디안들이 그들의 생활방식대로 평화롭게 살면서 관광객을 맞이한다면 훨씬 더 전통성이 있어 사람들을 더 평화로움 속으로 끌어들이지 않을까 생각된다.

나무로 깎아 만든 전통적인 조각품이나 열매로 만든 목걸이, 귀고리, 팔찌 등을 인디언들이 팔고 있다면 훨씬 더 매료되고 이국적 문화에 녹아들어 친근감을 갖게 할 것이다. 그리고 밤이면 대형 텐트에 사람들을 모아놓고 그들의 전통 놀이를 보여준다면 인류의 문화유산으로 가치를 인정받고 후손들에게 이어질 텐데 하는 아쉬움이 따른다.

이곳의 주인이었던 그들, 그들은 다 어디로 갔을까…

신기루가 되어버린 종족, 하늘 호수란 이름만 남겨놓고 어디론가 사라지고 없으니 마치 주인은 없고 객들만 오가는 것 같지 않은가. 지구상에서 사라진 종족이 하나 둘이 아니겠건만 하늘 호수란 이름을 지은 그들은 왠지 어떤 동질성을 가슴으로 전달시키며 아쉬운 마음을 갖게 한다.

어디선가 금방 말을 타고 나타나 하늘사람 향기를 풍기며 웃음을 던질 것 같은 환상도 떠오른다. 문명에 뒤떨어지고 힘이 없다는 이유로 제 땅에서 쫓겨나고 사라져야 했던 종족, 그들은 누구의 사랑을 받아야 하는 것일까… 진정 하늘의 사랑을 받아야 할 사람들은 그들일 것 같은데 어째서 그들은 하늘의 사랑마저 받지 못한 것일까… 자기 자신이 자기를 지키지 못할 때는 하늘에게서마저 버림을 받아야 한단 말인가. 현대 문명을 살아가는 현대인의 사색은 복잡다단할 수밖에 없다.

267개의 방이 있다는 산장은 대형 호텔급이고 방값도 최저가 300불이라니 누구나 쉽게 하룻밤 잠자리를 청해 볼 곳은 못 된다. 산장에서 잠을 자는 것은 비싼 방값 때문에 못

자지만 낮에 즐기는 것은 얼마든지 가능한 일이다. 호수에서는 낚시도 하고 보트도 타며 노는 위락 시설을 해놓아 그야말로 하루를 귀족처럼 놀아볼 수 있는 곳이다. 모든 일상으로부터 벗어나 하루만이라도 근심걱정 없이 멋있게 보낼 수 있는 곳.

하늘호수

하늘 호수에 오면
하늘 사람이 되어
향기가 난다네

하늘 향기 가득
풍기는 하늘 사람

하나 둘
셋 넷
늘어나면

하늘나라
하늘나라 된다네
하늘 사람 사는
하늘나라 된다네

둥근달이 떠오르는 달밤에 누군가 호숫가에 앉아 피리라도 분다면 분명 선경이요, 하늘의 풍경화가 되지 않을까… 코페르니쿠스나 갈릴레오가 이미 지구는 우주에 떠서 돌고 있다고 했고 우주인들이 달에도 다녀왔으니 분명 우리는 이미 하늘나라에 있음이 분명하지 않은가. 그저 우리는 이 하늘나라에서 하늘 사람으로서 서로 사랑하며 기쁘게 살아보자꾸나…

박희진 시인의 "나의 아들은" 이라는 시에는 나의 아들이란 음절이 행의 첫머리에 37번이나 계속되는 시다. 그의 아들이란 시에는 "나의 아들은 용의 생식기를 가져 지상의 여인과는 동침을 안 한다. 나의 아들은 신비의 열쇠인 북두칠성으로 다른 우주를 여닫는다. 나의 아들은 별을 꿰어 목걸이를 한다." 하는 식으로 사색의 변주가 무변광대하다.

그의 아들이란 시를 보면 한 반도에도 이렇게 사색이 깊고 웅장한 시인이 있을까하고 경외심을 갖게 한다. 자리에 앉기가 무섭게 지연, 학연, 혈연, 나이를 따지는 그 협량의 가슴들을 단번에 날려버리는 통쾌한 시가 바로 "나의 아들은" 이다.

박희진 시인이 하늘 호수에 온다면 다시 한 번 그 통쾌하고 무변한 사색의 변주를 노래하고도 남을 풍광, 하늘 호수.

짧은 시간이지만 이런 풍광을 본다는 것이 얼마나 귀중한 일인가. 사람으로 태어나 살아간다는 것을 불가에서는 고해(苦海)라 하기도 하고 어떤 이는 구역질나는 일이라고도 한다.

아! 권하고 싶다. 꼭 하늘 호수를 가보라고… 그러면 우리네 인생이 고해, 구역질나는 것만은 아니라는 것을 알게 될 것이다.

어디서 불어오는 바람일까?

온몸의 세포 속속들이 파고들어 속세에 찌든 모든 것들을 씻어가는 바람. 그 바람이 하늘 호수의 수면을 쓰다듬으면 잔물결이 일렁이고 그 잔물결은 건반이 되어 음악이 연주된다. 고요하게 흐르던 음조가 베토벤의 영웅이 되기도 하고 차이코프스키의 백조의 호수가 되기도 한다.

베토벤이 중얼 거리는 소리가 들린다. 이런 장소에서는 백조의 호수 음계를 하나 더 올려 연주해야 제 맛이 난다고… 저 밑으로 내려다보이는 푸른 나무숲들이 청중이 되어 열광하는 하늘 호수 연주회… 보로딘의 중아아시아의 초원이나 주페의 경기병의 서곡, 비발디의 사계, 로드리고의 기항지도 연주된다. 어느 틈에 파바로티도 와서 목청을 돋우는 하늘 호수 음악회…

한국의 소리꾼도 한 자락 까는 소리가 들린다.

함평천지 늙은 몸이 광주 고을을 찾아가니…막걸리 한 잔에 컬컬해진 목청으로 펼치는 소리야말로 뱃속의 저 밑바닥까지 훑어내 시원하게 해 주지 않는가.

화이트 마운틴

사공이 많으면 배가 산으로 간다고 했던가…

그러나 화이트 마운틴에서는 기차가 산으로 간다. 왜 기차가 산으로 가야만 하는 것일까?

Sylvester Marsh라는 사람은 기차가 산으로 가게하기 위하여 Cog Railway(톱니바퀴 철로)를 개발해 특허를 받은 사람이다.

양곡 도매상과 통조림 공장으로 돈을 벌어 사람들에게 동화속의 주인공들이 되어보라고 이 험한 산에다 기찻길을 낸 사람. 그는 당대에도 매스컴의 스폿 라이를 많이 받기도 하고 정신이 좀 이상한 사람으로 취급되기도 했다. 정신이 좀 이상한 사람이 아니고서야 왜 산에다 기찻길을 낸단 말인가? 석탄이나 금이 나오는 것도 아닌데.

기찻길 중앙에 톱니바퀴가 굴러가도록 톱니 궤도가 있고 양옆에는 균형을 잡으며 바퀴가 굴러가도록 일반 기차 레일을 깔아 놓았다. 그 육중한 기관실과 100여명의 승객이 타고 오를 수 있는 동력은 그렇다 치고 톱니바퀴의 톱니 강도가 얼마나 강하면 이런 하중을 이겨낼 수 있을까 궁금하다.

Sylvcster Marsh는 다른 사람들이 뭐라고 하든 말든 자기 고집대로 산에다 기찻길을 냈고 우리는 지금 그 기차를 타보려고 워싱턴에서부터 왔다. 가이드는 3시에 타겠다고 예약까지 해놓고… 인간이 얼마나 영리한 동물인가! 그런데 시간과 돈을 들여 산에다 기찻길을 내는 사람이 있고 그 기차를 타보겠다고 오는 사람이 있지 않는가. 경제적으로 따져보면 이렇게 어리석을 수가 없다. 교환 가치로 볼 때는 제로가 아니라 완전 손실이다.

하지만 우리는 그 손실과 상관없이 즐거워하지 않는가. 그래서 우리의 삶이 더 복잡할 수밖에 없다.

Sylvester Marsh는 우리에게 현실적으로, 계산적으로만 살지 말고 일탈된 삶도 살아보라고 이런 장치를 해놓았을 것이다. 현실에 안 맞는 이 엉뚱함으로 인해 우리를 옥죄고 있는 모든 것들에서 벗어나보는 것이다. 소가 끄는 달구지 소리를 내며 산으로 올라가는 톱니바퀴 기차… 속도와 대량생산을 위해 바쁘게만 몰아치는 일상을 비웃듯 한 없이 느리게 느리게 움직이는 기차. 느림의 미학을 즐기는 사람들은 모든 계산에서 벗어난 어린 아이가 되었다.

하늘에서 천병(天兵)들이 뛰어내려 소리 지르며 내달릴 것 같은 장엄한 둔덕이 눈앞을 가로막는 옆으로 기차가 오른다. 마치 천국으로 가는 기차처럼…

시골길에 달구지가 덜그덕거리며 가듯이 산으로 오르는 톱니바퀴 기차. 철길 가에는 고산 식물이 바람과 변화무쌍한 기후를 견디지 못해 땅으로 주저앉아 자연 분재(盆栽)가 되어 있다.

마침 안개가 끼어 전방의 시야가 막히고 철로는 하늘을 향하고 있으니 틀림없는 천국행 기차가 되었다. 살아서 천국을 간다는 상상만으로도 얼마나 황홀한 일인가. 사는 것이 팍팍하고 힘들 때 천국을 한 번씩 갔다 올 수 있다면 얼마나 좋을까마는 그게 안 되니… 하느님은 참 매정도 하시지… 그 좋다는 천국을 죽어야만 갈 수 있다니… 석탄을 때 증기의 힘으로 동력을 얻는 기관실이 뒤에서 객차를 밀고 오르는 기차. 산으로 오르는 기차를 처음 타보는 사람들은 어린 아이들처럼 동심이 되어 즐거운 비명을 지른다.

손동작이나 몸 움직임이 유난히 큰 제스쳐로 기차를 소개하는 승무원도 다른 세계에 사는 사람 같다.

여행을 하다보면 이색적인 풍경들로 인해 자기가 있던 현실과 격리되어 다른 세계에 와 있는 것 같은 착각을 일으킬 때가 많지만 이렇게 완전히 익숙했던 환경에서 단절 시키는 경우는 거의 없을 것이다. 우리가 살고 있는 지상이 아니라 다른 별나라에 온 듯한 풍경 속에서 어린 아이가 되어버렸으니.

안개가 잔뜩 낀 산 능선에 가끔씩 등산객이 보이면 환호성을 지르며 서로 손을 흔든다. 기차는 바윗돌들 위를 가기도 하고 계곡 위에 놓은 다리를 건너기도 한다. 이제 다 왔으려니 하면 또 가고 어디에선가 멈추면 이제 다 왔구나! 하는데 정상에서 내려오는 기차와 서로 비켜가느라 멈추는 시간이다. 왕복 복선으로 철로를 깔지 않고(하기야 바쁠 일도 없는 사람들인데) 단선으로 깔린 철길 중간에 서로 교차하도록 시설을 해놓았다.

정상으로 올라갈수록 바람이 거세지고 안개가 더 짙어진다. 40분이상이나 오른 후에 레일의 끝점에 도달. 출발역과 종착역만 있는 산행 기찻길. 기차가 멈춘 정상에는 현대식 건물이 서있고 의외로 많은 사람들이 북적이고 있다. 추위에 몸을 웅크리고 떨면서 기다리던 사람들이 우리가 내린 기차 칸으로 서둘러 올라간다. 기차에서 내린 사람들에겐 한 시간 가량 주변 경관을 감상하라고 자유 시간이 주어졌지만 2-3미터의 전방도 보이지 않으니 건물 안으로 들어갈 수밖에 없다.

더구나 산 밑에 기온과 너무나 차이가 나 밖에 있을 수도 없다. 모두 반팔 옷을 입었던 사람들이 어느 틈에 긴 팔 옷으로 바꿔 입었지만 그래도 추위를 이기지 못하는 사람들은 건물 안에 있는 옷가게에서 옷을 더 사 입었다.

남대문 옷가게보다 옷이 더 잘 팔리는 산, 산에서 옷 장사가 잘 된다고? 이해가 안 가는 사람들은 실내에 써 놓은 글을 보면 이해가 될 것이다. 세계에서 기후가 가장 나쁜 곳이라고 씌어져 있으니…

화이트 마운틴을 가는 사람들은 필수적으로 겨울옷을 준비하시라! 비록 여름이라 할지라도.

갑자기 변한 기후에 몸을 웅크리고 떨던 사람들이 옷을 사 입고 뜨거운 차 한 잔을 마시자 얼굴에 다시 생기가 난다. 레스토랑도 있고 찻집도 있어 제법 낭만적인 분위기를 잡아볼 수 있는 곳이기도 하다. 사랑하는 연인들끼리 톱니바퀴 기차를 타고 정상에서 주변 경관을 둘러보며 따뜻한 차 한 잔을 마시는 기분. 그 기분은 오랫동안 잊지 못할 추억이 될 것이다.

이 세상 어딘가에 이런 톱니바퀴 기차가 또 있을지 모른다. 하지만 화이트 마운틴만큼 장엄한 풍광을 가진 곳은 없을 것 같다. 마치 꿈을 꾼 것 같기도 하고 동화의 나라에 온 것 같기도 한 시간들. 느리게 느리게 움직이던 템포, 그런 세상에 왔다가 이제 빠르기 모드로 바뀌는 곳으로 가야만 한다.

눈, 코 뜰 새 없이 바쁘게 돌아가는 세상에서 느림의 미학에 빠져 본 시간들은 한 번쯤 생각해보게 할 것이다. 그 느림의 시간들에 대한 가치를…그로 인해 우리의 삶이 조금이라도 여유로워진다면 그 이상 다행스러운 일은 없지 않을까.

중앙일보 2010년 10월 22일~29일 (Top 여행사 고문 직함으로 기고)

창밖의 나무

거세게 나무를 흔들어대는 바람, 그러나 그 바람은 우리 눈에 보이지 않는다. 보이지 않는 바람이 끊임없이 나무를 매만지고 가듯이 창밖의 나무를 스쳐가는 또 한 가지는 시간일 터이다.

나무는 비바람이 몰아치거나 혹독한 추위가 엄습 해와도 피하지 않고 자리를 지키는 의연함을 보여준다. 죽은 듯이 조용하지만 때가 되면 어김없이 푸른 잎을 틔우고 꽃을 피우는 것이다. 그러한 나무에게서 마음의 위안이나 영적인 교감을 느끼는 것은 현대를 살아가는 현대인들 뿐 아니라 원시시대부터 있어왔던 일이다.

마을마다 있었던 당 나무를 보아도 그렇고, 석가모니가 명상을 했던 보리수나무도 그렇고, 사람들은 나무를 단순히 땔감이나 집을 짓는 데 쓰는 생활에 필요한 물건으로만 생각한 것이 아니라 하늘과 영적 교감을 나누는 중간 매체로 생각해 왔음을 알 수 있다.

적막한 정적 속에 미동도 하지 않고 눈보라를 맞으며 서 있는 것을 보면 생명활동을 멈춰버렸는가 생각하게 하지만 봄이 오면 어김없이 새 잎을 틔우고 꽃을 피우는 것이다.

때를 기다리며 철저하게 준비를 하다가 때가 되었음을 온몸으로 알리는 충직성과 엄숙성에 사람들은 자신도 모르게 머리를 숙였을 터이다. 어찌 인간이 그 지고한 인내와 끈질김을 따라 갈 수 있으랴.

죽은 것 같았던 고요함과 적막은 오히려 봄을 준비하는 격렬한 투쟁의 시간이었을 테지만 나무는 소리를 내지 않았을 뿐이리라…

이와 같은 나무처럼 인간사의 진실 또한 엄혹한 세월일 때는 수면 밑으로 스며들었다가 때가 되면 세상 밖으로 나오게 마련이다.

"산자여 말하라"

세상을 향하여 외치는 절규 같기도 하고 시위를 하는 군중들의 외침 같기도 한 이 구호는 구호가 아니라 책 제목이다. 추위를 이겨내는 나무가 인내로 봄을 준비했듯이 진실을 밝히기 위하여 몸부림쳤던 한 영혼의 궤적과 한 시대의 어둠이 어떻게 만들어졌던가를 밝히는 책이다.

현재 우리가 살고 있는 이 시대가 진실을 알릴 수 있는 봄이 되었음을 만 천하에 부르짖고 있는 책 "산자여 말하라" 그 안에는 무섭고 살벌했던 그 시절이 적나라하게 펼쳐지고 있다. 같은 시대를 살아가는 한 동족으로서 어떻게 그런 짓을 할 수 있을까…

인간이라면 어떻게 그럴 수가 있을까…

끊임없는 분노와 의문을 가지고 그 어둠의 시절을 한탄하며 보냈지만 그렇게까지 비정하고 비인간적일 수 있을까 하는 비통한 마음으로 책장을 넘겨야 한다.

서울대 법대 교수로 있다가 정보부에서 조사를 받던 중 추락사한 것으로 세상에 알려졌던 최종길 교수에 관한 사연들이 강물이 흐르듯이 도도히 그 어둠의 역사를 증언하고 있다.

이 책을 쓰신 분은 놀랍게도 정보부에서 일했던 최종선 씨로 비참하게 희생당한 최종길 교수의 동생이다. 자신의 형님이 억울하게 죽임을 당한 정보부 감찰실에 소속되어 일하고 있을 때 국가에 협조하라고 아무 일 없을 거라며 자신의 손으로 끌고 간 형이 3일 만에 죽어 나왔으니 얼마나 황당하고 어처구니없었을 것인가.

정보부 감찰실에 근무하고 있는 직원의 형을 간첩으로 몰아 죽이는 일을 자행했던 정부가 진정 국민을 위한 정부이며 제 정신을 가진 정부였을까… 그리고 정보부에 근무하는 직원의 형님도 간첩이 되어 죽어 나오는 마당에 일반인들이 당하는 억울함이야 오죽했으랴…

이 한 가지 사건만 보아도 그 시대가 어떤 시대였던가를 웅변하고 남음이 있을 것이다. 어떤 이유와 어떤 목적이 있다하더라도 이런 억울함을 국민들에게 씌어가며 정당성을 주장하여도 그것은 허무맹랑한 이유일 뿐이다.

국민을 혹독하게 탄압하며 애국자로 위장하고 자신만 애국하여야 하는 애국독점주의.

그 이면에는 박정희라는 개인의 국가에 대한 반역, 곧 친일과 일본 천황에게 충성하기 위해 충성 혈서까지 써가며 신경군관 학교에 자원 입학하였고 졸업 후에는 독립군을 섬멸하는 간도 특설대에서 근무했던 것을 감추려는 위장행위일 뿐이다. 진정한 애국자라면 단 한 명이라도 억울하게 죽임을 당하는 사람이 있어서는 안 될 것이다.

그가 생존 시에 그렇게 색 안경을 쓰고 민주 인사들을 용공으로 몰아 고문하고 인권을 유린 했던 것도 자신이 남로당 프락치로서 활동하다 검거되어 자신의 조직을 다 까발려주고 살아난 것을 감추고자 했던 행동이었을 터이다.

장준하 선생이 생전에 다른 사람은 다 대통령을 하여도 박정희만은 대통령을 해서는 안 된다고 했던 것도 바로 그런 연유에서이다.

굶주림을 면하기 위해 이성을 마비시키는 일은 당장 창자를 채워 배는 부를지 모르지만 결국 강자의 노예가 되고 만다. 그러기에 인간은 빵만으로 살 수 없다고 하는 것이 아니겠는가.

아무리 독재의 정당성을 늘어놓으며 경제성정을 말하여도 그가 민주 인사들을 탄압하며 궁정동에서 어린 여성들을 끼고 사흘도리로 술 마시며 향락을 즐긴 것이 정당화 되지는 못할 것이다.

언론을 무섭게 통제하여 자신의 잘 못은 조금도 세상에 알리지 못하게 하며 자신을 미화시켰던 위선. 모든 악행을 자행하며 자신이 해야만 경제를 성장시키고 좋은 세상을 만든다고 선전하게 했던 언론통제, 그것에 길들여진 언론인들, 곡학아세 하는 비굴한 지식인들이 합작으로 만들어냈던 어둠의 역사가 그의 장기 군사 독재이다.

그 어둠의 역사를 경제성장으로 위장하는 허상을 깨야만 민족의 역사를 바로 기록해 나갈 수 있을 것이다.

경제 성장이 어찌 그 한 사람의 공일 수 있겠는가.

미국의 아시아 정책이 한국에 반영된 것을 무시 할 수 없는 것이고 한국인의 타고난 부지런함과 끈기, 극성스러움의 결과 일진데 어찌 박정희라는 개인에게 그 공을 다 돌릴 수 있단 말인가.

언론 자유가 만발한 요즘 세상에는 대통령이 말 한마디만 실수하여도 세상에 웃음거리가 될 뿐 아니라 술자리에서 국회의원이 잘 못 처신하여 온 나라가 소란스러운 지경이다.

우리는 박정희가 궁정동에서 중앙정보부장의 총탄에 쓸어졌을 때에야 그가 그 안에서 주지육림으로 살았다는 것을 알았다. 어떤 언론도 그것을 다루지 못 했던 것이다. 언론은 그의 좋은 점만을 떠들어 선전해주고 잘 못 된 점은 조금도 쓰지를 못하면서 언론인으로, 지식인으로 행세했던 것이다.

진실은 아무리 감추려 해도 감출 수가 없다. 추운 겨울을 이겨내며 봄을 준비하는 나무처럼 그 진실이 밝혀지기를 준비하고 있을 뿐이다.

"산자여 말하라" 인류가 멸망할 때까지 산자들은 말 할 것이다. 진실을…

주간 코러스 2009년 11월 14일

오월의 횃불

(5.18 26주년 기념식 날에)

어메 징한 거…
저 불을 꺼버리랑게!
앗따 이미 붙은 불을 어치게 끈다요
고것이 끈다고 꺼질 불이 아니어라우!
다 불살라 버리장게요…

너그들 퍼득 불 못 끄것나!
빨리 끄락하이
이놈아들 참말로 뜨거운 맛 좀 봐야 알것나.
내는 잠자는 아도 무섭어 도망가는 공수부대락하이!

쏴라! 쏴라! 마!
뒷일은 내가 마 다 책임을 질꺼고마.
쏴라!
총은 쏘라고 준 거다 갖고 놀라고 준 줄 아나.

민주가 뭐 뉘집 강아지 이름이가!
쏘아라! 쏘아라!

불을 꺼트리면 안 된단 말이여!
안 된단 말이여!

빛과
어둠의 충돌.

이긴 자가 지는 자 되고
지는 자가 이긴 자 되는 싸움
그 싸움의 실체를 숨기느라 급급했던 세월들이
서서히 그 진실을 드러낸다.

불순분자들이 난동을 부려
온 나라가 금방 뒤집힌다고
온 나라가 붉게 물든다고
어둠 속에서
제가 만든
붉은 물을 풀어 놓던
사악한 어둠의 광신들.

횃불이 서서히
더 넓은 들로 번져가고
강을 건너
바다를 넘어 타 오른다.
불을 몰랐던 자들도
가슴에 불이 타올라
어둠을 털어낸다.

그리고
부끄럽다고 한다
어둠을 무서워하고 눈을 못 떴던 공포
그 때를…

자유를 위해
돌멩이 하나 안 던지고
무임승차 한 것이 너무 미안하다고

그래도
미안하다고 하는 축은 나은 편이다.
아직도 그 어둠 속에서 빠져 나오지 못하고
그들의 피로 이룩한 자유로
그들의 피를 더럽히는 자유 즐기는 자들이 있어

가슴 아픈 자유

모든 강과
모든 산과
모든 바다가

그들의 진실과 하나 되어
오월이면 푸르러지는 것을
그들은 아직도 모른다.
왜 오월이
푸르게 불타는 지를

빛을 지켜야 할
총칼로 빛을 찌른
저 어둠들은
아직도
그들을 욕하는 자유를 즐긴다.

아직도 독립이 무엇인지
민주가 무엇인지
자유가 무엇인지를 모르는
어리석음으로
그들의 창자만 채우면
최고라고
우리를 부끄럽게 한다.

빵의 노예
창자의 노예 된 자들
그들은
민족의 수난기마다 빵만을 선택한
어둠들이었다.

어둠으로 더 큰 어둠을 만들어
결국은 제가
그 어둠에 묻히고 마는 어리석음.

한양이 왜 한양인지
광화문이 왜 광화문인지를 모르는 어둠들
한양에 뜨는 태양이

광화문에서
온 민족의 빛이 되어
빛 고을까지 갔음일레라.

그 빛으로 어둠에
불을 지른 마을
빛 고을

그 빛 고을에
빛의 죽음들을 묻고
해마다
오월이면 하얀 소복으로 우는
망월동

하얀 달빛에
통곡이 끊이지 않을 마을이 있어
우리는 자유 앞에 부끄럽지 않을 수 있으니

찬란한 오월
찬란한 자유의 오월

망월동에서 목 놓아 우노라.
망월동에서 목 놓아 우노라.

Korea Monitor 2006년 5월 26일

시인과 해장국

초　　판　발행일 2022년 3월 30일
지 은 이　김수하(낙영)
펴 낸 곳　초록낙타
주소: 서울 용마산로 228 면목아파트 3-701
전화: 02-990-7231
Email: gwvk8888@gmail.com
등록 2006. 1. 19

ISBN　978-89-967990-7-9 0370

잘못된 책은 바꿔 드립니다.
정가　10.000원